F 34160

CRIMES CÉLÈBRES.

IMPRIMERIE DE V⁰ DONDEY-DUPRÉ,
Rue Saint-Louis, 46, au Marais.

CRIMES CÉLÈBRES

PAR

MM. ALEX. DUMAS, ARNOULD, FOURNIER,
FIORENTINO ET MALLEFILLE.

TOME SEPTIÈME.

PARIS.
ADMINISTRATION DE LIBRAIRIE,
RUE LOUIS-LE-GRAND, 18.

1840

NISIDA.

NISIDA.

1825.

La jeune fille ne put fermer l'œil pendant toute la nuit qui suivit l'entretien qu'elle avait eu avec l'étranger. Sa brusque apparition, son costume étrange, son langage bizarre, avaient éveillé en elle un vague sentiment qui dormait au fond de son cœur. Elle était alors dans toute la vigueur de son jeune âge et de sa beauté resplendissante. Nisida n'était pas une de ces natures faibles et craintives, brisées par la souffrance ou tyrannisées par le despotisme. Loin de là, tout ce qui l'entourait avait contribué à lui faire une destinée calme et sereine; son âme tendre et naïve s'était développée dans une atmosphère de bonheur et de paix. Si elle n'avait pas aimé jusque alors, il ne fallait pas en accuser sa froideur, mais la timidité excessive des habitans de son île. Le respect aveugle et profond dont le vieux pêcheur était entouré avait tracé autour de sa fille un cercle d'estime et de soumission que personne n'osait franchir. A force d'économie et de travail, Salomon avait fini par se créer une aisance qui faisait rougir la pauvreté des autres pêcheurs. Personne n'avait demandé Nisida, parce que personne ne croyait la mériter. Le seul de ses adorateurs qui eût osé lui prouver sa passion d'une manière ostensible, c'était Bastiano, l'ami le plus dévoué et le plus cher de Gabriel; mais Bastiano ne lui plaisait guère. Aussi, confiante dans sa beauté, soutenue par un mystérieux espoir qui n'abandonne jamais la jeunesse, s'était-elle résignée à attendre, comme la fille d'un roi qui voit arriver son fiancé d'un pays étranger.

Le jour de l'Assomption, elle était sortie de son île pour la première fois de sa vie, le sort l'ayant désignée parmi les jeunes filles du royaume vouées par leur mère à la protection spéciale de la Vierge. Mais accablée par le poids d'un rôle si nouveau pour elle, rougissante et confuse sous les regards d'une foule immense, à peine si elle avait osé lever ses yeux étonnés, et les grandeurs de la ville avaient passé devant elle comme un rêve dont elle n'avait rapporté qu'un vague souvenir.

Quand elle s'aperçut de la présence de ce beau jeune homme, d'une tournure si svelte et si élégante, d'un air si noble et si délibéré, qui contrastait avec la timidité et la gaucherie de ses autres amoureux, elle sentit saisie d'un trouble intérieur, et sans doute elle aurait cru que son prince était arrivé, si elle n'avait été frappée désagréablement par la pauvreté de son costume. Néanmoins elle se laissa aller à l'écouter plus long-temps

NISIDA.

qu'il ne fallait, et se retira la poitrine oppressée, la joue en feu, le cœur navré d'une peine sourde et poignante. La pauvre fille serait morte de frayeur, si elle eût pu deviner la vérité.

—Si mon père ne veut pas que je l'épouse, se disait-elle, agitée par le premier remords de sa vie, j'aurai eu tort de lui parler. Il est pourtant si beau !

Alors elle se mit à genoux devant la Vierge, qui était sa seule confidente, puisque la pauvre fille n'avait pas connu sa mère, et essaya de lui raconter les tourmens de son âme ; mais elle ne put jamais venir à bout de sa prière. Les idées s'embrouillaient dans sa tête, et elle se surprenait à prononcer d'étranges paroles. Certes, la sainte Vierge dut prendre en pitié sa belle protégée, car elle se leva sous l'impression d'une pensée consolante et décidée à tout confier à son père.

—Je ne puis douter un instant, se disait-elle en se délaçant, de la tendresse de mon père. Eh bien ! s'il me défend de lui parler, ce sera pour mon bien. Au fait, c'est la première fois que je le vois, ajouta-t-elle en se jetant sur son lit, et maintenant que j'y songe, je le trouve bien téméraire d'avoir osé m'adresser la parole. J'ai presque envie de me moquer de lui. Avec quelle assurance il débitait ses sornettes, comme il roulait ses yeux d'une façon ridicule. Ils sont vraiment très-beaux ses yeux, et sa bouche, et son front, et ses cheveux ! Il ne se doute pas que j'aie remarqué ses mains, qui, en vérité, sont fort blanches, tandis qu'il les levait au ciel comme un fou, en arpentant le rivage. Allons, ne va-t-il pas m'empêcher de dormir ! Pourquoi la figure de ce jeune homme s'est-elle ainsi gravée dans mon esprit ? Je ne veux plus le voir ! s'écria-t-elle, en ramenant le drap sur sa tête avec un air de courroux enfantin. Puis elle se mit à rire tout bas du costume de son fiancé, et réfléchit long-temps à ce qu'en diraient ses compagnes. Tout-à-coup son front se crispa douloureusement, une pensée affreuse venait de se glisser dans son âme, elle frissonna de la tête aux pieds. — S'il allait trouver une autre plus jolie que moi. Les hommes sont si bêtes ! Décidément, il fait trop chaud, et je ne dormirai pas de cette nuit.

Alors elle s'assit au milieu de son lit, et continua jusqu'au matin son monologue, dont nous ferons grâce au lecteur. A peine le premier rayon du jour, filtrant à travers les branches entrelacées des jasmins, vint trembler au milieu de la chambre, Nisida s'habilla à la hâte, et alla comme d'habitude présenter son front au baiser paternel. Le vieillard remarqua tout de suite l'abattement et la fatigue que l'insomnie avaient produits sur la figure de sa fille, et écartant avec un empressement alarmé ses beaux cheveux noirs qui lui couvraient les joues :

— Qu'as-tu, ma fille ? lui dit-il, tu n'as pas bien dormi ?

— Je n'ai pas dormi du tout, répondit Nisida, en souriant pour rassurer son père ; je me porte à merveille ; mais j'ai un aveu à te faire.

— Parle vite, ma fille, je meurs d'impatience.

— Peut-être ai-je commis une faute ; mais je veux

NISIDA.

que tu me promettes d'avance de ne pas me gronder.

— Tu sais trop bien que je te gâte, dit le vieillard en la caressant ; je ne commencerai pas aujourd'hui à être sévère.

— Un jeune homme qui n'est pas de cette île, et dont je ne sais pas le nom, m'a adressé la parole hier au soir, au moment où je prenais l'air à ma croisée.

— Et qu'avait-il de si pressé à te dire, ma chère Nisida ?

— Il m'a priée de te parler en sa faveur.

— Je t'écoute. Que puis-je faire pour lui ?

— M'ordonner de l'épouser.

— Et m'obéirais-tu volontiers ?

— Je crois que oui, mon père, dit la jeune fille avec candeur. Au reste, tu en jugeras toi-même dans ta sagesse ; car j'ai voulu t'en parler avant de le connaître, pour ne pas prolonger un entretien que tu aurais pu réprouver. Mais il y a un obstacle.

— Tu sais que je n'en connais pas lorsqu'il s'agit de rendre ma fille heureuse.

— Il est pauvre, mon père.

— Eh bien, c'est une raison de plus pour que je l'aime. Il y a ici du travail pour tout le monde, et ma table peut bien offrir une place à un troisième fils. Il est jeune, il a des bras ; il a sans doute un état ?

— Il est poète.

— N'importe ; dis-lui qu'il vienne me parler, et, s'il est un honnête garçon, je te promets, ma fille, que je ferai tout au monde pour hâter ton bonheur.

CRIMES CÉLÈBRES.

Nisida embrassa son père avec effusion et ne se posséda pas de joie toute la journée, attendant le soir avec impatience pour donner au jeune homme une si magnifique nouvelle. Eligi de Brancaleone fut médiocrement flatté, comme vous pouvez le croire, de la magnanimité du pêcheur à son égard ; mais, en séducteur consommé, il en parut enchanté. N'oubliant pas son rôle d'étudiant fanatique et de poète délabré, il tomba sur ses genoux, et déclama une fervente action de grâces à l'astre de Vénus. S'adressant ensuite à la jeune fille, il ajouta d'une voix plus calme qu'il allait écrire sur-le-champ à son propre père, qui, au bout d'une semaine, viendrait faire sa demande formelle. Jusque là, il demanda en grâce de ne pas se présenter à Salomon ni à qui que ce fût dans l'île, prétextant d'une certaine honte qu'il éprouvait à cause de ses vieux habits, et assurant sa fiancée que son père lui apporterait un habillement complet pour le jour de ses noces.

Tandis que la malheureuse marchait au bord de l'abîme avec une si effrayante sécurité, Trespolo, se conformant aux volontés de son maître, s'était installé dans l'île sur le pied d'un pèlerin de Jérusalem. Jouant son rôle à merveille, et saupoudrant ses discours de phrases bibliques, en sa qualité d'ancien sacristain, il distribuait force amulettes, et du bois de la vraie croix, et du lait de la sainte Vierge, et tous les intarissables trésors dont se nourrit journellement l'avide dévotion des bonnes gens. Ses reliques étaient d'autant plus authentiques qu'il ne les vendait guère, et, supportant saintement sa

NISIDA.

pauvreté, remerciait les fidèles, et refusait leurs aumônes. Seulement, par égard à la vertu éprouvée de Salomon, il avait consenti à partager le pain du pêcheur, et il allait prendre chez lui ses repas avec une régularité de cénobite. Son abstinence étonnait tout le monde; une croûte trempée dans l'eau, quelques noix ou quelques figues, suffisaient au saint homme pour le faire vivre, c'est-à-dire pour l'empêcher de mourir. Au reste, il amusait Nisida avec ses récits de voyages et ses prédictions mystérieuses. Malheureusement, il ne se présentait que vers le soir; car il passait le reste de la journée en macérations et en prières; c'est-à-dire à se consoler en secret de la frugalité qu'il était obligé d'afficher en public, à se griser comme un Turc, et à ronfler comme un buffle.

Le matin du septième jour, depuis la promesse que le prince avait faite à la fille du pêcheur, Brancaleone entra dans la chambre de son valet, et le secouant rudement, lui cria à l'oreille :

— Debout, odieuse marmotte.

Trespolo, réveillé en sursaut, se frottait les yeux avec épouvante. Les morts paisiblement couchés au fond de leur cercueil, ne seront pas si contrariés au dernier jour, lorsque la trompette du jugement viendra les arracher à leur sommeil. Néanmoins, la peur ayant dissipé immédiatement le brouillard fuligineux qui était répandu sur son visage, il se leva sur son séant, et demanda d'un air égaré :

— Qu'y a-t-il, excellence?

— Il y a que je te ferai un peu écorcher vif si tu ne perds pas cette exécrable habitude de dormir vingt heures par jour.

— Je ne dormais pas, mon prince, s'écria le domestique avec effronterie en sautant à bas du lit ; je méditais...

— Ecoute-moi, dit le prince d'un ton sévère. Tu as été, je crois, employé dans une pharmacie ?

— Oui, monseigneur, et je l'ai quittée parce que mon patron avait la barbarie insigne de me faire piler des drogues, ce qui me fatiguait horriblement les bras.

— Voici une fiole qui contient une solution d'opium.

— Miséricorde ! s'écria le Trespolo en tombant à genoux.

— Lève-toi, imbécile, et fais bien attention à ce que je vais te dire. Cette petite sotte de Nisida s'obstine à prétendre que je parle à son père. Je lui ai fait croire que je partais ce soir pour chercher mes papiers. Il n'y a pas de temps à perdre. Tu es très-connu chez le pêcheur. Tu verseras cette liqueur dans leur vin ; ta vie me garantira que tu ne dépasseras pas la dose suffisante pour produire un profond sommeil. Tu auras soin de me préparer pour cette nuit une bonne échelle ; après quoi, tu iras m'attendre dans ma barque, où tu trouveras Numa et Bonaroux. Ils ont mes ordres. Je n'aurai pas besoin de toi pour l'escalade ; j'ai mon poignard de Campo-Basso.

— Mais, monseigneur, bégaya Trespolo atterré.

— Pas de difficultés, s'écria le prince en frappant du pied avec emportement, ou, par la mort de mon père, je

NISIDA.

te guérirai une bonne fois de tous tes scrupules. — Et il tourna sur ses talons de l'air d'un homme convaincu qu'on se gardera bien de désobéir à ses ordres.

L'infortuné Trespolo remplit ponctuellement les injonctions de son maître. Pour lui, la peur passait avant tout. Ce soir-là, le souper du pêcheur fut d'une tristesse désespérante, et le faux pèlerin essaya en vain de le ranimer par sa gaieté factice. Nisida était préoccupée du départ de son fiancé, et Salomon, partageant à son insu le chagrin de sa fille, avait à peine avalé quelques gouttes de vin, pour ne pas résister aux prières réitérées de son hôte. Gabriel était parti le matin pour Sorrente en compagnie de Bastiano, et ne devait revenir que dans deux ou trois jours; cette absence augmentait encore la mélancolie du vieillard. Dès que Trespolo se fut retiré, le pêcheur succomba à sa fatigue. Nisida, les bras pendants, la tête alourdie, le cœur serré d'un triste pressentiment, eut à peine la force de monter dans sa chambre, et, après avoir ranimé machinalement la lampe, tomba sur son lit pâle et raide comme une morte.

L'orage éclatait avec violence; un de ces terribles orages qu'on ne voit que dans le midi, lorsque les nuages amoncelés, se crevant subitement, versent des torrens de pluie et de grêle, et font craindre un nouveau déluge. Le roulement du tonnerre s'approchait de plus en plus, et imitait le bruit de la canonnade. Ce golfe, naguère si calme et si uni, que l'île pouvait s'y mirer comme dans une glace, s'était rembruni tout-à-coup; les vagues bondissantes et furieuses se heurtaient comme des cavales échevelées ; l'île tremblait ébranlée par de terribles secousses.

Les pêcheurs les plus intrépides avaient tiré leurs bateaux à sec, et, renfermés dans leurs cabanes, rassuraient de leur mieux leurs femmes et leurs enfans effrayés.

Au milieu de la profonde obscurité qui régnait sur la mer, on voyait scintiller nette et limpide la lampe de Nisida qui brûlait devant la Madone.

Deux barques sans gouvernail, sans voiles, sans avirons, ballottées par les flots, battues par la rafale, tournoyaient au-dessus de l'abîme ; deux hommes étaient debout dans ces deux barques, les muscles raidis, les poitrines nues, les cheveux au vent. Ils se tenaient par la main pour ne pas faire écarter leurs bateaux, regardant la mer avec hauteur, et bravant la tempête.

— Encore une fois, je t'en prie, s'écria un de ces hommes, laisse-moi, Gabriel ; je te promets qu'avec mes deux rames brisées et un peu de persévérance, je gagnerai la Torre avant le jour.

— Tu es fou, Bastiano ; depuis ce matin, nous n'avons pu approcher de Vico, et nous avons été obligés de courir les bordées ; ton adresse et ta vigueur n'ont rien pu contre cet effroyable ouragan, qui nous a refoulés jusqu'ici.

— C'est la première fois que tu refuses de m'accompagner, remarqua le jeune homme.

— Eh bien ! oui, mon cher Bastiano ; je ne sais, mais, cette nuit, je me sens poussé vers l'île par une force irrésistible. Les vents se sont déchaînés pour m'y ramener malgré moi, et je te l'avouerai, dussé-je passer pour fou à tes yeux, il me semble voir un ordre du ciel dans un événement si simple et si ordinaire. Vois-tu cette lampe qui brille là-bas ?

— Je la connais, répondit Bastiano en étouffant un soupir.

— Elle a été allumée devant la Vierge le jour où ma sœur est née, et pendant dix-huit ans elle n'a cessé de brûler nuit et jour. C'était le vœu de ma mère. Tu ne sais pas, mon cher Bastiano, tu ne peux pas savoir combien de pensées déchirantes ce vœu me rappelle. Ma pauvre mère me fit venir à son lit de mort, et me raconta une affreuse histoire, un mystère horrible qui pèse sur mon âme comme un manteau de plomb, et dont je ne puis me soulager en le confiant à un ami. Quand son pénible récit fut achevé, elle demanda à voir et à embrasser ma sœur, qui venait de naître; puis, de sa main tremblante et déjà glacée par l'agonie, voulut elle-même allumer la lampe. « Rappelle-toi, ce furent ses dernières paroles, rappelle-toi, Gabriel, que ta sœur est vouée à la Madone. Tant que cette lumière brillera devant la sainte effigie de la Vierge, ta sœur ne courra aucun danger. » Tu peux comprendre maintenant pourquoi la nuit, quand nous traversons le golfe, j'ai toujours les yeux fixés sur cette lampe. J'ai une croyance que rien ne saurait ébranler, c'est que le jour où cette lumière s'éteindra, l'âme de ma sœur se sera envolée vers le ciel.

— Eh bien! s'écria Bastiano d'un ton brusque qui

trahissait l'émotion de son cœur, si tu préfères rester, j'irai tout seul.

— Adieu, dit Gabriel en lâchant la main de son camarade sans détourner les yeux de la croisée vers laquelle il se sentait attiré par une fascination qu'il ne savait pas s'expliquer. Bastiano disparut, et le frère de Nisida, aidé par les flots, s'approchait de plus en plus du rivage, lorsque, tout-à-coup, il poussa un cri terrible qui domina le bruit de la tempête.

L'étoile venait de s'éteindre ; on avait soufflé la lampe.

— Ma sœur est morte! s'écria Gabriel, et s'élançant à la mer, il fendit les ondes avec la rapidité de la foudre.

L'orage avait redoublé d'intensité ; de longues traînées d'éclairs, déchirant le flanc des nuages, inondaient les objets de leur clarté fauve et intermittente. Le pêcheur aperçut une échelle appuyée à la façade de sa maison, la saisit d'une main convulsive, et en trois bonds se précipita dans la chambre. Le prince avait senti une singulière émotion en pénétrant dans cette chaste et silencieuse retraite. Le regard calme et doux de la Vierge, qui semblait protéger le repos de la jeune fille endormie, ce parfum d'innocence qui se répandait tout autour de la couche virginale, cette lampe veillant au milieu des ténèbres comme une âme en prière, avaient saisi le séducteur d'un trouble inconnu. Irrité de ce qu'il appelait une lâcheté absurde, il avait éteint la lumière importune, et s'avançait vers le lit en s'adressant de muets reproches, lorsque

NISIDA.

Gabriel fondit sur lui avec le grincement féroce d'un tigre blessé.

Brancaleone, d'un geste hardi et rapide qui prouvait une bravoure et une adresse peu communes, se débattant sous l'étreinte de son robuste adversaire, tira de sa main droite un long poignard à lame fine et barbelée. Gabriel sourit avec dédain, lui arracha l'arme, et tout en se baissant pour la briser sur son genou, d'un coup de tête furieux il fit trébucher le prince, et l'envoya rouler à trois pas sur le carreau; puis, se penchant sur sa pauvre sœur et la contemplant d'un regard avide à la lueur fugitive d'un éclair:

— Morte! répéta-t-il en se tordant les bras de désespoir, morte!

Dans l'affreux paroxysme qui lui serrait le gosier, il ne savait pas trouver d'autres mots pour assouvir sa rage ou épancher sa douleur. Ses cheveux, que l'orage avait collés sur ses joues, se dressèrent sur sa tête, il eut froid dans la moelle de ses os, et sentit retomber ses larmes sur son cœur. Ce fut un moment terrible; il oublia que l'assassin vivait encore.

Cependant le prince, que son admirable sang-froid ne quittait pas une seconde, s'était relevé tout meurtri et saignant. Pâle et tremblant de colère, il cherchait de tous côtés une arme pour se venger. Gabriel revint vers lui plus sombre et plus sinistre que jamais, et lui serrant le cou d'une main de fer, le traîna dans la chambre où dormait le vieillard.

— Mon père! mon père! mon père! s'écria-t-il d'une voix déchirante, voici le lâche qui vient d'assassiner Nisida.

CRIMES CÉLÈBRES.

Le vieillard, qui n'avait bu que quelques gouttes de la potion soporifique, fut réveillé par ce cri, qui lui retentit dans l'âme; il se leva comme poussé par un ressort, jeta les couvertures, et avec cette promptitude d'action que Dieu a départie aux mères dans les momens de danger, il monta à la chambre de sa fille, trouva de la lumière, s'agenouilla sur les bords du lit, et se mit à interroger le pouls de son enfant et à épier sa respiration avec une anxiété mortelle.

Tout cela s'était passé en moins de temps que nous n'en avons mis à le raconter. Brancaleone, par un effort inouï, s'était dégagé des mains du pêcheur, et reprenant tout-à-coup sa fierté de prince, il dit d'une voix fortement accentuée :

— Vous ne me tuerez pas sans m'écouter.

Gabriel voulut l'accabler d'injures sanglantes, mais ne pouvant pas articuler un seul mot, il fondit en larmes.

— Votre sœur n'est pas morte, dit le prince avec une froide dignité, elle n'est qu'endormie. Vous pouvez vous en assurer vous-même, et pendant ce temps je m'engage sur l'honneur à ne pas m'éloigner d'un seul pas.

Ces paroles furent prononcées avec un tel accent de vérité, que le pêcheur en fut frappé. Une lueur d'espoir inattendu illumina soudain ses pensées; il jeta sur l'étranger un regard de haine et de méfiance, et murmura d'une voix sourde :

— Ne te flatte pas, du moins, de pouvoir m'échapper.

Puis il monta chez sa sœur, et s'approchant du vieillard, il lui demanda en tremblant :

NISIDA.

— Eh bien! mon père?

Salomon le repoussa doucement de la main avec la sollicitude d'une mère qui écarterait du berceau de son enfant le bourdonnement d'un insecte, et lui faisant signe de se taire, il ajouta à voix basse :

— Elle n'est ni morte ni empoisonnée. On lui aura fait boire quelque philtre dans un dessein sinistre. Sa respiration est régulière, et elle ne peut pas tarder à revenir de sa léthargie.

Gabriel, rassuré sur la vie de Nisida, descendit silencieusement au rez-de-chaussée, où il avait laissé le séducteur. Son attitude était sombre et grave ; il ne venait pas cette fois déchirer de ses ongles le meurtrier de sa sœur, mais éclaircir un mystère de trahison et d'infamie, et venger son honneur, auquel on avait lâchement attenté. Il ouvrit à deux battans la porte d'entrée, qui donnait le jour à la pièce où il avait l'habitude de coucher avec son père les rares nuits qu'il passait à la maison. La pluie venait de cesser, un rayon de lune perçant les nuages pénétra tout-à-coup dans la chambre. Le pêcheur rajusta ses vêtemens trempés, secoua ses cheveux, s'avança vers l'étranger, qui l'attendait de pied ferme, et après l'avoir fièrement regardé :

— Maintenant, lui dit-il, vous allez m'expliquer votre présence chez nous.

— J'avoue, dit le prince d'un ton dégagé et avec le plus insolent aplomb, que les apparences sont contre moi. C'est la destinée des amoureux d'être traités comme des voleurs. Mais, quoique je n'aie pas l'avantage d'être connu de vous, je suis le fiancé de la belle Nisida, avec l'agrément de votre père, bien entendu. Or, comme j'ai le malheur de posséder des parens très-durs, ils ont eu la cruauté de me refuser leur consentement. L'amour m'a égaré, et j'allais me rendre coupable d'une faute pour laquelle des jeunes gens comme vous doivent être indulgens. Au surplus, ce n'a été qu'une simple tentative d'enlèvement, avec les meilleures intentions du monde, je vous jure, et me voilà prêt à tout réparer, s'il vous convient de me tendre la main et de m'appeler votre frère.

— Il me convient de t'appeler lâche et traître, répondit Gabriel, dont les joues s'étaient enflammées en entendant parler de sa sœur avec une si impudente légèreté. Si c'est ainsi qu'on venge les affronts dans les villes, nous autres pêcheurs, nous avons un autre système. Ah ! tu t'es flatté de porter dans notre maison la désolation et la honte, de payer d'infâmes sicaires qui sont venus partager le pain d'un vieillard pour empoisonner sa fille, de te glisser la nuit comme un brigand, armé d'un poignard, dans la chambre de ma sœur, et en être quitte pour épouser la plus belle femme du royaume !

Le prince fit un mouvement.

— Écoute, reprit Gabriel, je pourrais te briser comme j'ai brisé ton poignard tout-à-l'heure ; mais j'ai pitié de toi. Je m'aperçois que tu ne sais rien faire avec tes mains, ni te défendre, ni travailler. Va, je commence à tout comprendre : tu t'es vanté, mon maître, tu as usurpé ta pauvreté ; tu t'es paré de ces vieux habits, mais tu n'en es pas digne.

NISIDA.

Il laissa tomber sur le prince un regard écrasant de mépris, puis, s'approchant d'une armoire cachée dans le mur, il en tira un fusil et une hache.

— Voilà, dit-il, tout ce qu'il y a d'armes dans la maison ; choisis.

Un éclair de bonheur brilla sur le front du prince, qui avait jusque alors dévoré sa colère ; il s'empara avidement du fusil, recula de trois pas, et se redressant de toute sa hauteur :

— Tu aurais mieux fait, dit-il, de me prêter tout d'abord cette arme ; car tu m'aurais épargné l'ennui d'assister à tes sottes divagations et à tes convulsions frénétiques. Merci, jeune homme ; un de mes laquais te rapportera ton fusil. Adieu ; voilà pour ta peine.

Et il lui jeta sa bourse, qui vint tomber lourdement aux pieds du pêcheur.

— Je vous ai prêté ce fusil pour vous battre avec moi, s'écria Gabriel, que l'étonnement rendait immobile.

— Range-toi, mon garçon, tu es fou, dit le prince en faisant un pas vers la porte.

— Ainsi, vous refusez de vous défendre ? demanda Gabriel d'un ton résolu.

— Je t'ai déjà dit que je ne puis me battre avec toi.

— Et pourquoi ?

— Parce que Dieu l'a voulu ainsi ; parce que toi, tu es né pour ramper, et moi pour te fouler aux pieds ; parce que tout le sang que je pourrais verser dans cette île ne rachèterait pas une goutte de mon sang ; parce que mille vies de misérables comme toi ne valent pas une heure de la mienne, parce que tu te mettras à genoux devant mon nom, que je vais prononcer ; enfin, parce que toi, tu n'es qu'un pauvre pêcheur, et moi, je m'appelle le prince de Brancaleone.

A ce nom redoutable, que le jeune seigneur lui jeta à la tête comme pour le foudroyer, le pêcheur bondit comme un lion. Il respira largement, comme s'il eût soulevé un poids énorme qui depuis long-temps lui oppressait le cœur.

—Ah! s'écria-t-il, tu viens de te livrer, monseigneur. Entre le pauvre pêcheur et le prince tout-puissant il y a une dette de sang. Tu payeras pour toi et pour ton père. Nous allons régler nos comptes, excellence, ajouta-t-il en élevant sa hache sur la tête du prince, qui le couchait en joue. Oh! vous vous êtes trop hâté de choisir, le fusil n'est pas chargé.

Le prince devint pâle.

— Il existe entre nos deux familles, continua Gabriel, un mystère horrible que ma mère m'a confié sur le bord du tombeau, que mon père lui-même ignore, et que nul homme au monde ne doit entendre. Toi, c'est différent, tu vas mourir.

Il l'entraîna dans la cour.

— Sais-tu pourquoi ma sœur, que tu voulais déshonorer, a été vouée à la Madone? Parce que ton père a voulu, comme toi, déshonorer ma mère. Il y a dans ta maison maudite une tradition d'infamie. Tu ne sais pas ce que ma pauvre mère a souffert de tortures lentes et terribles, qui l'ont brisée, qui l'ont fait mourir bien

NISIDA.

jeune, et que cette âme angélique n'a osé confier qu'à son fils à l'heure suprême, et cela pour m'engager à veiller sur ma sœur.

Le pêcheur essuya une larme brûlante.

— Un jour, nous n'étions pas nés encore, une belle dame richement parée aborda à l'île dans une barque magnifique; elle demanda à voir ma mère, qui était jeune et belle comme l'est aujourd'hui ma Nisida. Elle ne pouvait se lasser de l'admirer; elle accusa l'aveugle destinée d'avoir enfoui ce beau diamant au sein d'une île obscure; elle combla ma mère d'éloges, de caresses et de présens, et après de longs détours, elle finit par la demander à ses parens pour en faire sa demoiselle de compagnie. Les pauvres gens, entrevoyant dans la protection d'une si grande dame un brillant avenir pour leur fille, eurent la faiblesse de céder. Cette dame était ta mère; et sais-tu pourquoi elle venait chercher ainsi cette pauvre jeune fille innocente? Parce que ta mère avait un amant, et parce qu'elle voulait, par ce moyen infâme, s'assurer l'indulgence du prince.

— Tais-toi, misérable.

— Oh! vous m'écouterez jusqu'au bout, excellence. Les premiers jours, ma pauvre mère se vit entourée des soins les plus tendres; la princesse ne pouvait s'en séparer un instant; les mots les plus flatteurs, les plus beaux habits, les plus riches parures étaient pour elle; les domestiques la respectaient comme si elle eût été la fille de leurs maîtres. Lorsque ses parens allèrent la voir pour s'informer si elle n'avait pas quelque regret de les avoir quittés, ils la trouvèrent si belle et si heureuse, qu'ils bénirent la princesse comme un bon ange que Dieu leur avait envoyé. Le prince prit alors ma mère dans une singulière affection ; peu à peu ses manières devinrent plus familières et plus caressantes. Enfin la princesse s'absenta pour quelques jours, regrettant de ne pas pouvoir amener avec elle sa chère enfant, comme elle l'appelait. Alors la brutalité du prince ne connut plus de bornes ; il ne déguisa plus ses honteux projets de séduction ; il étala devant la pauvre fille des colliers de perles et des écrins de diamans ; il passa de la passion la plus ardente à la plus sombre colère, des plus humbles prières aux plus horribles menaces. On enferma la malheureuse enfant dans un caveau où il pénétrait à peine un faible rayon de jour, et tous les matins un affreux geôlier venait lui jeter un morceau de pain noir, et lui répétait en jurant qu'il ne tenait qu'à elle de changer cette position en devenant la maîtresse du prince. Ce supplice dura deux ans. La princesse était partie pour un long voyage à l'étranger, et les pauvres parens de ma mère croyaient que leur fille était toujours heureuse auprès de sa protectrice. A son retour, ayant sans doute de nouvelles fautes à se faire pardonner, elle reprocha au prince sa maladresse, elle fit sortir ma mère de son cachot, affecta la plus vive indignation pour ces horribles traitemens, qu'elle montrait ignorer, essuya ses larmes, et par un raffinement de perfidie abominable, reçut les remerciemens de la victime qu'elle allait immoler.

Un soir, — j'ai fini, monseigneur, — la princesse

NISIDA.

voulut souper tête à tête avec sa demoiselle de compagnie : les fruits les plus rares, les mets les plus exquis, les vins les plus délicats, furent servis à ma pauvre mère, dont les longues privations avaient altéré la santé et affaibli la raison ; elle s'abandonna à une gaieté maladive. On lui versa des philtres diaboliques ; c'est encore une tradition dans votre famille. Ma mère se sentait exaltée, ses yeux brillaient d'un éclat fiévreux, ses joues étaient en feu. Alors le prince entra.... Oh! vous allez voir, excellence, que Dieu protège les pauvres..... Ma mère se réfugia comme une colombe effarée dans le sein de la princesse, qui la repoussait en riant. La pauvre fille éperdue, tremblante, toute en pleurs, se mit à genoux au milieu de cette chambre infâme. C'était le jour de sainte Anne : tout-à-coup la maison s'ébranle, les murs se fendent, des cris de détresse retentissent dans la rue. Ma mère est sauvée. Ce fut ce tremblement de terre qui a détruit la moitié de Naples. Vous le savez bien, monseigneur, puisque votre ancien palais n'est plus habitable.

— Où veux-tu en venir ? s'écria Brancaleone dans la plus terrible agitation.

— Oh! je veux tout simplement vous persuader qu'il faut que vous vous battiez avec moi, répondit froidement le pêcheur en lui tendant une cartouche ; et maintenant, ajouta-t-il d'un ton exalté, faites votre prière, monseigneur ; car, je vous en préviens, vous mourrez de ma main ; il faut que justice soit faite !

Le prince examina attentivement la poudre et les balles, s'assura que son fusil était dans un état parfait, le chargea, et, pressé d'en finir, ajusta le pêcheur; mais, soit le trouble qu'il venait d'éprouver pendant le terrible récit de son adversaire, soit que l'herbe fût mouillée par l'orage, au moment d'avancer le pied gauche pour assurer son coup, il glissa, perdit l'équilibre et tomba sur le genou. Le coup partit en l'air.

— Ceci ne compte pas, monseigneur, s'écria aussitôt Gabriel en lui tendant une seconde cartouche.

Au bruit de l'explosion, Salomon avait paru à la croisée, et comprenant de quoi il s'agissait, il avait levé les mains au ciel pour adresser à Dieu une muette et fervente prière. Eligi proféra un horrible blasphème et rechargea son arme à la hâte; mais, frappé par l'assurance de ce jeune homme qui se tenait immobile et debout devant lui, de ce vieillard calme et impassible qui semblait conjurer Dieu, au nom de son autorité paternelle, de se prononcer pour l'innocent, déconcerté par sa chute, le genou tremblant, le bras démis, il sentit courir dans ses veines le froid de la mort. Néanmoins, cherchant à maîtriser son émotion, il visa une seconde fois; la balle siffla à l'oreille du pêcheur et alla s'enfoncer dans le tronc d'un peuplier.

Le prince, avec l'énergie du désespoir, saisit le canon de son arme à deux mains, mais Gabriel s'avançait terrible avec sa hache, et du premier coup il emporta la crosse. Cependant il hésitait encore à tuer un homme sans défense, lorsque deux serviteurs armés parurent à l'extrémité du chemin. Gabriel ne les vit pas venir; mais au moment où les deux traîtres allaient le prendre aux épaules, Sa-

NISIDA.

lomon poussa un cri, et s'élança au secours de son fils.

— A moi, Numa! à moi, Bonaroux! à mort les brigands, ils veulent m'assassiner!

—Tu en as menti, prince de Brancaleone, s'écria Gabriel, et d'un coup de hache il lui fendit le crâne.

Les deux bravi qui arrivaient pour défendre leur maître, le voyant tomber, prirent la fuite; Salomon et son fils montèrent dans la chambre de Nisida. La jeune fille venait de secouer son lourd sommeil, une légère sueur perlait sur son front, et elle ouvrit lentement les yeux au jour naissant.

—Pourquoi me regardez-vous ainsi, mon père? dit-elle avec un reste d'égarement, en passant la main sur son front.

Le vieillard l'embrassa avec tendresse.

— Tu viens de passer un grand danger, ma pauvre Nisida, lui dit-il, lève-toi et remercions la Madone. Puis tous les trois prosternés devant la sainte effigie de la Vierge, commencèrent à réciter les litanies.

Mais à l'instant même un bruit d'armes retentit dans la cour, la maison fut cernée de soldats, et un lieutenant de gendarmerie saisissant Gabriel lui dit à haute voix:

—Au nom de la loi, je vous arrête, pour le meurtre que vous venez de commettre sur la personne de son excellence illustrissime monseigneur le prince de Brancaleone.

Nisida, frappée par ces mots, demeura pâle et immobile comme une de ces statues de marbre agenouillées sur les tombeaux; Gabriel se préparait déjà à une résistance insensée, lorsqu'il fut arrêté par un geste de son père.

— *Signor tenente*, dit le vieillard en s'adressant à l'officier, mon fils a tué le prince en légitime défense; car ce dernier a escaladé notre maison et a pénétré chez nous la nuit à main armée. Les preuves sont devant vos yeux. Voilà une échelle dressée contre la croisée, et voici, ajouta-t-il en ramassant deux morceaux de lame brisée, un poignard aux armes de Brancaleone. Au reste, nous ne refusons pas de vous suivre.

Les dernières paroles du pêcheur furent couvertes par les cris *à bas les sbires! à bas les gendarmes!* qui étaient répétés de tous les côtés. L'île entière était en armes, et les pêcheurs se seraient laissé hacher jusqu'au dernier avant de permettre qu'on touchât à un seul cheveu de Salomon ou de l'un de ses fils.

Mais le vieillard parut sur le seuil de sa porte, et, tendant le bras, d'un geste calme et grave qui fit tomber la colère du peuple:

— Merci, mes enfans, dit-il, il faut respecter la loi. Je saurai défendre tout seul devant les juges l'innocence de mon fils.

Trois mois se sont à peine écoulés depuis le jour où nous avons vu pour la première fois le vieux pêcheur de Nisida assis devant la porte de sa maison, rayonnant de tout le bonheur qu'il avait su créer autour de lui, trônant comme un roi sur son banc de pierre et bénissant ses deux enfans, les plus beaux de l'île. Maintenant tout est

NISIDA.

changé dans l'existence de cet homme naguère si heureux et si envié. La riante maisonnette qui se penchait sur le golfe, comme un cygne au bord d'un vivier transparent, est triste et désolée ; la petite cour bordée de lilas et d'aubépines, où des groupes joyeux venaient s'asseoir à la chute du jour, est silencieuse et déserte. Aucun bruit humain n'ose troubler le deuil de cette morne solitude. Seulement, vers le soir, le flot de la mer apitoyé sur de si grands malheurs vient murmurer sur la grève des notes plaintives.

Gabriel a été condamné. La nouvelle de la mort du noble prince de Brancaleone, si jeune, si beau, si universellement adoré, mit en émoi non seulement l'aristocratie napolitaine, mais toutes les classes en furent profondément indignées. Il fut pleuré par tout le monde; et un cri de vengeance unanime s'éleva contre le meurtrier. La justice informa avec une effrayante promptitude.

Au reste, les magistrats appelés par leur office à juger cette déplorable affaire firent preuve d'une intégrité irréprochable. Aucune considération étrangère à leur devoir, aucun égard dû à une famille si noble et si puissante, ne put ébranler la conviction de leur conscience. L'histoire a gardé le souvenir de ce mémorable procès, et elle n'a aucun reproche à faire aux hommes qui ne s'adresse en même temps à l'imperfection des lois humaines. L'apparence, ce fatal démenti que le génie du mal donne si souvent ici-bas à la vérité, accabla le pauvre pêcheur des preuves les plus évidentes.

CRIMES CÉLÈBRES.

Trespolo, chez qui la peur avait dissipé tous les scrupules, interrogé le premier en sa qualité de confident du jeune prince, déclara avec une froide impudence que son illustre maître ayant montré le désir de se dérober pour quelques jours aux importunités d'une jeune dame dont la passion commençait à le fatiguer, il l'avait suivi dans l'île avec trois ou quatre de ses plus fidèles domestiques, et qu'il avait adopté lui-même le déguisement de pèlerin, ne voulant pas trahir l'incognito de son excellence aux yeux des pêcheurs, qui n'auraient pas manqué d'obséder de leurs sollicitations un si puissant personnage. Deux gardes champêtres qui s'étaient trouvés par hasard sur le versant de la colline au moment du crime, confirmèrent par leur témoignage la longue déposition du valet; cachés par un taillis, ils avaient vu Gabriel fondre sur le prince, et avaient distinctement entendu les dernières paroles du mourant, criant au meurtre. Tous les témoins, ceux-là mêmes qui avaient été assignés à la requête de l'accusé, aggravaient sa position par leurs déclarations qu'ils s'efforçaient de rendre favorables. Aussi l'instruction, avec sa perspicacité habituelle et son infaillible certitude, avait-elle établi que le prince Eligi de Brancalcone, dégoûté momentanément du séjour de la ville, s'était réfugié dans la petite île de Nisida pour s'y livrer paisiblement au plaisir de la pêche, qui avait été de tout temps son goût prédominant (preuve était annexée au dossier que le prince avait assisté constamment tous les deux ans à la pêche du thon dans ses domaines de Pa-

NISIDA.

lerme) ; qu'une fois ainsi caché dans l'île, Gabriel avait pu le reconnaître, étant venu peu de jours avant accompagner sa sœur à la procession, et avait sans doute formé le projet de l'assassiner. Dans la journée qui précéda la nuit du crime, on avait remarqué l'absence de Gabriel et l'agitation de son père et de sa sœur. Vers le soir, le prince avait congédié son domestique, et était sorti tout seul, suivant son habitude, pour se promener au bord de la mer. Surpris par l'orage, et ne connaissant pas les détours de l'île, il avait erré autour de la maison du pêcheur, pour chercher un abri; alors Gabriel, encouragé par les ténèbres et par le bruit de la tempête, qui devait couvrir les cris de sa victime, après une longue hésitation, s'était décidé à consommer son crime, et ayant déchargé deux coups de feu sur le malheureux jeune homme sans pouvoir l'atteindre, il l'avait achevé à coups de hache ; enfin, au moment où, aidé par Salomon, il allait jeter le cadavre à la mer, les serviteurs du prince ayant paru, ils étaient montés à la chambre de la jeune fille, et ayant imaginé leur fable absurde, s'étaient mis à genoux devant la Vierge pour donner le change à la justice. Toutes les circonstances que le pauvre Salomon invoquait en faveur de son fils se tournaient contre lui : l'échelle dressée près de la croisée de Nisida appartenait au pêcheur; le poignard que le jeune Brancaleone portait toujours sur lui pour sa défense lui avait été évidemment enlevé après sa mort, et Gabriel s'était empressé de le briser pour faire disparaître, autant qu'il était en son pouvoir, les traces de son crime. On ne s'arrêta pas une seconde au témoignage de Bastiano, qui, pour détruire la préméditation, affirmait que l'accusé ne s'était séparé de lui qu'au moment où l'orage avait éclaté dans l'île : d'abord le jeune plongeur était connu pour être l'ami le plus dévoué de Gabriel et le plus chaud prétendant de sa sœur, et ensuite, à l'heure même où il affirmait avoir été aux environs de Nisida, on l'avait vu aborder à la Torre. Quant aux amours du prince pour la pauvre paysanne, cette assertion ridicule fit hausser les épaules aux magistrats, surtout la résistance attribuée à la jeune fille et les moyens extrêmes auxquels le prince aurait eu recours pour fléchir la vertu de Nisida. Eligi de Brancaleone était si jeune, si beau, si séduisant, et en même temps si impassible au milieu de ses succès, qu'on ne l'avait jamais soupçonné de violence que pour se débarrasser de ses maîtresses. Enfin, une preuve accablante et sans réplique renversait tous les argumens de la défense; on avait trouvé sous le lit du pêcheur une bourse, aux armes de Brancaleone, remplie d'or, que le prince avait lancée, — si nos lecteurs ne l'ont pas oublié, — comme une dernière insulte, aux pieds de Gabriel.

Le vieillard ne se découragea pas devant cet échafaudage de mensonges ; après les plaidoyers des avocats dont il avait acheté au poids de l'or la ruineuse éloquence, il défendit lui-même son fils, et mit dans son discours tant de vérité, tant de passion et tant de larmes, que l'auditoire entier en fut ému, et trois juges votèrent pour l'acquittement ; mais la majorité lui manqua, et le fatal arrêt fut prononcé.

NISIDA.

La nouvelle se répandit aussitôt dans la petite île, et y causa un profond découragement. Les pêcheurs, qui, à la première irruption de la force, s'étaient levés en masse pour défendre la cause de leur camarade, courbaient le front sans murmurer devant l'omnipotence de la chose jugée. Salomon reçut sans sourciller le coup de poignard qui lui traversait le cœur. Pas un soupir ne s'échappa de sa poitrine, pas une larme ne vint au bord de sa paupière; sa blessure ne saigna pas. Depuis le jour de l'arrestation de son fils, il avait vendu tout ce qu'il possédait au monde, jusqu'à la petite croix d'argent que lui avait léguée sa femme en mourant, jusqu'au collier de perles qui flattait si bien l'orgueil paternel en perdant de sa blancheur sur le cou de sa chère Nisida; il avait cousu les pièces d'or qu'il avait retirées de la vente de ces objets, dans son bonnet de laine grossière, et s'était installé à la capitale. Il ne mangeait qu'un morceau de pain que lui jetait la pitié des passans, et il dormait sur les marches des églises ou sur le seuil des magistrats.

Pour apprécier à sa juste valeur le courage héroïque de ce père infortuné, il faut embrasser d'un seul regard toute l'étendue de son malheur. La mort de son enfant n'était pas le seul chagrin qui déchirait ce cœur de martyr. Accablé par l'âge et par la douleur, il entrevoyait avec un calme solennel le moment terrible où son fils le précéderait de peu de jours dans la tombe. Sa plus poignante angoisse était de songer à la honte qui couvrirait sa famille. Le premier échafaud dressé dans cette île de mœurs si douces, d'une vertu si austère, d'une pauvreté si honorable, s'élevait pour Gabriel, et cette peine ignominieuse flétrissait la population entière, et lui marquait au front le premier sceau d'infamie. Par une transition douloureuse, et pourtant si facile dans les destinées humaines, le pauvre père en était venu à désirer ces momens de danger qui l'avaient fait trembler autrefois, ces momens où son fils aurait pu mourir noblement. Et maintenant tout était perdu : une vie si longue de travail, d'abnégations, de bienfaits ; une réputation pure et sans tache qui s'étendait au-delà du golfe, dans des contrées lointaines, une admiration traditionnelle de plusieurs générations qui tenait presque du culte; tout cela n'avait servi qu'à creuser plus profondément l'abîme où le pêcheur était tombé d'un seul coup du haut de sa royale grandeur. Le prestige, cette auréole divine, sans laquelle rien n'est saint ici-bas, avait disparu. On n'osait plus défendre le malheureux, on le plaignait. Son nom sera bientôt prononcé avec horreur, et Nisida, la pauvre orpheline, ne sera pour tout le monde que la sœur d'un condamné. Bastiano lui-même détournait la tête en pleurant. Aussi, quand tous les délais furent expirés, quand toutes les démarches du pauvre Salomon échouèrent, le voyant sourire étrangement comme sous l'obsession d'une idée fixe, se disait-on dans la ville que le vieillard avait perdu la raison.

Gabriel vit lever son dernier jour avec sérénité et avec calme. Il avait dormi d'un sommeil profond ; il se réveilla plein d'un bonheur inouï; un joyeux rayon de so-

NISIDA.

leil, tombant de la lucarne, vint trembler sur la paille fine et dorée de son cachot; une brise d'automne se jouant autour de lui caressait son front d'une fraîcheur agréable, et courait dans sa longue chevelure. Le geôlier, qui l'avait toujours traité avec humanité depuis qu'il était sous sa garde, frappé de cet air de bonheur, hésita un moment à lui annoncer la visite du curé, craignant d'arracher le pauvre prisonnier à sa rêverie. Gabriel reçut cette nouvelle avec joie; il s'entretint deux heures avec le bon prêtre, et versa de douces larmes au moment de la dernière absolution. Le curé sortit de la prison, mouillé de pleurs, et proclamant à haute voix qu'il n'avait jamais rencontré de sa vie une âme plus belle, plus pure, plus remplie de résignation et de courage.

Le pêcheur était encore en proie à sa consolante émotion lorsque sa sœur entra. Depuis le jour où on l'avait relevée évanouie de la chambre où son frère venait d'être arrêté, la pauvre fille, réfugiée près d'une tante, et s'accusant de tout le mal qui était arrivé, n'avait fait que pleurer aux pieds de sa sainte patronne. Ployée sous sa douleur comme un jeune lis courbé sous l'orage, elle passait des heures entières, pâle, immobile, détachée de la terre, et ses larmes coulaient silencieusement sur ses belles mains jointes. Quand le moment fut venu d'aller embrasser son frère pour la dernière fois, Nisida se leva avec le courage d'une sainte. Elle effaça la trace de ses larmes, lissa ses beaux cheveux noirs, mit sa plus belle robe blanche; la malheureuse enfant essaya de cacher sa douleur par une ruse angélique. Elle eut la force de sourire! A la vue de sa pâleur effrayante, Gabriel sentit son cœur se serrer, un nuage passa sur ses yeux, il voulut courir à sa rencontre ; mais, retenu par la chaîne qui le scellait au pilier de sa prison, il recula brusquement et trébucha. Nisida s'élança vers son frère et le retint dans ses bras. La jeune fille avait tout compris ; elle l'assura qu'elle se portait bien. Craignant de le rappeler à sa terrible situation, elle lui parlait avec volubilité de mille choses, de sa tante, de la beauté du temps, de la Madone. Puis elle s'arrêtait tout-à-coup, effrayée de ses paroles, effrayée de son silence ; elle attachait sur le front de son frère des regards brûlans, comme pour le fasciner. Peu à peu elle s'anima ; une légère teinte colora ses joues amaigries, et Gabriel, abusé par les efforts surhumains de la jeune fille, la trouva encore belle, et remercia Dieu dans son cœur d'avoir épargné cette faible créature. Nisida, comme si elle eût suivi les pensées secrètes de son frère, s'approcha de lui, lui serra la main avec un ton d'intelligence, et murmura tout bas à son oreille :

— Par bonheur, notre père est absent depuis deux jours ; il m'a fait avertir qu'il serait retenu à la ville. Pour nous, c'est différent, nous sommes jeunes, nous avons du courage !

La pauvre fille tremblait comme une feuille.

— Que deviendras-tu, ma pauvre Nisida? s'écria Gabriel en soupirant.

—Bah ! je prierai la Madone. Est-ce qu'elle ne nous

NISIDA.

protége pas ? — La jeune fille s'arrêta, frappée par le son de ses paroles, auxquelles la circonstance donnait un si cruel démenti. — Mais, en regardant son frère, elle continua d'un ton animé : — Certainement qu'elle nous protége. Elle m'est encore apparue en rêve cette nuit. Elle tenait dans ses bras son enfant Jésus, et me regardait avec une tendresse de mère. Elle veut faire de nous des saints ; car elle nous aime, et pour être saints, vois-tu, Gabriel, il faut souffrir.

— Eh bien ! va prier pour moi, ma bonne sœur ; ôte-toi à l'aspect de ces lieux tristes qui finiraient par ébranler ta fermeté, et peut-être la mienne. Va, nous nous reverrons là-haut, où notre mère nous attend ; notre mère, que tu n'as pas connue, et à laquelle je parlerai souvent de toi. Adieu ! ma sœur, au revoir !...

Et il l'embrassa sur le front.

La jeune fille rassembla dans son cœur toute sa force pour cet instant suprême ; elle marcha d'un pas ferme ; arrivée sur le seuil, elle se retourna, et lui dit adieu de la main, s'empêchant d'éclater par une contraction nerveuse ; mais une fois dans le corridor, un sanglot s'échappa de sa poitrine, et Gabriel, qui l'entendit retentir sous la voûte, crut que son cœur allait se fendre.

Puis il se jeta à genoux, et, levant les mains vers le ciel, il s'écria :

— J'ai fini de souffrir ; je n'ai plus rien qui m'attache à la vie. Merci, mon Dieu ! vous retenez mon père ailleurs, vous avez voulu épargner au pauvre vieillard une douleur qui eût été au-dessus de ses forces.

CRIMES CÉLÈBRES.

Ce fut à l'heure de midi qu'après avoir épuisé tous les moyens possibles, jeté son or jusqu'à la dernière pièce, embrassé les genoux du dernier valet, Salomon le pêcheur s'achemina vers la prison de son fils. Son front était tellement abattu, que les gardes reculèrent saisis de pitié, et le geôlier pleura en refermant sur lui la porte du cachot.

Le vieillard resta quelques instans sans faire un pas, absorbé par la contemplation de son fils. A l'éclat fauve de sa prunelle, on eût deviné qu'un sombre projet agitait en ce moment l'âme de cet homme. Néanmoins il parut frappé de la beauté de Gabriel. Trois mois de prison avaient rendu à sa peau la blancheur que le soleil avait hâlée; ses beaux cheveux noirs tombaient en boucles autour de son cou, ses yeux s'arrêtaient sur son père avec un regard humide et brillant. Jamais cette tête n'avait été plus belle qu'au moment de tomber.

— Hélas! mon pauvre fils, lui dit le vieillard, il n'y a plus d'espoir; il faut mourir.

— Je le sais, répondit Gabriel d'un ton de tendre reproche, et ce n'est pas là ce qui m'afflige davantage en ce moment. Mais toi aussi, pourquoi veux-tu me faire du chagrin, à ton âge? J'avais espéré..... Que n'es-tu resté dans la ville?

— Dans la ville, répéta le vieillard, ils sont sans pitié; je me suis jeté aux pieds du roi, aux pieds de tout le monde; il n'y a pas de grâce, pas de miséricorde pour nous.

— Eh! mon Dieu, qu'est-ce que la mort pour moi?

NISIDA.

Je la rencontre tous les jours sur la mer. — Mon plus grand tourment, mon seul tourment, c'est la douleur qu'ils te font.

— Et moi, crois-tu, mon Gabriel, que je souffre seulement de te voir mourir? Oh! c'est une séparation de quelques jours; j'irai bientôt te rejoindre. Mais une douleur plus sombre m'accable. — Moi, je suis fort, je suis un homme.... Il s'arrêta craignant d'en avoir trop dit; puis, se rapprochant de son fils, il ajouta d'une voix remplie de larmes :

— Pardonne-moi, mon Gabriel, je suis cause de ta mort. J'aurais dû tuer le prince de ma main. On ne condamne pas à mort les enfans et les vieillards dans notre pays. J'ai quatre-vingts ans passés; j'aurais été gracié; on me l'a bien dit quand je demandais ta grâce en pleurant; encore une fois, pardonne-moi, Gabriel : j'ai cru que ma fille était morte; je n'ai plus pensé à rien ; et puis je ne savais pas la loi.

— Mon père! mon père! répétait Gabriel attendri, que dis-tu? J'aurais donné mille fois ma vie pour racheter un jour de la tienne. Puisque tu as la force d'assister à ma dernière heure, ne crains pas ; tu ne me verras point pâlir ; ton fils sera digne de toi.

— Et il devra mourir! mourir! s'écriait Salomon en se frappant le front avec désespoir et lançant aux murs du cachot un regard de feu qui aurait voulu les percer.

— J'y suis résigné, mon père, dit Gabriel avec douceur ; le Christ n'est-il pas monté sur sa croix?

— Oui! murmura le vieillard d'une voix sourde ; mais

il ne laissait pas après lui une sœur déshonorée par sa mort.

Ces paroles, qui échappèrent au vieux pêcheur malgré lui, jetèrent dans l'âme de Gabriel une clarté soudaine et terrible. Pour la première fois, il entrevit tout ce que sa mort avait d'infâme ; la populace impudente se pressant autour de l'échafaud, la main hideuse du bourreau le saisissant aux cheveux, et les gouttes de son sang rejaillissant sur la robe blanche de sa sœur et la couvrant d'opprobre.

— Oh ! si je pouvais avoir une arme ! s'écria Gabriel en jetant autour de lui ses yeux hagards.

— Ce n'est pas l'arme qui manque, répondit Salomon en portant la main sur le manche d'un poignard qu'il avait caché dans sa poitrine.

— Eh bien ! tue-moi, mon père, dit Gabriel à voix basse, mais avec un accent irrésistible de persuasion et de prière ; oh ! oui ! je te l'avoue maintenant, la main du bourreau me fait peur. Ma Nisida, ma pauvre Nisida ! je l'ai vue ; elle était ici tout-à-l'heure, belle et blanche comme la Madone des douleurs ; elle souriait pour me cacher ses tortures. Elle était heureuse, la pauvre fille, parce qu'elle te croyait absent. Oh ! qu'il me sera doux de mourir de ta main ! Tu m'as donné la vie, reprends-la, mon père, puisque Dieu le veut ainsi. Et Nisida sera sauvée. Oh ! n'hésite pas ; ce serait une lâcheté à nous deux ; c'est ma sœur, c'est ta fille !

Et voyant que sa volonté puissante avait subjugué le vieillard:

NISIDA.

—A moi, dit-il, à moi, mon père! Et il offrit la poitrine à son coup. Le pauvre père leva la main pour frapper; mais une convulsion mortelle agita tous ses membres; il tomba dans les bras de son fils, et tous les deux fondirent en larmes.

—Pauvre père, dit Gabriel, j'aurais dû prévoir cela. Donne-moi ce poignard et détourne-toi; je suis jeune, et mon bras ne tremble pas.

— Oh! non, reprit Salomon d'un ton solennel, non, mon fils; car tu serais suicide! Que ton âme monte pure au ciel! Dieu me donnera sa force. D'ailleurs, nous avons le temps! Et un dernier rayon d'espoir vint briller dans le regard du pêcheur.

Alors il se passa dans ce cachot une de ces scènes que la parole ne pourra jamais retracer. Le pauvre père s'assit sur la paille, à côté de son fils, et coucha doucement sa tête sur ses genoux. Il lui souriait dans les larmes comme à un enfant malade; il promenait lentement sa main dans les boucles soyeuses de ses cheveux, il lui faisait mille demandes entremêlées de caresses. Pour le dégoûter de ce monde, il lui parlait sans cesse de l'autre. Puis, par un brusque retour, il le questionnait minutieusement sur toutes les circonstances du passé. Quelquefois il s'arrêtait avec effroi, et comptait les battemens de son cœur qui marquaient l'heure avec précipitation.

— Dis-moi tout, mon enfant; as-tu quelque désir, as-tu quelque envie qu'on puisse satisfaire avant ta mort? Laisses-tu quelque femme aimée en secret? Tout ce qui nous reste sera pour elle.

CRIMES CÉLÈBRES.

— Je ne regrette ici-bas que toi et ma sœur. Vous êtes les seules personnes que j'ai aimées depuis la mort de ma mère.

— Eh bien ! console-toi, ta sœur sera sauvée.

— Oh ! oui, je mourrai heureux.

— Pardonnes-tu à nos ennemis ?

— De toute la force de mon cœur. Je prie Dieu qu'il fasse grâce aux témoins qui m'ont accusé. Puisse-t-il me pardonner mes fautes !

— Quel âge as-tu bientôt? demanda brusquement le vieillard ; car sa raison commençait à s'altérer, et il avait perdu la mémoire.

— J'ai eu vingt-cinq ans à la Toussaint.

— C'est vrai ; le jour a été triste cette année : tu étais en prison.

— Vous rappelez-vous, il y a cinq ans, de ce même jour où je remportai le prix de la regatta à Venise ?

— Raconte-moi cela, mon enfant.

Et il écoutait les mains dans les mains, le cou tendu, la bouche béante. Mais un bruit de pas se fit entendre dans le corridor, et un coup sourd fut frappé à la porte. C'était l'heure fatale. Le pauvre père l'avait oubliée.

Déjà les prêtres avaient entonné leur cantique de mort ; le bourreau était prêt ; le cortége était en marche, lorsque Salomon le pêcheur parut tout-à-coup sur le seuil de la prison, le regard enflammé, le front rayonnant de l'auréole des patriarches. Le vieillard se redressa de toute sa hauteur, et levant d'une main le couteau ensanglanté :

NISIDA.

— Le sacrifice est consommé, dit-il d'une voix sublime. Dieu n'a pas envoyé son ange pour arrêter la main d'Abraham. . . . .
La foule le porta en triomphe[1].

PIER-ANGELO FIORENTINO.

NOTE.

NOTE.

[1] Les détails de cette affaire sont consignés dans les archives de la *Corte criminale* de Naples. Nous n'avons rien changé ni à l'âge ni à la position des personnages qui figurent dans ce récit. Un des plus célèbres avocats du barreau napolitain a fait prononcer l'acquittement du vieillard.

DERUES.

DERUES[1].

Un jour du mois de septembre 1751, vers cinq heures et demie de l'après-midi, une vingtaine d'enfans, caquetant, se poussant, se culbutant comme une couvée de perdrix, sortaient d'une des écoles chrétiennes de Chartres. La joie était doublement grande parmi la troupe délivrée d'une longue et ennuyeuse captivité : un accident sans gravité, arrivé à un des instituteurs, avait forcé de suspendre la classe une demi-heure plus tôt qu'à l'ordinaire, et, par suite du trouble apporté dans le corps enseignant, le frère chargé de reconduire à domicile les écoliers avait dû ce soir-là renoncer à cette partie de son ministère. C'était donc d'abord trente ou quarante minutes gagnées sur le travail, et ensuite une liberté inattendue, sans contrôle, affranchie de la surveillance de ce noir caporal en soutane, qui maintenait la discipline dans les rangs : trente minutes (un siècle à leur âge!) d'éclats de rire, de jeux, qu'ils avaient en perspec-

CRIMES CÉLÈBRES.

tive. Chacun s'était engagé solennellement, et sous peine de punition sévère, à rentrer au nid paternel tout droit et sans se laisser distraire ; mais l'air était frais et pur, et la campagne riait autour d'eux. L'école, ou, si l'on veut, la cage qui venait de s'ouvrir, était située à l'une des extrémités d'un des faubourgs de la ville. Il n'y avait que quelques pas à faire pour se glisser sous un bouquet de bois où coulaient des eaux vives, et derrière lequel s'élevait un terrain accidenté, qui rompait la monotonie d'une vaste et féconde prairie. Comment ne pas désobéir, ne pas céder à l'envie d'essayer ses ailes ? Le parfum des prés monta à la tête des plus sages et enivra les plus timides. Il fut résolu qu'on trahirait la confiance des révérends pères Jésuites, dût-on le lendemain, si la maraude était découverte, payer un instant de plaisir défendu par une ignoble correction.

Une volée de moineaux francs se fût précipitée avec moins d'étourderie dans le petit bois. Tous étaient à peu près du même âge ; le plus vieux avait neuf ans. On mit les vestes et les habits bas, et on déposa sur l'herbe les paniers, les cahiers, les dictionnaires et les catéchismes. Pendant que cette cohue de têtes blondes et roses, de visages frais et souriants, délibérait en tumulte sur le jeu qu'il fallait choisir, un des enfans, qui n'avait pris aucune part à la gaieté générale, et que le torrent avait entraîné sans qu'il pût faire plus tôt retraite, se glissa sournoisement entre les arbres, et, profitant d'un moment où il croyait ne pas être aperçu, s'éloigna à pas précipités

DERUES.

Mais un de ses camarades le vit, et s'écria :

— Voilà Antoine qui se sauve !

Deux des plus habiles coureurs de la bande s'élancèrent à la poursuite du fuyard, qui, malgré l'avance qu'il avait sur eux, fut bientôt rattrapé, saisi au collet, et ramené comme un déserteur.

— Où allais-tu ? lui demanda-t-on.

— Je retournais, répondit l'enfant, chez mes cousines : il n'y a pas de mal à cela.

— Tu n'es qu'un capon, un vrai cafard, dit en s'approchant de lui, et en lui mettant le poing sous le menton, un des écoliers ; tu allais nous dénoncer au maître.

— Pierre, reprit Antoine, tu sais bien que je ne mens jamais.

— Toi !... ce matin encore tu as prétendu que je t'avais pris un livre que tu as perdu, et ça, pour me faire punir et te venger du coup de pied que je t'ai donné hier, et que tu n'as pas osé me rendre.

Antoine leva les yeux au ciel, et croisant les bras sur sa poitrine :

— Mon bon Buttel, tu te trompes. On m'a toujours appris qu'il faut pardonner les offenses.

— Tiens, tiens, on dirait qu'il fait une prière ! crièrent ses camarades ; et des épithètes injurieuses, accompagnées de gourmades, assaillirent l'enfant.

Pierre Buttel, qui exerçait une grande influence sur les autres, fit cesser les hostilités.

— Vois-tu, Antoine, tu es un mauvais cœur, c'est connu ça, un sournois, un hypocrite. Il faut en finir. Ote ton habit et battons-nous. Si tu veux, nous nous battrons tous les jours, matin et soir, jusqu'à la fin du mois?

Des bravos accueillirent cette proposition, et déjà Pierre, les manches retroussées jusqu'au coude, s'apprêtait à joindre l'action aux paroles.

Le provocateur n'avait sans doute pas la conscience de ce qu'il disait : autrement, ce défi chevaleresque n'eût été de sa part qu'un acte d'insigne lâcheté. La victoire ne pouvait être douteuse entre les deux champions : l'un était un enfant à l'œil vif et fier, aux allures décidées, aux membres souples et nerveux, toute l'ébauche d'un homme vigoureux ; l'autre, au contraire, plus jeune d'ailleurs, était petit, maigre, d'une pâleur maladive et plombée : il semblait qu'il n'y eût qu'à souffler sur lui pour le renverser. Ses bras et ses jambes grêles s'attachaient à son corps comme les pattes d'une araignée ; ses cheveux étaient d'un blond tirant sur le roux, et sous sa peau blanche, on eût dit que le sang ne circulait pas. Le sentiment de sa faiblesse le rendait craintif et donnait à ses yeux une mobilité inquiète. L'ensemble de ses traits était indécis ; à ne regarder que son visage, on n'aurait peut-être pas su au premier coup d'œil à quel sexe il appartenait [2]. Cette confusion de deux natures, ce mélange effacé de délicatesse féminine sans grâce, et de virilité avortée, marquaient cette physionomie d'un cachet indéfinissable. Le regard attaché sur cet être chétif ne pouvait aisément s'en détourner. S'il eût été doué de plus de force, il serait devenu un objet de terreur pour ses camarades ; il aurait exercé sur eux par la crainte l'ascen-

DERUES.

dant que Pierre Buttel devait à son humeur joyeuse, à son ardeur infatigable du plaisir, car cette mesquine enveloppe cachait une puissance de volonté et de dissimulation extraordinaire. C'était par instinct que les écoliers se groupaient autour de Pierre et lui avaient décerné le généralat : par instinct aussi, ils s'éloignaient d'Antoine, repoussés de lui par une impression de froid comme à l'aspect d'un reptile. Ils évitaient son contact, à moins que ce ne fût pour abuser de leur supériorité physique. Jamais il ne s'était mêlé volontairement à leurs jeux : bien rarement le rire avait desserré ses lèvres minces et sans couleur, et son sourire, à un âge si tendre, avait une expression sinistre !

— Veux-tu te battre ? répéta Pierre.

Antoine promena autour de lui un regard rapide. Il n'y avait aucun moyen d'échapper : un double rang d'écoliers le cernait de tous côtés. Accepter ou refuser la proposition, la chance était la même pour lui : il courait également risque d'être assommé, qu'il optât pour la paix ou pour la guerre. Quoique le cœur lui battît fortement, nulle trace de son émotion ne parut sur son livide visage. Un danger imprévu lui eût arraché des cris, mais il avait eu le temps de se recueillir, le temps de se mettre à l'abri derrière l'hypocrisie. Dès qu'il pouvait mentir et tromper il reprenait courage, et l'instinct de la ruse, une fois éveillé, dominait en lui tout autre sentiment. Au lieu de répondre à cette seconde provocation, il se mit à genoux et dit à Pierre :

— Tu es le plus fort.

Cette soumission désarma la colère de son antagoniste.

— Relève-toi, lui dit-il : je ne te toucherai pas si tu ne veux pas te défendre.

— Pierre, reprit Antoine, sans changer de posture, je te promets, au nom de Dieu et de la vierge Marie, que je n'allais pas vous dénoncer. Je retournais chez mes cousines étudier mes leçons pour demain, car tu sais que j'ai la tête dure. Si tu crois que je t'ai fait du mal, je te prie de me pardonner.

Pierre lui tendit la main et le fit relever.

— Veux-tu être bon camarade, Antoine, et jouer avec nous?

— Oui.

— Eh bien! c'est convenu, et oublions tout.

— A quel jeu jouons-nous? dit l'enfant en se dépouillant de son habit.

Un des camarades s'écria :

— Aux voleurs et aux archers.

— Bonne idée! dit Pierre Buttel. Et par suite de l'autorité qu'il exerçait légitimement, il sépara la troupe en deux bandes, dix voleurs de grand chemin, qu'il se chargea de commander, et dix archers qui devaient les poursuivre. Antoine faisait partie de la maréchaussée.

Les malfaiteurs, armés de poignards et de fusils de bois arrachés aux saules qui ombrageaient le bord d'un ruisseau, s'éloignèrent les premiers et gagnèrent en courant les gorges des petites montagnes derrière le bois. Il avait été convenu que c'était une guerre sérieuse : tout prisonnier, de part et d'autre, devait être jugé immé-

DERUES.

diatement. Les voleurs se séparèrent deux par deux, trois par trois, et allèrent s'embusquer dans les ravins. Quelques minutes après, les archers se mirent en marche. Il y eut des rencontres, des surprises, quelques escarmouches ; mais quand on allait en venir aux mains, les soldats de Pierre Buttel, habilement distribués, se réunissaient sur le même point à son coup de sifflet, et la gendarmerie était obligée de battre en retraite. Depuis quelque temps cependant, ce magique signal de ralliement ne se faisait plus entendre : les voleurs étaient inquiets et restaient blottis dans leurs cachettes. C'est que Pierre, n'écoutant que son courage, s'était chargé de défendre seul l'entrée d'un passage dangereux et d'y arrêter toute la troupe ennemie. Pendant qu'il lui tiendrait tête, une moitié de ses hommes, embusqués à gauche, devait tourner le pied de la montagne et accourir au coup de sifflet: l'autre moitié, placée aussi à quelque distance, devait exécuter la même manœuvre sur les hauteurs. Les archers, attirés dans le piége, auraient été pris en tête et en queue, et, dans la confusion de cette double attaque, obligés de se rendre à discrétion. Le hasard, qui décide souvent du sort des batailles, déjoua cette habile stratégie. L'œil et l'oreille aux aguets, Pierre ne s'aperçut pas que, tandis qu'il regardait devant lui, les archers avaient suivi un autre chemin que celui qu'il leur avait assigné pour le succès de ses combinaisons. Ils tombèrent à l'improviste sur son dos, et, avant qu'il eût le temps de tirer son sifflet, ils lui fermèrent la bouche avec un mouchoir et lui lièrent les mains. Six d'entre eux restèrent sur le

CRIMES CÉLÈBRES.

terrain pour tenir la campagne et mettre en déroute la bande privée désormais de son chef : les quatre autres emmenèrent le prisonnier vers le petit bois. Les voleurs, n'entendant point le signal convenu, n'eurent garde de bouger. D'après les conventions, Pierre Buttel fut jugé par les archers, transformés alors en cour de justice criminelle, et comme il avait été pris les armes à la main, et qu'il dédaignait de se justifier, son procès ne fut pas long : à l'unanimité, on le condamna à être pendu, et la sentence fut exécutée à l'instant sur la demande du chef de voleurs lui-même, qui exigea que la comédie fût jouée jusqu'au bout, et qui désigna l'arbre où on pouvait l'accrocher par le col.

— Mais, Pierre, dit un des juges, comment te tiendras-tu là?

— Que tu es bête! reprit le condamné : pardine! je veux être pendu pour rire. Tiens, tu vas voir. Il prit et attacha ensemble plusieurs cordes qui liaient les livres de ses camarades, mit en tas les cahiers et les dictionnaires, monta sur cette base branlante, attacha, en se dressant sur la pointe du pied, un bout de la corde à une forte branche qui s'éloignait horizontalement du tronc de l'arbre, et passa son col dans un nœud coulant, faisant toutes les grimaces d'un pendu véritable. Ce furent d'abord de grands éclats de rire, et le pendu riait plus fort que les autres. Trois des archers allèrent rejoindre leurs camarades pour leur montrer ce divertissant spectacle; un seul, harassé de fatigue, resta auprès du patient.

— Ah çà! monsieur le bourreau, dit Pierre en lui

DERUES.

tirant la langue, les livres sont-ils solides ? il me semble qu'ils remuent.

— Non, non! répondit Antoine. C'était lui qu'on avait laissé là. — N'aie pas peur, Pierre.

— A la bonne heure ; c'est que s'ils tombaient, je crois que la corde n'est pas assez longue.

— Tu crois?

Une pensée affreuse brilla comme un éclair sur la figure de l'enfant. La jeune hyène venait de flairer le sang pour la première fois.

Antoine mesura de l'œil la hauteur de l'appui qui soutenait Pierre Buttel, et la compara à la longueur de la corde depuis la branche jusqu'à son col.

La nuit était presque arrivée : l'ombre s'épaississait dans le bois, des traînées de lumière pâle glissaient sur le sol entre les arbres, les feuilles étaient noires et frissonnaient au vent. Antoine se tenait debout, silencieux et immobile, écoutant si quelque bruit résonnait autour d'eux.

Ce serait pour le moraliste une curieuse étude que celle de voir se développer la première pensée du crime dans les replis du cœur de l'homme, et de quelle manière ce germe empoisonné grandit et étouffe les autres sentimens ; il y aurait une haute leçon à recueillir de cette lutte de deux principes opposés, quelque faible qu'elle soit chez les plus pervers. Là, où le jugement a pu discerner, où la volonté a pu choisir entre le bien et le mal, il n'y a d'accusation à porter que contre le coupable seul, et le plus grand forfait ne remonte pas au-delà de son

CRIMES CELÈBRES.

auteur. C'est une action humaine, ce sont des passions qu'il était possible de dompter, et qui ne jettent ni trouble dans l'esprit, ni doute dans la conscience sur leur culpabilité. Mais comment concevoir, sans être tenté de remplacer par une fatalité aveugle, l'idée d'une justice éternelle et souveraine, comment concevoir, dans un enfant, cette révélation du meurtre? Comment ne pas hésiter dans l'appréciation entre la raison qui succombe et l'instinct qui se manifeste, ne pas s'écrier que les desseins de Dieu, qui retient les uns et pousse les autres, sont parfois mystérieux et inexplicables, et qu'il faut s'y soumettre sans les comprendre?

— Les entends-tu revenir? demanda Pierre Buttel.

— Je n'entends rien, répondit Antoine.

Et un tremblement nerveux agitait ses lèvres et tous ses membres.

— Ah! bah! tant pis, ça m'ennuie d'être mort, je vais ressusciter et courir après eux. Tiens bien les livres, que je desserre le nœud coulant.

— Si tu bouges, les livres vont tomber; attends que je les retienne.

Il se mit à genoux, et rassemblant toutes ses forces, il leur imprima un choc violent.

Pierre fit un mouvement pour porter les mains à son col.

— Que fais-tu donc? cria-t-il d'une voix déjà étouffée.

Antoine croisa les bras, et répondit :

— Je me venge.

DERUES.

Il s'en fallait de plusieurs pouces que les pieds de Pierre Buttel touchassent le sol. La lourdeur de son corps au moment où il avait perdu son point d'appui avait fait un peu fléchir la branche, mais elle s'était relevée, et le malheureux enfant s'épuisait en efforts inutiles : à chaque secousse les nœuds se serraient de plus en plus ; ses jambes s'agitaient, ses bras cherchaient autour de lui un objet qu'il pût saisir; mais bientôt les mouvemens devinrent plus lents, les membres se raidirent, et les mains tombèrent le long du corps. Il ne resta plus de tant de vigueur, que le balancement d'un cadavre tournant et retournant sur lui-même.

Alors, Antoine se mit à crier au secours, et quand ses camarades arrivèrent, ils le trouvèrent tout en pleurs et s'arrachant les cheveux. Ses sanglots étaient tels, et son désespoir si grand, qu'à peine s'il put se faire comprendre d'eux quand il leur raconta comment les livres s'étaient dérobés sous Pierre Buttel, et comment il avait essayé, mais en vain, de le soutenir dans ses bras.

Cet enfant, orphelin depuis l'âge de trois ans, élevé d'abord par un de ses parens, et chassé de chez lui pour vol, recueilli ensuite par deux de ses cousines, qu'effrayait déjà sa perversité précoce, cet être pâle et chétif, voleur incorrigible, hypocrite consommé, et assassin de sangfroid, était prédestiné à l'immortalité du crime, et devait prendre place un jour parmi les plus exécrables monstres dont l'humanité ait eu à rougir : il s'appelait ANTOINE-FRANÇOIS DERUES.

Vingt ans s'étaient passés depuis cet horrible et mystérieux événement que nul alors n'avait cherché à approfondir. Un soir du mois de juin 1771, quatre personnes étaient réunies dans une chambre d'un appartement modestement meublé, au troisième étage d'une maison de la rue Saint-Victor. La société se composait de trois femmes et d'un ecclésiastique, qui s'était mis en pension, pour la nourriture seulement, chez celle de ces femmes qui logeait dans cette maison : les deux autres étaient des voisines du quartier. Souvent ces quatre personnes, liées d'amitié, se rassemblaient ainsi le soir pour jouer aux cartes. Elles étaient assises autour d'une table préparée pour le jeu; mais quoiqu'il fût déjà près de dix heures, les cartes n'avaient pas encore été touchées. On parlait à voix basse, et une confidence interrompue à moitié avait banni, ce soir-là, la gaieté habituelle.

Quelqu'un frappa légèrement à la porte, sans qu'on eût entendu aucun bruit de pas sur les marches en bois et criantes de l'escalier. Une voix pateline pria d'ouvrir.

La locataire de la chambre, la dame Legrand[3], se leva et fit entrer un homme de vingt-six ans environ. A son aspect, les quatre amis échangèrent un regard d'intelligence, que surprit au passage le nouveau venu, mais dont il n'eut pas l'air de s'apercevoir. Il s'inclina successivement devant les trois femmes, et avec les marques d'un respect plus profond, devant l'abbé, qu'il salua à plusieurs reprises. Il fit comprendre par signes qu'il demandait pardon du dérangement qu'il causait, et s'avançant vers la dame Legrand, il lui dit d'une voix faible et

DERUES.

comme brisée par la douleur, après avoir toussé plusieurs fois :

— Ma bonne maîtresse, vous m'excuserez, ainsi que ces dames, si je me présente chez vous à cette heure et dans ce costume ; mais je suis malade, et j'ai été obligé de me relever.

Le costume de cet homme était singulier en effet : il était enveloppé dans une large robe de chambre d'une étoffe à ramages ; sa tête était couverte d'une coiffe de nuit, froncée au sommet, et surmontée d'une frange en mousseline [1]. L'ensemble de sa personne ne démentait pas ce qu'il avait dit de l'état de sa santé. Sa taille atteignait à peine quatre pieds dix pouces ; ses membres étaient grêles, son visage maigre, pâle et allongé. Ainsi accoutré, toussant sans cesse, traînant les pieds comme s'il n'eût plus eu la force de les soulever, tenant dans une main une chandelle allumée, et dans l'autre un œuf, il ressemblait à une caricature, à quelque malade imaginaire échappé des mains de monsieur Purgon. Cependant, personne en le voyant n'eut envie de sourire, malgré son apparence valétudinaire et son air d'humilité étudiée. Il y avait dans le clignotement perpétuel de ses paupières fauves qui s'abaissaient sur ses yeux caves, ronds, et brillans d'un feu sombre qu'il ne pouvait parvenir à éteindre complètement, quelque chose de l'oiseau de proie que blesse la lumière, et dans la coupe de sa figure, dans la courbe de son nez, dans le tremblement involontaire de ses lèvres minces et rentrées, un mélange de bassesse et d'audace, de ruse et de sincérité. Mais il n'y a pas de livre qui apprenne à lire sûrement, sur le visage des hommes, et il avait fallu qu'une circonstance particulière éveillât les soupçons de ces quatre personnes, pour qu'elles fissent ces remarques, et ne fussent plus, comme à l'ordinaire, dupes des grimaces de cet habile comédien, passé maître dans l'art de tromper.

Il reprit après un instant de silence volontaire, comme s'il n'eût pas voulu les gêner dans cette observation muette :

— Je viens réclamer de vous un service d'ami.

— Que voulez-vous, Derues? demanda la dame Legrand.

Une toux violente qui lui déchirait la poitrine l'empêcha d'abord de répondre, et quand il se fut un peu calmé, il dit en essayant de sourire tristement, et en regardant l'abbé :

— Ce que je devrais demander maintenant, dans l'état de santé où je suis, c'est votre bénédiction, mon père, et votre intercession auprès de Dieu pour obtenir le pardon de mes fautes. Mais tout homme tient à la vie que Dieu lui a donnée. Nous ne perdons pas facilement l'espoir : et d'ailleurs, j'ai toujours regardé comme un péché de négliger les moyens qui sont en notre pouvoir de la prolonger, puisqu'elle n'est pour nous qu'un temps d'épreuve, et que plus l'épreuve est rude et longue, plus grande sera la récompense dans un monde meilleur. A tout ce qui nous arrive, nous devons répondre comme la vierge Marie à l'ange qui vint lui annoncer le mystère de l'incarnation : *Voici la servante du Seigneur : qu'il me soit fait selon votre parole*[1].

DERUES.

— Vous avez raison, dit l'abbé, en attachant sur lui un regard sévère et inquisiteur, qu'il soutint sans se troubler ; Dieu se charge de punir et de récompenser : celui qui trompe les hommes ne le trompe pas. Le prophète a dit : *Vous êtes juste, Seigneur, et vos jugemens sont droits*[6].

Il a dit aussi :

Les jugemens du Seigneur sont vrais et se justifient par eux-mêmes[7],

Répliqua à l'instant Derues. Cette lutte de citations tirées des saintes Écritures aurait continué pendant des heures, sans qu'il se fût trouvé en défaut, si l'abbé eût jugé à propos de le maintenir sur ce terrain.

Ce genre de conversation, ces paroles graves et austères, dans la bouche de cet homme affublé d'une manière si ridicule, ressemblaient presque à un sacrilége, à une profanation en même temps triste et grotesque. Il devina cette impression, et reprit :

— Me voilà bien loin de ce que je venais vous demander, ma bonne madame Legrand : souffrant beaucoup, je m'étais couché de bonne heure, mais il m'a été impossible de dormir. Je n'ai pas de feu chez moi : soyez donc assez bonne pour me préparer un lait de poule.

— Votre servante n'aurait-elle pu se charger de ce soin ? répondit la dame Legrand.

— Je lui ai donné ce soir la permission de sortir, et quoiqu'il soit tard, elle n'est pas encore rentrée. Si j'avais eu du feu, je vous aurais épargné cette peine, mais je ne me soucie pas d'en allumer à cette heure. Vous savez que je crains toujours quelque accident, et un malheur est si tôt arrivé !

— C'est bien, c'est bien, répondit madame Legrand, redescendez chez vous, ma domestique vous portera ce que vous désirez.

— Merci, dit Derues en s'inclinant, merci.

Il se disposait à se retirer. Cette femme le rappela.

— Dans huit jours, Derues, vous devez me compter la moitié des douze cents livres qui me reviennent pour l'achat de mon fonds de commerce.

— Est-ce si tôt?

— Sans doute, et j'ai besoin d'argent. Avez-vous donc oublié l'époque?

— Oh! mon Dieu! depuis que nous avons fait notre accord, je ne l'ai pas lu une seule fois. Je croyais pourtant que le temps était plus reculé : c'est une erreur de ma mauvaise mémoire; mais je m'arrangerai de façon à vous satisfaire, quoique le commerce soit dans un triste état, et que dans trois jours j'aie à payer, à différentes personnes, plus de quinze mille livres.

Il salua de nouveau et sortit, épuisé en apparence, par les efforts qu'il avait faits pour soutenir une conversation aussi longue.

Dès qu'ils furent seuls, l'abbé s'écria :

— Cet homme est assurément un grand fourbe! Dieu lui pardonne son hypocrisie! Comment avons-nous pu être trompés si long-temps par lui?

— Mais, mon père, demanda une des amies de la dame Legrand, êtes-vous sûr de ce que vous nous avez dit?

DERUES.

— Je ne parle pas des soixante-dix-neuf louis d'or qu'on m'a volés, quoique je n'aie dit qu'à vous seule, et devant lui, que j'étais possesseur de cette somme; quoique, le jour même, pendant mon absence, il soit venu sous un faux prétexte chez moi. Le vol est une action infâme; mais la calomnie n'est pas moins infâme, et il vous a calomniée indignement. Oui, il a semé partout le bruit que vous, madame Legrand, vous, son ancienne maîtresse et sa bienfaitrice, vous aviez voulu tenter sa vertu et commettre avec lui le péché de la chair. Voilà ce qu'on répète tout bas dans le quartier, autour de vous, ce qu'on dira peut-être bientôt tout haut; et nous avons tous été si complètement ses dupes, nous l'avons si bien servi pour établir sa réputation d'honnête homme, qu'il nous serait impossible aujourd'hui de détruire notre ouvrage : on ne nous croirait peut-être ni l'un ni l'autre, moi l'accusant de vol, vous de mensonge! Mais, prenez garde, ces odieux propos n'ont pas été répandus sans dessein. Maintenant que vos yeux commencent à s'ouvrir, méfiez-vous de lui.

— Oui, répondit la dame Legrand; mon beau-frère m'avait prévenue, il y a trois ans. Un jour, il a dit à ma belle-sœur ces paroles, que je me rappelle parfaitement : « La profession d'épicier-droguiste me plaît d'autant plus qu'elle peut fournir les moyens de se venger d'un ennemi; et si l'on en veut à quelqu'un, il est facile de s'en débarrasser à l'aide d'un breuvage préparé. » J'ai négligé tous les avis, j'ai surmonté même le premier sentiment de répugnance que j'avais éprouvé d'abord à sa vue;

je me suis laissé prendre à ses avances, et je crains bien d'avoir sujet de m'en repentir. Mais vous le connaissez comme moi : qui n'aurait cru à sa piété sincère? qui n'y croirait encore? et, malgré ce que vous me dites, j'hésite à concevoir des craintes sérieuses; je ne pourrais comprendre une telle perversité.

La conversation continua sur ce sujet pendant quelque temps, et comme la soirée était avancée, ils se séparèrent.

Le lendemain, de grand matin, une foule nombreuse, des bourgeois, des hommes et des femmes du peuple, étaient rassemblés en tumulte dans la rue Saint-Victor, devant le magasin d'épiceries de Derues. C'étaient des interpellations qui se croisaient, des demandes qui n'attendaient pas la réponse, des réponses qui ne s'adressaient pas à la demande, un bruit confus, un pêle-mêle de mots sans suite, d'affirmations, de démentis, de narrations interrompues : là des groupes attentifs à la parole d'un orateur qui pérorait en chemise; plus loin des disputes, des rixes, des exclamations : *Pauvre homme! ce cher fils! ma pauvre commère Derues! Bon Dieu! comment va-t-il faire? Hélas! le voilà ruiné! il faut espérer que ses créanciers lui donneront du temps.* Et tout ce brouhaha était dominé par une voix, aigre et perçante comme celle d'un chat, qui se lamentait et racontait avec des sanglots le malheur épouvantable qui était arrivé la nuit dernière. Vers trois heures du matin, les habitans de la rue Saint-Victor avaient été réveillés en sursaut par les cris : *Au feu! au feu!* L'incendie avait éclaté dans la cave de Derues. Il avait été possible d'arrêter

DERUES.

ses progrès et de préserver la maison d'une ruine totale, mais toutes les marchandises avaient été détruites. C'était pour Derues une perte considérable de bottes d'huiles, de pipes d'eau-de-vie, de caisses de savon, qu'il n'estimait pas à moins de neuf mille livres. Par quel malheureux hasard le feu avait-il pris chez lui? il ne pouvait le comprendre. Il racontait sa visite de la veille au soir chez la dame Legrand, et, pâle, défait, se soutenant à peine, il s'écriait :

— J'en mourrai de chagrin! Un pauvre homme déjà malade comme moi! je suis ruiné! je suis ruiné!

Une voix enrouée l'interrompit dans ses jérémiades, et l'attention du peuple se porta sur une femme qui tenait à la main des papiers imprimés, et qui s'était frayé à travers la foule un passage jusqu'à la porte de la boutique. Cette femme déploya un de ses papiers, et prononça aussi distinctement et aussi haut que son organe rouillé le lui permettait :

— *Voilà la condamnation, par le parlement de Paris, de Jean-Robert Cassel, accusé et convaincu du crime de banqueroute frauduleuse!*

Derues releva la tête, et reconnut une colporteuse qui avait l'habitude de venir boire chez lui, et avec laquelle, un mois auparavant, il avait eu une dispute violente, à la suite d'une friponnerie qu'elle avait surprise et qu'elle lui avait reprochée dans son langage énergique. Depuis, il n'avait pas revu cette femme. Le peuple et toutes les commères du quartier, qui avaient l'épicier en grande vénération, virent dans l'action de la colporteuse une

CRIMES CÉLÈBRES.

sorte d'insulte indirecte au malheur de Derues. Sans autre forme de procès, on allait lui faire payer cher cette irrévérence ; mais elle, un poing sur la hanche, et de l'autre main écartant par un geste significatif les plus hardis :

— Est-ce que vous croyez encore à ses singeries, vous autres? Oui, c'est vrai que le feu a pris cette nuit dans sa cave; oui, c'est vrai que ses créanciers seront assez bêtes pour ne pas se faire payer. Mais ce que vous ne savez pas, c'est qu'il n'a rien perdu.

— Toutes ses marchandises! cria-t-on de toutes parts. Pour plus de neuf mille livres! et l'huile! et l'eau-de-vie! est-ce que tu crois que ça ne brûle pas? La vieille sorcière! elle en boit pourtant assez pour le savoir! Si on approchait une chandelle de son corps, il prendrait feu.

— C'est possible, reprit la colporteuse en gesticulant de nouveau, mais que personne ne s'avise d'y venir voir. Enfin, tant il y a que ce gringalet-là est un fripon; pendant trois nuits il a déménagé sa cave : il n'y a laissé que de vieilles futailles vides et des caisses sans marchandises. Pardine! j'ai avalé, comme tout le monde, les contes qu'il fait à la journée; mais ce matin j'ai su la vérité. Je vous dis qu'il a fait déménager son rogomme par le fils à Michel Lambourne, un savetier qui demeure dans la rue de la Parcheminerie. Quoi! puisque c'est lui qui vient de me le dire !

— J'ai chassé cette femme de ma boutique, il y a un mois, parce qu'elle me volait, dit Derues.

DERUES.

Néanmoins, malgré cette accusation retournée contre l'accusatrice, la déclaration de cette femme eût peut-être changé les dispositions de la foule et refroidi un peu l'enthousiasme, si au même instant un gros homme ne fût sorti des rangs, et, prenant la colporteuse par le bras, ne lui eût dit :

— Allons, tais-toi, mauvaise langue !

Cet homme était un confrère, de tout temps émerveillé par la probité de ce saint personnage. L'honneur de Derues était pour lui un article de foi : en douter seulement, c'était l'offenser lui-même.

— Mon cher ami, dit-il, nous savons ce qu'il faut penser de vous : je vous connais. Demain envoyez chez moi, vous y prendrez à crédit, et pour tout le temps que vous voudrez, les marchandises dont vous aurez besoin. Qu'est-ce que tu as à répondre à ça, la vieille?

— Moi ! qu' t'es un imbécile comme les autres. Adieu, ma commère Derues : si tu continues comme ça, mon p'tit, je vendrai un jour ton papier.

Elle écarta la foule en faisant autour d'elle une espèce de moulinet avec son bras droit, et s'éloigna en répétant :

— *Voilà la condamnation, par le parlement de Paris, de Jean-Robert Cassel, accusé et convaincu du crime de banqueroute frauduleuse !*

Cette accusation était partie de trop bas pour ébranler la bonne réputation de Derues. Quelque ressentiment profond qu'il en eût éprouvé à l'instant même, il l'oublia bientôt devant les marques réitérées d'intérêt que ses voisins et tout le quartier lui témoignèrent à propos de cette ruine simulée. Le souvenir de la colporteuse s'effaça de son esprit, autrement sa vie eût été le prix de son indiscrétion. Cette femme avait pourtant prononcé dans l'ivresse une parole prophétique : c'était le grain de sable où il devait plus tard se heurter.

« Toutes les passions, a dit La Bruyère, toutes les passions sont menteuses : elles se déguisent, autant qu'elles le peuvent, aux yeux des autres ; elles se cachent à elles-mêmes. Il n'y a point de vice qui n'ait une fausse ressemblance avec quelque vertu, et qui ne s'en aide. »

La vie entière de Derues peut servir de preuve à la vérité de cette observation. Cupide et empoisonneur, c'est par les apparences d'une dévotion fervente et exaltée qu'il trompait ses victimes et les attirait dans le piège où il les égorgeait en silence. Son affreuse célébrité n'a commencé qu'en 1777, au double assassinat de madame de Lamotte et de son fils : son nom ne rappelle pas tout d'abord, comme celui de quelques autres grands coupables, une longue série de forfaits ; mais quand on fouille cette existence tortueuse, basse et obscure, on trouve une souillure à chaque pas. Nul peut-être ne l'a surpassé ou même égalé en dissimulation, en hypocrisie profonde, en perversité infatigable. Derues est mort à trente-deux ans, et tous les instans de sa vie appartiennent au vice, et cette vie, si courte heureusement et si horriblement remplie, n'est qu'un tissu de pensées et d'actes criminels : le mal est son essence. Pour lui, point d'hésitation, de remords ; point de repos, point de re-

DERUES.

lâche. Il faut qu'il mente, qu'il vole, qu'il empoisonne ! De temps à autre le soupçon se fait jour, l'instinct public s'éveille, et de vagues rumeurs planent sur sa tête; mais il s'enveloppe de nouvelles impostures, et le châtiment s'éloigne de lui. Quand il tombe sous la main de la justice humaine, sa réputation le protége, et quelques jours encore détourne le glaive de la loi prêt à le frapper. L'hypocrisie est tellement un besoin de sa nature, que, lorsqu'il n'y a plus d'espoir pour lui, qu'il est condamné irrévocablement, il s'écrie, sachant bien qu'il ne trompe personne, ni les hommes, ni celui qu'il outrage par ce dernier sacrilége : « *O Christ ! je vais souffrir comme toi !* » Ce n'est qu'à la clarté des flammes de son bûcher que les ténèbres de sa vie s'illuminent, que cette trame sanglante se déroule, et que d'autres victimes oubliées et perdues dans l'ombre se dressent comme des spectres au pied de l'échafaud, et font cortége à l'empoisonneur.

Qu'on nous permette de tracer rapidement l'histoire de ses premières années, effacée par l'éclat et le retentissement de sa mort. Ces quelques pages ne sont pas écrites pour la glorification du crime. Si de nos jours, par suite de la corruption de nos mœurs et d'une déplorable confusion de toutes les notions du bien et du mal, on a semblé vouloir en faire un objet de curiosité publique, nous ne voulons, nous, l'exposer aux regards et le placer un moment sur un piédestal, que pour l'abattre de plus haut, pour que sa chute soit plus profonde. Ce que Dieu a permis, l'homme peut le dire. Les sociétés vieillissantes et blasées ne doivent pas être traitées comme on traite des enfans : elles ne demandent ni ménagemens ni précautions, et il peut être bon qu'elles touchent du doigt et de l'œil les plaies les plus infectes qui les rongent. Pourquoi ne dirait-on pas ce que chacun sait? pourquoi craindrait-on de sonder l'abîme dont chacun mesure la profondeur, et de traîner au grand jour la perversité démasquée, dût-elle soutenir effrontément cette confrontation publique? Le mal extrême, comme l'extrême vertu, est dans les vues de la Providence; et le poète a résumé la morale éternelle de tous les temps et de tous les peuples dans cette sublime exclamation :

Abstulit hunc tandem Rufini pœna tumultum.

D'ailleurs, et nous ne saurions trop insister pour qu'on ne se méprenne pas sur notre intention, s'il s'agissait pour nous d'inspirer un autre sentiment que celui de l'horreur, nous aurions fait choix dans les annales du crime d'une célébrité plus imposante. Il y a tels forfaits qui exigent de l'audace, une sorte de grandeur et de faux héroïsme; il y a tels coupables qui tiennent en échec les forces régulières et légitimes de la société, et qu'on ne peut regarder sans une terreur mêlée peut-être de pitié. Ici rien de semblable, nulle trace de courage; mais une cupidité honteuse, qui d'abord s'exerce au vol de quelques deniers qu'elle rapine sur des pauvres; les gains illicites et les escroqueries d'un commerçant fripon et d'un vil usurier; une perversité pusillanime, qui n'oserait frapper en face, et qui tue dans l'ombre. C'est l'histoire d'un reptile impur qui se traîne par des chemins souter-

DERUES.

rains, et qui laisse partout où il passe sa bave empoisonnée.

Tel est l'homme dont nous entreprenons de raconter la vie, l'homme qui a été un des types les plus complets de la scélératesse, et qui a réalisé tout ce que l'imagination des poètes et des romanciers a jamais inventé de plus hideux. Des faits sans importance par eux-mêmes, et qui seraient puérils s'ils appartenaient à un autre, reçoivent un reflet lugubre des faits qui ont précédé, et dès lors ils ne peuvent pas être passés sous silence. L'écrivain doit les recueillir et les noter comme le développement logique de cette âme dégradée : il les réunit en faisceau, et compte les échelons que le criminel a montés successivement.

Nous avons vu le premier exploit de Derues enfant, assassin par instinct; nous l'avons retrouvé, à vingt ans de distance, incendiaire et banqueroutier de dessein prémédité. Qu'avait-il fait dans cet intervalle? Par quelles fourberies et quels crimes avait-il rempli cet espace de vingt années? Reprenons-le dans son enfance.

Son penchant insurmontable pour le vol l'avait fait chasser de chez les parens qui avaient voulu l'élever. On raconte de lui un trait qui décèle son effronterie et son incorrigible perversité. Un jour, ses cousins le surprirent dérobant de l'argent et le corrigèrent rudement : quand ils eurent fini de le battre, l'enfant, au lieu de témoigner du repentir et de demander pardon, s'échappa de leurs mains en ricanant, insensible aux coups qu'il avait reçus, et, les voyant tout essoufflés, leur cria :

CRIMES CÉLÈBRES.

— Vous êtes fatigués : eh bien ! moi, je ne le suis pas !

Désespérant de redresser ce mauvais naturel, ses parens s'en débarrassèrent et le renvoyèrent à Chartres, où deux de ses cousines consentirent par charité à le recevoir. Toutes deux simples et d'une piété naïve et sincère, elles pensaient que le bon exemple et les préceptes de la religion exerceraient une heureuse influence sur leur jeune parent. Le résultat fut contraire à leur attente. Derues n'apprit auprès d'elles qu'à devenir fourbe et hypocrite, et à se parer d'un masque respectable. Ce fut le seul fruit qu'il tira de leurs leçons.

Là aussi des vols répétés lui attirèrent de vertes corrections. Connaissant l'extrême économie, pour ne pas dire l'avarice de ses cousines, il les raillait lorsqu'il leur arrivait de casser sur ses épaules les lattes dont elles se servaient pour le frapper :

— J'en suis bien aise, disait-il, il vous en coûtera deux liards.

La patience de ses bienfaitrices se lassa ; il quitta leur maison, et entra en apprentissage chez un ferblantier de Chartres : son maître mourut, et une marchande quincaillière de la même ville le prit en qualité de garçon de boutique ; ensuite il alla demeurer chez un épicier-droguiste. Jusque là, et quoiqu'il fût arrivé à l'âge de quinze ans, il n'avait manifesté aucun penchant pour un état plutôt que pour un autre. Cependant il fallait lui donner un métier. Sa part dans la succession de son père et de sa mère ne se montait qu'à la modique somme de trois

DERUES.

mille cinq cents livres. Son séjour chez son dernier maître révéla en lui une vocation décidée. C'était encore un mauvais instinct qui se développait. Sans cesse entouré de drogues salutaires ou malfaisantes, selon l'emploi et l'usage qu'on en pouvait faire, l'empoisonneur avait respiré l'odeur du poison. Derues, sans doute, se fût établi à Chartres, mais de nouveaux vols le forcèrent de quitter la ville. La profession d'épicier-droguiste étant une de celles qui présentaient le plus de chances de fortune, et répondant en outre à ses goûts, sa famille le plaça, comme apprenti, chez un épicier de la rue Comtesse-d'Artois, moyennant une certaine somme qu'elle paya pour lui.

Ce fut en 1760 que Derues arriva à Paris. C'était un théâtre nouveau où il n'était pas connu, et où il se sentit à l'aise. Aucun soupçon ne planait sur lui. Perdu dans le bruit et la foule de cet immense réceptacle de tous les vices, il eut le loisir de fonder sur l'hypocrisie sa réputation d'honnête homme. Son maître, après son temps d'apprentissage expiré, eut l'intention de le placer chez sa belle-sœur, épicière, rue Saint-Victor. Il lui en parla avantageusement comme d'un jeune homme dont le zèle et l'intelligence lui seraient utiles dans son commerce : cette femme était veuve depuis quelques années. Cependant, cette résolution faillit ne pas avoir de suite. Son maître ignorait, il est vrai, les soustractions dont Derues s'était rendu coupable, et qu'il avait eu l'art de rejeter sur d'autres. Mais un jour, oubliant sa prudence et sa dissimulation ordinaires, il s'était échappé à tenir à la femme de son patron le propos que nous avons rapporté plus haut. Sa maîtresse, épouvantée d'un pareil discours, lui ordonna de se taire, et le menaça de le faire chasser par son mari. Il sentit qu'il fallait redoubler d'hypocrisie pour effacer cette impression défavorable. La belle-sœur de son patron était fortement prévenue en sa faveur. Rien ne lui avait coûté pour gagner sa confiance. Chaque jour, il s'offrait à lui rendre service : tous les soirs, il portait chez elle, de la rue Comtesse-d'Artois, dans une hotte, les marchandises dont elle avait besoin ; et c'était pitié de voir ce jeune homme d'une si faible constitution, haletant et trempé de sueur sous ces lourds fardeaux, refusant toute récompense et n'agissant ainsi que pour le plaisir d'obliger et par bonté d'âme. La pauvre veuve, dont il convoitait déjà les dépouilles, fut complètement sa dupe ; elle repoussa les avis de son beau-frère, et n'écouta que le concert de louanges des voisins et des voisines édifiés par cette conduite et touchés de l'intérêt que Derues lui portait. Souvent il avait eu occasion de parler d'elle, et jamais il ne l'avait fait qu'avec les plus vives expressions d'un dévouement sans bornes. On rapportait à cette femme des conversations de ce jeune homme sur son compte, qui lui paraissaient d'autant plus sincères, que ces révélations arrivaient par hasard, et qu'elle ne les rattachait pas à un calcul artificieux et médité de longue main.

Derues poussait la fourberie aussi loin que possible, mais il savait s'arrêter au point où elle serait devenue suspecte. Toujours préoccupé de l'idée de tromper ou de nuire, il n'était jamais pris à l'improviste. Comme l'in-

DERUES.

secte qui étend autour de lui les fils de sa toile, il s'enveloppait sans cesse d'un réseau de mensonges qu'il fallait traverser pour arriver à sa pensée véritable. La mauvaise destinée de cette femme, mère de quatre enfans, voulut qu'elle le reçût chez elle, en qualité de garçon de boutique, pendant le courant de l'année 1767.

C'était l'arrêt de sa ruine qu'elle souscrivait.

Derues devait débuter chez sa nouvelle maîtresse par un coup d'éclat. Il n'était bruit dans le quartier Saint-Victor que de sa piété exemplaire. Son premier soin avait été de demander à cette veuve de lui indiquer un confesseur. Elle lui donna celui de son mari, le père Cartault, religieux de l'ordre des Carmes. Celui-ci, émerveillé de la dévotion de son pénitent, ne manquait jamais, toutes les fois qu'il passait devant la boutique, d'y entrer, et de féliciter la dame Legrand de l'excellente acquisition qu'elle avait faite en la personne de ce jeune homme, qui attirerait assurément la bénédiction du ciel sur sa maison. Derues affectait la plus grande modestie et rougissait de ces éloges. Souvent même, lorsque de loin il voyait arriver le père Cartault, feignant de ne pas l'avoir aperçu, il prétextait une occupation hors de la boutique, et laissait le champ libre à son crédule panégyriste.

Mais le père Cartault paraissait à Derues trop indulgent. Il avait peur, disait-il, que son excessive tolérance ne lui pardonnât trop aisément ses fautes, et il n'osait se contenter d'une absolution qu'on ne lui refusait jamais. L'année n'était pas encore expirée, qu'il se choisit un second confesseur, le père Denys, cordelier. Il les consul-

CRIMES CÉLÈBRES.

tait alternativement et leur soumettait les scrupules de sa conscience. Toute pénitence lui semblait trop légère. Il ajoutait à la sévérité de ses directeurs des mortifications continuelles. Tartuffe lui-même se fût avoué vaincu.

C'est ainsi qu'il portait sur lui deux suaires auxquels étaient attachées des reliques de madame de Chantal, et une médaille de saint François de Sales. Parfois aussi il s'administrait des coups de discipline. Sa maîtresse racontait qu'il l'avait priée de louer un banc à la paroisse Saint-Nicolas, afin d'entendre plus commodément l'office divin ses jours de sortie. Il lui avait même remis une petite somme, fruit de ses économies, pour payer la moitié de cette dépense. Il avait couché sur la paille pendant tout un carême, et il avait eu l'adresse de faire connaître cette circonstance par la servante de la dame Legrand. Il avait eu l'air d'abord de se cacher d'elle comme s'il se fût agi d'une mauvaise action ; il prenait des précautions pour l'empêcher de pénétrer dans sa chambre, et quand elle sut la vérité, il lui défendit d'en parler, de manière à lui donner l'envie de raconter sa découverte. Une telle marque de piété, jointe à une réserve si méritoire, et qu'effarouchait la publicité, ne pouvait qu'augmenter la bonne opinion qu'on avait de lui.

Chaque jour était signalé par un trait d'hypocrisie ; une de ses sœurs[8], novice au couvent des dames de la Visitation de Sainte-Marie, devait faire profession pendant les fêtes de Pâques. Derues demanda à sa maîtresse la permission d'assister à cette pieuse cérémonie, et résolut de partir à pied le Vendredi-Saint. Au moment où il quittait la dame Legrand, la boutique était pleine de monde, et les commères du quartier s'informaient du motif de ce départ. Sa maîtresse l'engagea à manger et à boire un verre de liqueur (il ne buvait jamais de vin) avant de se mettre en route.

— Y pensez-vous, madame? s'écria-t-il, déjeuner un jour comme celui-ci, où Jésus-Christ est mort! Je vais seulement emporter un morceau de pain auquel je ne toucherai que ce soir à l'auberge où je coucherai : car mon intention est de faire le chemin à jeun.

Ce n'était pas assez pour lui. Il n'attendait qu'une occasion pour asseoir aussi solidement sa réputation de probité. Le hasard la lui fournit, et il l'accepta sans hésitation, quoique l'accusation qu'il méditait dût retomber sur un membre de sa famille.

Un de ses frères, établi cabaretier à Chartres, vint le voir. Derues, sous prétexte de lui faire visiter les curiosités de Paris, qu'il ne connaissait pas, pria sa maîtresse de lui permettre de le loger pendant quelques jours chez lui, ce qu'elle lui accorda. La veille du départ de son frère, Derues monte à sa chambre, brise la serrure de la malle où étaient renfermés ses habits, renverse tout ce qu'elle contient, fouille dans les hardes, et y trouve deux bonnets de coton tout neufs; il appelle, on monte à ses cris. Son frère rentre en ce moment : il le traite d'infâme et de voleur, il l'accuse d'avoir pris, la veille, dans le comptoir de la dame Legrand, l'argent qui lui avait servi à faire l'acquisition de ces deux bonnets. Son frère se défend, proteste de son innocence. Indigné de cette perfidie qu'il ne peut s'expliquer, il veut renvoyer l'infamie à qui elle appartient et rappeler certains méfaits de l'enfance d'Antoine ; celui-ci lui ferme la bouche en affirmant sur l'honneur qu'il l'a vu, la veille, à une heure qu'il indique, s'approcher du comptoir, y glisser furtivement la main et en retirer de l'argent. L'autre reste interdit et confondu devant un mensonge aussi effronté; il se trouble, balbutie, et se laisse chasser de la maison. Pour couronner dignement cette œuvre d'iniquité, Derues force sa maîtresse à accepter la restitution de l'argent volé.

C'était trois livres douze sous qu'il lui en coûtait : mais l'intérêt de cet argent était l'impunité de ses propres vols. Le soir il se mit en prières, et demanda à Dieu le pardon de son frère.

Toutes ses ruses lui avaient réussi et le rapprochaient du but qu'il se proposait. Personne dans le quartier ne se fût avisé de mettre en doute la parole de ce saint homme. Ses manières câlines et son langage insinuant variaient selon les gens auxquels il s'adressait. Il prenait tous les tons, ne heurtait aucune opinion. Rigide pour lui seul, il flattait tous les penchans. Dans les nombreuses maisons où il était reçu, sa conversation était grave, posée, pleine de sentences. Nous avons vu qu'il se servait des textes sacrés avec l'habileté d'un théologien. Dans la boutique, quand il se trouvait en relation avec des gens du peuple, il se montrait initié à leur manière de s'exprimer et parlait le jargon des femmes de la Halle, qu'il avait appris lors de son apprentissage rue

DERUES.

Comtesse-d'Artois ; il se laissait traiter par elles avec familiarité, et elles le saluaient ordinairement du nom de *ma commère Derues.* De son aveu, il savait se pénétrer du caractère des diverses personnes qui l'approchaient.

Cependant la prophétie du père Cartault ne se réalisait pas, et la bénédiction du ciel était loin de descendre sur la maison de la dame Legrand. C'étaient des désastres successifs que le zèle et l'exactitude de Derues à remplir ses devoirs de surveillant ne pouvaient ni prévenir ni réparer. Il ne se bornait pas à une hypocrisie de parade oisive et stérile pour lui, et ses plus abominables tromperies n'étaient pas celles qu'il étalait au grand jour. Chaque nuit Derues veillait. Son organisation étrange, en dehors de toutes les lois communes, ignorait le besoin du sommeil. Il se glissait à tâtons, ouvrait sans bruit les portes avec l'adresse d'un voleur consommé, pillait le magasin et la cave, et sous de faux noms allait dans des quartiers éloignés vendre ses larcins. On a peine à concevoir comment ses forces suffisaient aux fatigues de cette double existence. La puberté était à peine arrivée pour lui, et encore l'art avait été obligé d'aider au développement tardif de la nature. Mais il vivait pour le mal, et le génie du mal suppléait en lui la vigueur physique qui lui manquait. L'argent dont l'amour effréné (la seule passion qu'il connût) le ramenait par degrés à son point de départ, au crime, il l'enfouissait dans des cachettes pratiquées dans l'épaisseur des murs, dans des trous creusés avec ses ongles. Dès qu'il l'avait reçu, il l'apportait là comme une bête fauve aurait apporté un lambeau de chair sanglante dans sa tanière ; et souvent, à la clarté douteuse d'une lanterne sourde, à genoux, en adoration devant sa honteuse idole, l'œil étincelant d'une joie féroce, la bouche entr'ouverte par un sourire qui avait quelque chose de l'hyène tenant sa proie, il contemplait cet or, le comptait et le baisait.

Ces larcins continuels jetaient le trouble dans les affaires de la veuve Legrand, annulaient les bénéfices, et préparaient lentement sa ruine. Elle n'avait aucun soupçon de ces indignes manœuvres, et Derues en renvoyait la responsabilité à d'ignobles complices, bien dignes de lui. Tantôt c'était une botte d'huile, tantôt de l'eau-de-vie, tantôt d'autres denrées qu'on trouvait répandues, gâtées ou endommagées. Il attribuait ces accidens à l'énorme quantité de rats dont fourmillait la cave et la maison. Enfin, hors d'état de faire face à ses engagemens, madame Legrand lui céda son fonds de commerce au mois de février 1770. Il était alors âgé de vingt-cinq ans et demi ; il fut reçu marchand épicier au mois d'août de la même année. Par un accord fait double entre elle et lui, Derues s'obligea à lui donner douze cents livres de pot de vin, et à la loger gratis pendant toute la durée de son bail, qui avait encore neuf années à courir. Cette femme, forcée de quitter les affaires pour éviter une faillite, avait abandonné à ses créanciers les marchandises qui restaient dans son magasin. Derues, au moyen d'arrangemens pris avec eux, sut se les faire adjuger à bon compte.

Le premier pas était fait : à l'abri de sa réputation

DERUES.

usurpée, il pouvait désormais s'enrichir en toute sécurité et voler impunément.

Un de ses oncles, marchand de farine à Chartres, avait l'habitude de venir à Paris tous les six mois pour régler ses comptes avec ses correspondans. Une somme de douze cents francs, renfermée dans sa commode, lui fut enlevée. L'oncle, accompagné de son neveu, alla porter plainte chez le commissaire. On fit une perquisition, et on reconnut que le dessus de la commode avait été brisé. Comme à l'époque du vol des soixante dix-neuf louis de l'abbé, Derues était seul entré dans la chambre de son oncle : l'aubergiste l'affirma ; mais cet oncle prit soin de justifier lui-même son neveu, et peu de temps après poussa la confiance jusqu'à se rendre pour lui caution d'une somme de cinq mille livres. Derues ne paya pas à l'échéance, il se laissa poursuivre, et le porteur du billet fut obligé d'actionner la caution.

Tous les moyens, même les plus effrontés, lui étaient bons pour s'approprier le bien d'autrui. Un épicier de province lui envoie un jour un millier de miel en barils à vendre pour son compte. Deux ou trois mois se passent ; son confrère lui demande des nouvelles de sa marchandise : Derues lui répond qu'il ne lui a pas encore été possible de s'en défaire avantageusement. Un nouveau délai s'écoule : même demande et même réponse. Enfin, après plus d'un an, l'épicier arrive à Paris; il se rend chez Derues, visite ses barils, et reconnaît qu'il manque cinq cents livres de miel. Il en réclame le prix au dépositaire; celui-ci soutient qu'il n'en a pas reçu davantage, et comme le dépôt avait été fait de confiance, sans écrit et sans titre, le marchand de province ne put obtenir restitution.

Ce n'était pas assez pour lui de s'être élevé sur la ruine de la dame Legrand et de ses quatre enfans, Derues convoitait encore le morceau de pain qu'il avait été obligé de lui laisser. Quelques jours après l'incendie de sa cave, qui lui fournit le moyen de faire une seconde banqueroute, cette femme, détrompée enfin et ne croyant pas à ses doléances, lui demanda l'argent auquel elle avait droit, aux termes de leur contrat. Derues feint de chercher le double du traité : il ne le trouve pas. — Donnez-moi le vôtre, madame Legrand, lui dit-il, pour que nous y inscrivions le reçu : voici l'argent.

La dame Legrand ouvre son portefeuille, en tire le papier, Derues s'en empare et le déchire :

— Maintenant, s'écrie-t-il, vous êtes payée, je ne vous dois rien. Quand vous voudrez, j'en ferai serment en justice, et on me croira.

— Malheureux, dit la pauvre veuve, Dieu veuille pardonner à ton âme, mais ton corps aura Montfaucon.

La dame Legrand se plaignit et raconta cette abominable escroquerie ; mais Derues avait pris l'avance sur elle, la calomnie qu'il avait semée porta ses fruits. On dit que son ancienne maîtresse avait voulu perdre de réputation par un odieux mensonge l'homme qui avait refusé d'être son amant. Quoique réduite à la misère, elle quitta la maison où elle logeait pour rien, préférant le sort le plus triste et la vie la plus dure au supplice de rester sous le même toit que l'auteur de sa ruine.

DERUES.

Nous pourrions citer mille autres traits de friponnerie ; mais il ne faut pas croire qu'après avoir débuté par l'assassinat Derues ait reculé et se soit arrêté au vol. Deux banqueroutes frauduleuses auraient suffi à un autre, ce n'était pour lui qu'un passe-temps. C'est ici que se placent deux histoires sombres et pleines de ténèbres, deux crimes dont sa mémoire reste chargée, deux victimes dont personne n'entendit le cri de mort.

La bonne réputation de l'hypocrite avait franchi l'enceinte de Paris. Un jeune homme de province avait l'intention de s'établir épicier dans la capitale; il fut adressé à Derues pour prendre auprès de lui tous les renseignemens nécessaires, et pour se soumettre à ses conseils. Le jeune homme arriva chez Derues, possesseur d'une somme de huit mille livres, qu'il déposa entre ses mains, et le pria de l'aider à chercher un établissement. Faire briller de l'or à sa vue, c'était éveiller en lui l'instinct du crime. Les voix des sorcières qui criaient à Macbeth : *Tu seras roi!* ne troublaient pas plus profondément l'âme de l'ambitieux que l'aspect de l'or n'irritait la cupidité de Derues. Ses mains se referment, pour ne plus s'ouvrir, sur ces neuf mille livres. Il les reçoit à titre de dépôt, il les enfouit à côté de ses précédentes rapines, et il se jure de ne jamais les rendre. Plusieurs jours se passent : Derues, un après-midi, rentre chez lui avec un air de gaieté qui ne lui était pas ordinaire : le jeune homme l'interroge.

— M'apportez-vous une bonne nouvelle? lui demanda-t-il, ou avez-vous terminé une heureuse affaire pour vous?

— Mon ami, répond Derues, il ne tiendrait qu'à moi de m'enrichir : la fortune me sourit. Mais j'ai promis de vous être utile : vos parens ont confiance en moi, et je leur prouverai qu'elle est bien placée. J'ai trouvé aujourd'hui un fonds de boutique à vendre dans un des meilleurs quartiers de Paris. C'est un excellent marché. Vous en serez propriétaire moyennant douze mille livres. Je voudrais pouvoir vous prêter l'argent qui vous manque ; mais écrivez à votre père : engagez-le, pressez-le, ne laissez pas échapper une aussi belle occasion : c'est un sacrifice à faire. Il me remerciera plus tard.

Décidés par les instances de leur fils, le père et la mère envoient une seconde somme de quatre mille livres, avec prières à Derues d'accélérer la conclusion du marché.

Trois semaines après, le père arrivait inquiet à Paris. Il venait s'informer de son fils, dont il n'avait point de nouvelles. Derues le reçoit avec toutes les marques de la plus profonde surprise, et persuadé que le jeune homme était retourné dans sa famille. Il lui avait dit un jour avoir reçu une lettre, que son père ne se souciait plus qu'il s'établît à Paris, et qu'il avait trouvé pour lui un mariage avantageux en province. Le jeune homme était reparti avec les douze mille livres, dont Derues représentait un reçu.

Un soir, à la nuit tombante, Derues était sorti avec son hôte, qui se plaignait d'une pesanteur de tête et de douleurs d'entrailles. Où avaient-ils été ? on l'ignore ; mais le lendemain, quelques minutes avant le jour, Derues était rentré défait, harassé et seul.

DERUES.

Depuis, on n'entendit plus parler de ce jeune homme.

Un de ses apprentis était continuellement en butte à ses réprimandes. Il l'accusait sans cesse de négligence, de perdre son temps, et d'employer trois heures pour faire une commission, quand le quart de ce temps aurait suffi. Lorsqu'il eut bien persuadé au père de l'enfant, bourgeois de Paris, que son fils, malgré ses protestations d'innocence, n'était qu'un mauvais sujet et un vagabond, il se présente un jour tout effaré chez cet homme.

— Votre fils, lui dit-il, s'est évadé hier de chez moi après m'avoir volé six cents livres. Il avait vu où j'avais serré cet argent, destiné à acquitter aujourd'hui même une lettre de change.

Il menace de porter plainte chez un commissaire de police, de dénoncer le voleur à la justice, et ne s'apaise qu'après avoir reçu la somme qui lui avait été dérobée.

La veille il était sorti avec son apprenti, et le matin il rentra seul.

Cependant le voile qui cachait la vérité devenait de jour en jour plus transparent. Trois banqueroutes avaient affaibli la considération dont il jouissait, et on commençait à prêter l'oreille à des plaintes et à des accusations qu'auparavant on traitait de fables inventées pour le perdre. Une dernière tentative de friponnerie lui fit sentir la nécessité de changer de quartier.

Il avait pris à loyer une maison voisine de la sienne, et dont la boutique était occupée, depuis sept à huit ans, par un marchand de vins. Il exigea de ce commerçant, s'il voulait conserver son établissement, une somme de six cents livres, à titre de pot-de-vin. Quoique cette somme parût exorbitante au marchand de vin, après avoir bien réfléchi, il aima mieux faire ce sacrifice que de déménager, d'autant plus qu'il avait fait sa maison, et qu'elle était bien accréditée. Mais bientôt, une escroquerie plus insigne lui donna le moyen de prendre sa revanche. Il avait en pension un jeune homme de famille, qui désirait s'instruire aux affaires de commerce. Celui-ci étant allé chez Derues pour y faire quelques emplettes, s'amusa, pendant qu'on le servait, à écrire son nom sur une feuille de papier blanc qui était sur le comptoir, et qu'il laissa sans y faire attention. Dès qu'il fut sorti, Derues, qui savait que ce jeune homme était riche, fait avec le papier signé une lettre de change de deux mille livres, à son ordre, payable à la majorité du signataire. Cette lettre de change, passée dans le commerce, parvient à l'échéance au marchand de vin, qui, tout surpris, appelle son pensionnaire, et lui montre le papier revêtu de sa signature. Le jeune homme reste stupéfait à la vue de cette lettre de change, dont il n'avait aucune connaissance; pourtant il ne peut nier que ce ne soit bien là sa signature. On examine avec plus d'attention le corps du billet, et on reconnaît l'écriture de Derues. Le marchand de vin l'envoie chercher, il vient : on le force à entrer dans une chambre, dont on referme la porte sur lui, et on lui met sous les yeux la lettre de change. Il avoue qu'elle est écrite de sa main, et essaie d'abord différens mensonges pour se justifier. Mais on n'écoute rien,

DERUES.

on le menace de déposer la lettre chez un commissaire de police. Alors Derues pleure, supplie, tombe à genoux, s'avoue coupable, et demande grâce. Il consent à restituer les six cents livres de pot-de-vin qu'il avait exigées, obtient que la lettre de change soit déchirée sous ses yeux, et que l'affaire en reste là. Il était sur le point de se marier, et craignait le scandale.

Peu de temps après, il épousa Marie-Louise Nicolaïs, fille d'un bourrelier de Melun.

La première impression qu'on éprouve en pensant à cet hymen n'est-elle pas une impression de tristesse profonde et de pitié déchirante pour la jeune fille qui liait sa destinée à celle de ce monstre? Quel horrible avenir ne se figure-t-on pas! la jeunesse et l'innocence flétries au souffle impur de l'homicide, la candeur unie à l'hypocrisie, la vertu à la scélératesse, les désirs légitimes aux passions honteuses, la pureté à la gangrène. Toutes ces images, tous ces contrastes révoltent, et on est disposé à plaindre un pareil sort. Ne nous hâtons pas pourtant. La femme de Derues n'a pas été convaincue d'avoir pris une part active à ses derniers crimes, mais son histoire, mêlée à celle de son mari, n'offre aucune trace de souffrance et de révolte contre une complicité affreuse ; les preuves sont incertaines à son égard, la voix du peuple la jugera plus tard.

En 1773, Derues renonça au détail de son commerce, et quitta le quartier Saint-Victor : il alla loger dans une maison de la rue des Deux-Boules, près la rue Bertin-Poirée, sur la paroisse Saint-Germain-l'Auxerrois, où il avait été marié. Après avoir fait successivement la commission pour le compte des pères Camaldules de la forêt de Sénart, qui avaient entendu parler de lui comme d'un homme rempli de piété, et s'être livré à l'usure, il entreprit ce qu'on appelle des *affaires*, profession qui ne pouvait manquer de devenir lucrative entre ses mains, avec ses mœurs exemplaires et ses dehors honnêtes. Et en effet, on ne lui connaissait aucun défaut. Il lui était d'autant plus facile d'en imposer, qu'on ne pouvait lui reprocher aucun de ces vices qui causent la ruine des familles, le jeu, le vin et les femmes. Jusque alors il n'avait eu qu'une passion, celle de l'argent : une autre germait en lui, l'ambition. Il achetait des maisons, des terres, et à l'échéance il se laissait poursuivre ; il achetait aussi des procès, qu'il embrouillait avec une astuce de procureur fripon. Banqueroutier expérimenté, il se chargeait d'arranger des faillites et de donner à la mauvaise foi les apparences de la probité malheureuse. Quand cet homme ne touchait pas du poison, il mêlait ses mains à toutes les ordures sociales : il ne pouvait respirer et vivre que dans une atmosphère corrompue [9].

Sa femme, qui lui avait déjà donné une fille, accoucha, au mois de février 1774, d'un garçon. Derues, pour soutenir les airs de grandeur et le titre de seigneur de paroisse qu'il avait pris, obtint de personnes haut placées de tenir le nouveau-né sur les fonts baptismaux. L'enfant fut baptisé le mardi 15 février. Nous rapportons textuellement, à cause de sa singularité, l'extrait baptistaire.

DERUES.

« *Antoine-Maximilien-Joseph , fils de messire Antoine-François* Derues, *seigneur de Genderville, Herchies, Viquemont et autres lieux, ancien marchand épicier, et de dame Marie-Louise* Nicolaïs, *son épouse. Le parrain,* T.-H. *et* T.-P., *seigneur, etc., etc.; la marraine, dame* M.-Fr. C. D. V., *etc., etc. Signé* A.-F. Derues *l'aîné.*

Toutes ces dignités ne mettaient pas Derues à l'abri des visites des huissiers : jouant jusqu'au bout son rôle de seigneur de paroisse, il les traitait avec insolence, il les accablait d'injures lorsqu'ils venaient saisir chez lui. Ce scandale avait plusieurs fois éveillé la curiosité des voisins, et les commentaires n'étaient pas à son avantage. Son propriétaire, fatigué de tout ce bruit, et las surtout de ne pouvoir se faire payer sans recourir à des jugemens, lui donna congé. Derues alla s'établir rue Beaubourg, sous le nom de Cyrano Derues de Bury, et continua à faire la commission.

Et maintenant ne nous occupons plus à démêler ce tissu d'impostures : ne nous perdons plus dans ce labyrinthe de fraudes, de basses et viles intrigues, de crimes ténébreux dont le fil se rompt dans la nuit, dont la trace disparaît dans un mélange douteux de sang et de boue ; ne prêtons plus l'oreille aux pleurs d'une veuve et de ses quatre enfans réduits à la misère, aux gémissemens de victimes obscures, aux cris de terreur, au râle de la mort, résonnant, une nuit, sous les voûtes d'un château près de Beauvais [10]. Voici d'autres victimes dont les cris retentissent plus haut : voici de nouveaux forfaits, et le châtiment éclatant comme eux. Que toutes ces ombres sans nom, ces spectres muets s'évanouissent au grand jour qui se lève enfin, et fassent place à des ombres qui secouent leur linceul, et sortent du tombeau pour demander vengeance!

L'occasion s'offre à Derues de conquérir son immortalité. Jusqu'à présent il a porté ses coups au hasard : dès aujourd'hui il met en jeu toutes les ressources de son imagination infernale : il concentre ses forces sur le même point, médite et exécute son chef-d'œuvre de scélératesse. Toute sa science de fourbe, de faussaire et d'empoisonneur, il va l'employer, pendant deux années, à ourdir le réseau qui doit envelopper une famille entière, et lui-même, pris au piége, il se débattra en vain : en vain il cherchera à ronger les mailles qui le retiennent. Le pied qu'il a posé sur le dernier échelon du crime touche aussi à la première marche de l'échafaud.

A un quart de lieue de Villeneuve-le-Roi-lez-Sens, s'élevait, en 1775, une maison de riche apparence, qui d'un côté dominait le cours de l'Yonne, et de l'autre s'ouvrait sur un jardin et sur un parc dépendant de la terre seigneuriale du Buisson-Souef. C'était une vaste propriété, située dans une admirable position, qui réunissait dans son enceinte des terres de rapport, des eaux et des bois, mais dont la parure n'était point partout également soignée, et témoignait un peu des embarras de fortune de son possesseur. Les réparations avaient, depuis quelques années, porté presque exclusivement sur la maison d'habitation et sur les parties qui l'avoisinaient. Mais

DERUES.

çà et là des pans de murailles dégradées menaçaient ruine; d'énormes pieds de lierre avaient envahi et étouffé des arbres vigoureux, et dans la moitié la plus éloignée du parc les ronces barraient le chemin et opposaient aux promeneurs une barrière impénétrable. Ce désordre pourtant n'était pas dépourvu de charmes, et à cette époque, où l'art du jardinier consistait principalement à aligner des allées et à soumettre la nature à une froide et monotone symétrie, l'œil se reposait avec plaisir sur ces massifs échevelés, sur ces eaux qui avaient pris un autre cours que celui où on les avait d'abord emprisonnées, sur ces aspects pittoresques et imprévus.

Une large terrasse, d'où la vue embrassait les sinuosités de la rivière, longeait la façade extérieure de la maison. Trois hommes s'y promenaient, deux ecclésiastiques et le propriétaire du Buisson-Souef, M. de Saint-Faust de Lamotte. L'un des ecclésiastiques était le curé de Villeneuve-le-Roi-lez-Sens, l'autre un religieux de la congrégation des pères Camaldules, qui était venu visiter, pour une affaire de religion, le curé, et passer quelques jours au presbytère. La conversation était languissante entre ces trois personnages. De temps à autre, M. de Lamotte s'arrêtait, et se faisant avec sa main placée au-dessus de ses yeux un abri contre la trop grande clarté du soleil, qui étincelait sur les eaux et dans la plaine, il regardait si quelque objet nouveau ne paraissait pas à l'horizon; puis, avec un mouvement d'impatience et d'inquiétude, il reprenait lentement sa promenade. L'horloge du château fit entendre son timbre éclatant.

CRIMES CÉLÈBRES.

— Déjà six heures! s'écria-t-il. Allons, ils n'arriveront pas encore aujourd'hui.

— Pourquoi désespérer? dit le curé. Votre domestique est allé au-devant d'eux. D'une minute à l'autre, nous pouvons voir paraître le bateau qui doit les ramener.

— Mais, mon père, reprit M. de Lamotte, nous ne sommes pas encore aux jours les plus longs de l'année : dans une heure la brune viendra, et ils n'oseront s'aventurer sur la rivière.

— Eh bien ! supposez même cela ; c'est un peu de patience à prendre ; ils coucheront en sûreté à deux lieues d'ici, et vous les reverrez demain matin.

— Mon frère a raison, dit l'autre religieux. Ainsi, monsieur, tranquillisez-vous.

— Vous en parlez tous deux fort à votre aise, et comme de choses qui vous sont inconnues.

— Quoi! dit le curé, pensez-vous, parce que notre sainte profession nous condamne l'un et l'autre au célibat, que nous ne puissions comprendre une affection comme la vôtre, que j'ai bénie et légitimée, vous vous en souvenez, il y a bientôt quinze ans?

— Ce n'est peut-être pas sans intention, mon père, que vous me rappelez la date de mon mariage. J'admets facilement que l'amour du prochain vous éclaire sur un autre amour que vous avez toujours ignoré; mais, j'en conviens, il doit vous paraître en effet assez singulier qu'un homme de mon âge prenne l'alarme pour si peu de chose, comme le ferait un jouvenceau. Que voulez-vous? je deviens superstitieux, et depuis quelque temps j'ai des pressentimens.

Il s'arrêta de nouveau, regarda encore du côté de la rivière, et, ne voyant rien, revint se placer entre les deux ecclésiastiques, qui continuaient leur promenade.

— Oui, reprit-il, j'ai des pressentimens dont je ne puis me défendre. Je ne suis pas encore assez vieux pour que l'âge ait affaibli mes organes et fasse de moi un radoteur : je ne saurais dire de quoi j'ai peur, mais toute séparation m'est pénible et me cause un effroi involontaire : n'est-ce pas étrange? Autrefois, j'ai quitté ma femme pendant des mois entiers : elle était jeune alors, et mon fils au berceau. J'étais amoureux fou de sa mère, et cependant je partais joyeusement. Pourquoi n'en est-il plus ainsi? pourquoi un simple voyage d'affaires à Paris et un retard de quelques heures m'inquiètent-ils de la sorte? Vous souvenez-vous, mon père, continua-t-il après une pause, en s'adressant au curé, vous souvenez-vous combien Marie était jolie le jour de nos noces? Quelle fraîcheur! quel éclat et quelle candeur sur son visage! Ah! ce signe-là n'était pas trompeur! c'est bien l'âme la plus pure et la plus honnête! C'est pour cela que je l'aime maintenant, car nous ne soupirons plus l'un pour l'autre, et ce second amour vaut mieux que le premier : il en a les souvenirs, et, de plus, il est tranquille et confiant comme l'amitié... C'est singulier qu'ils ne soient pas de retour; il faut qu'il leur soit arrivé quelque accident. Si je ne les vois pas ce soir, et j'en désespère à présent, je partirai demain matin.

CRIMES CÉLÈBRES.

— Bon Dieu! dit le religieux, vous deviez être bien impatient, un véritable salpêtre, à vingt ans, pour avoir conservé une telle vivacité! Voyons, calmez-vous, monsieur, et prenez patience : vous en convenez vous-même, ce n'est qu'un retard de quelques heures.

— Mais c'est que mon fils accompagne sa mère, et cet enfant est d'une santé si faible! nous n'avons plus que lui : il est resté seul de trois enfans, et vous ne savez pas quelle affection un père et une mère qui vieillissent concentrent sur une seule tête. Si je perdais Édouard, j'en mourrais assurément.

— Si vous vous êtes séparé de lui, sa présence à Paris était sans doute nécessaire.

— Non : sa mère y a été pour terminer un emprunt dont j'ai besoin pour entreprendre les améliorations qu'exige l'état de cette propriété.

— Pourquoi alors l'avez-vous laissé partir?

— Je l'aurais bien gardé avec moi, mais sa mère a voulu l'emmener : une séparation est aussi pénible pour l'un que pour l'autre, et cela a presque fait entre nous un sujet de querelle. J'ai cédé.

— Il y avait un moyen de vous mettre d'accord tous trois : c'était de faire le voyage ensemble.

— Oui : mais M. le curé vous dira qu'il y a quinze jours j'étais cloué sur mon fauteuil, jurant tout bas comme un vrai païen, et maudissant les péchés de ma jeunesse... Mais pardon, mon père, j'allais m'accuser d'avoir la goutte : j'oubliais que je ne suis pas le seul ici, et qu'elle éprouve la vieillesse du sage comme celle de l'homme de cour.

DERUES.

Un vent frais, qui précède ordinairement l'instant où le soleil va quitter l'horizon, bruit dans les feuilles : de grandes ombres s'étendaient sur l'Yonne, d'une rive à l'autre, et s'allongeaient dans la plaine : l'eau, légèrement ridée, reflétait les images confuses de ses bords et l'azur troublé du ciel. Les trois promeneurs s'étaient arrêtés à l'extrémité de la terrasse, et leurs regards plongeaient dans un lointain déjà obscur. Un point noir, qu'ils venaient d'apercevoir au milieu de la rivière, s'éclaira tout-à-coup en passant dans une échappée de lumière devant une prairie basse qui séparait deux petites collines : il prit l'aspect fugitif d'une barque, puis il se perdit de nouveau et se confondit avec l'onde. Un instant après, il reparut plus distinct : c'était en effet un bateau, et on put voir sur le rivage le cheval qui le traînait contre le courant. Il arriva à un endroit où la rivière, ombragée par des saules, faisait un coude : là il fallut se résigner à l'attente, et rester dans l'incertitude pendant quelques minutes. Un mouchoir blanc, qu'on agitait sur l'avant du bateau, fit pousser à M. de Lamotte une exclamation de joie.

— Ce sont eux ! s'écria-t-il, ce sont eux ! Les voyez-vous, monsieur le curé ? Je reconnais mon fils ! c'est lui qui me fait signe : sa mère est à côté de lui... Mais il me semble qu'il y a une troisième personne avec eux... Oui, n'est-ce pas ? un homme... Regardez bien.

— En effet, répondit le curé : si mes mauvais yeux ne me trompent pas, je vois quelqu'un qui est assis près du gouvernail : on dirait un enfant.

CRIMES CÉLÈBRES.

C'est sans doute quelqu'un du voisinage qui aura profité de l'occasion pour faire la route sans se fatiguer.

Pendant ces commentaires le bateau avançait rapidement, et on entendait le claquement du fouet dont le domestique stimulait l'ardeur de sa monture. Enfin il s'arrêta, cinquante pas avant la terrasse, à un endroit où le débarquement était facile. Madame de Lamotte, son fils et l'inconnu qui les accompagnait mirent pied à terre. M. de Lamotte avait quitté la terrasse pour aller à leur rencontre. Bien avant qu'il fût parvenu à la grille d'entrée, son fils lui sauta au cou.

— Tu te portes bien, Édouard?

— A merveille.

— Et ta mère?

— Bien aussi. Elle me suit; mais, quoiqu'elle soit aussi pressée que moi de t'embrasser, il faut que tu fasses la moitié du chemin : elle court moins vite.

— Vous avez ramené quelqu'un?

— Un monsieur de Paris.

— De Paris?

— Oui, M. Derues. Maman te contera cela. Tiens! la voici!

Le curé et l'autre ecclésiastique arrivèrent au moment où M. de Lamotte serrait sa femme dans ses bras. Quoiqu'elle eût atteint sa quarantième année, la beauté qui lui restait justifiait les éloges que son mari avait faits d'elle. Un embonpoint, favorable à cet âge, avait conservé la fraîcheur et la souplesse de la peau : son sourire était encore plein de grâce, et ses grands yeux bleus

DERUES.

avaient une douceur pénétrante et une expression de bonté expansive. Près de cette souriante et sereine figure, la figure du nouveau venu paraissait repoussante. M. de Lamotte ne put réprimer complètement un mouvement de surprise désagréable, à l'aspect de cette mine chafouine et basse, de cette moitié d'homme, qui se tenait à l'écart, comme un pauvre honteux. Son étonnement augmenta encore quand il vit son fils le prendre par la main avec cordialité, et qu'il l'entendit lui dire :

— Mon bon ami, venez avec moi. Suivons mon père et ma mère.

De son côté, madame de Lamotte, après avoir salué le curé, regardait le religieux, qu'elle ne connaissait pas. Un mot d'explication suffit pour la mettre au fait. Elle prit le bras de son mari, et, pendant le chemin qui les séparait du salon, elle refusa en riant de répondre à ses questions et s'amusa de sa curiosité.

Pierre-Étienne de Saint-Faust de Lamotte, écuyer de la grande écurie du roi, sieur de Grange-Flandre, Valperfond, etc., avait épousé en 1760 Marie-Françoise Perrier. Leur fortune ressemblait à beaucoup de fortunes de ce temps-là, elle était plus nominale qu'effective, plus apparente que réelle. Non que les deux époux eussent des reproches à s'adresser, et que leur patrimoine eût souffert de leur dissipation : contrairement aux mœurs corrompues de l'époque, leur union avait toujours été un modèle d'attachement sincère, de vertus domestiques et de confiance mutuelle. Marie-Françoise était assez belle pour paraître avec éclat dans le monde ; elle y avait renoncé volontairement pour se consacrer toute entière à l'accomplissement de ses devoirs d'épouse et de mère. Le seul chagrin sérieux qu'ils eussent ressenti était la perte successive de deux enfans en bas âge. L'aîné, Édouard, quoique d'une constitution assez faible en naissant, avait heureusement passé les années difficiles de l'enfance et de la première jeunesse : il avait alors près de quatorze ans. Sa figure douce et un peu efféminée, ses yeux bleus et son sourire, lui donnaient une ressemblance frappante avec sa mère. La tendresse de son père exagérait les dangers qui menaçaient son existence : à ses yeux, la moindre indisposition prenait le caractère d'une maladie ; sa femme partageait ses craintes, et, par suite de cette inquiétude excessive, l'éducation d'Édouard avait été négligée : élevé au Buisson-Souef, on l'avait laissé en liberté s'ébattre du matin au soir, comme un jeune faon qui exerce la vigueur et la souplesse de ses membres. A son âge, il avait la naïveté et l'ignorance de toutes choses d'un enfant de huit ou dix ans.

Ce qui avait contribué à déranger la fortune de M. de Lamotte était la nécessité pour lui de paraître à la cour et de soutenir convenablement les dépenses exigées par sa charge. Depuis quelques années, il vivait dans une retraite presque absolue au Buisson-Souef; mais, malgré l'ordre tardif apporté dans l'administration de ses biens, sa fortune le ruinait. La terre du Buisson demandait un entretien trop considérable et absorbait sans résultat la plus grande partie de ses revenus. Il avait toujours hésité à s'en défaire, à cause des souvenirs qu'elle lui rappelait :

DERUES.

c'était là qu'il avait connu, aimé et épousé Marie-Françoise Perrier, là que s'étaient écoulés les beaux jours de leur jeunesse. L'un et l'autre ils désiraient vieillir dans le même asile.

Telle était la famille dans laquelle le hasard avait fourni à Derues l'occasion de s'introduire.

Celui-ci s'était aperçu de l'impression défavorable qu'il avait produite sur M. de Lamotte. Il était habitué à cette répugnance instinctive qu'il excitait à la première vue, et un de ses grands talens était de la combattre et de l'effacer peu à peu, pour y substituer la confiance; mais les moyens qu'il employait différaient selon les personnes qu'il voulait tromper. Il comprit que devant un homme comme M. de Lamotte, dont la physionomie et les manières indiquaient l'habitude du monde et la distinction de l'esprit, une imposture grossière lui serait plutôt nuisible qu'utile; en même temps cependant il devait faire la part des deux ecclésiastiques qui l'examinaient de leur côté. Craignant de se compromettre, il prit le maintien le plus simple et l'air le plus insignifiant qu'il lui fut possible, sachant bien que tôt ou tard un tiers se chargerait de le réhabiliter dans l'opinion de ceux qui l'observaient. Il n'attendit pas long-temps.

En arrivant au salon, M. de Lamotte l'invita à s'asseoir, ainsi que les deux autres personnes.

Derues s'inclina sans répondre d'abord. Il y eut un moment de silence, pendant lequel Édouard et sa mère se regardèrent en riant. Enfin madame de Lamotte prit la parole.

— Mon ami, dit-elle, tu dois être étonné de la présence de monsieur : mais quand tu sauras ce qu'il a fait pour nous, tu me remercieras de l'avoir déterminé à nous accompagner ici.

— Permettez-moi, interrompit Derues, permettez-moi, monsieur, de vous l'apprendre moi-même. La reconnaissance que madame croit me devoir lui fait exagérer la grandeur d'un service que tout autre, à ma place, se fût empressé de lui rendre.

— Non, monsieur; laissez-moi parler.

— Laissez parler maman, mon ami, dit Édouard.

— Qu'est-ce donc? et qu'est-il arrivé? demanda M. de Lamotte.

— Je suis vraiment confus, répondit Derues. Je vous obéis, madame.

— Oui, reprit madame de Lamotte, restez sur la sellette, je le veux. Figure-toi, mon ami, qu'il y a aujourd'hui six jours, il nous est arrivé, à Édouard et à moi, un accident qui pouvait avoir les suites les plus graves.

— Et tu ne me l'as pas écrit, Marie?

— Je t'aurais inquiété inutilement. J'avais affaire dans un des quartiers les plus fréquentés de Paris; j'avais loué une chaise, et Édouard marchait à côté de moi. En passant rue Beaubourg, nous nous trouvâmes enveloppés tout-à-coup dans un rassemblement nombreux de gens du peuple qui se disputaient; des voitures barraient la rue; les chevaux d'un équipage mêlé à cette bagarre eurent peur du bruit et des cris, et, malgré les efforts du cocher pour les retenir, ils s'emportèrent. Ce fut un tu-

DERUES.

multe affreux : je voulus m'élancer hors de ma chaise; mais, au même instant, mes porteurs furent renversés et je tombai ; c'est un miracle si je n'ai pas été écrasée. On me retira de dessous les pieds des chevaux, évanouie, mourante, et on me transporta dans une maison devant laquelle ce fatal événement avait eu lieu. Là, retirée dans un magasin, et à l'abri des regards de la foule qui se pressait sous la porte, je repris connaissance, grâce aux prompts secours que me donna monsieur, qui habite cette maison. Ce n'est pas tout. Quand j'eus repris mes sens, il me fut impossible de marcher : la terreur, le danger que j'avais couru, ma chute, m'avaient brisée. Il me fallut céder aux instances de monsieur, qui s'offrit, quand le rassemblement se serait dispersé, à m'aller chercher une autre chaise, et qui me pria, pendant qu'il serait absent, d'accepter un asile chez lui, auprès de sa femme, qui me prodigua les soins les plus touchans.

— Monsieur... dit M. de Lamotte en se levant.

Mais sa femme l'arrêta.

— Attends donc, mon ami; je n'ai pas fini. Monsieur revint en effet au bout d'une heure : je commençais à me trouver mieux ; mais, avant de le quitter, j'eus la maladresse de dire que, dans le trouble et la confusion qui régnaient autour de moi, on m'avait volée ; oui, on m'a pris la paire de boucles d'oreilles en diamant que je tenais de ma mère. Tu ne saurais croire toutes les peines que monsieur s'est données pour découvrir le voleur toutes les démarches qu'il a faites à la police... j'en étais honteuse...

Quoique M. de Lamotte ne sût pas encore quel motif,

autre que celui de la reconnaissance seule, avait engagé sa femme à se faire accompagner par cet étranger, il se leva de nouveau, et s'avançant vers lui en lui tendant la main :

— Je m'explique maintenant l'amitié que vous témoigne mon fils. Vous aviez bien tort de vouloir diminuer le mérite de votre bonne œuvre, et de vous soustraire à mes remercîmens, monsieur Derues.

— M. Derues? dit le religieux.

— Tu sais le nom de monsieur, mon ami? demanda vivement madame de Lamotte.

— Édouard me l'a déjà appris.

Le religieux s'approcha à son tour de Derues :

— Vous demeurez rue Beaubourg, et vous êtes M. Derues, ancien marchand épicier?

— Oui, mon frère.

— Si vous aviez besoin ici d'un répondant, je vous en servirais. Le hasard, madame, vous a fait faire la connaissance d'un des hommes dont la réputation de sainteté et d'honneur est le mieux établie; il me permettra de joindre mes éloges aux vôtres.

— Je ne sais, en vérité, à quel titre j'en suis digne.

— Je suis le frère Marchois, de l'ordre des Camaldules. Vous voyez que je dois vous connaître.

Alors le religieux expliqua au curé, à M. et à madame de Lamotte, que la congrégation dont il faisait partie avait donné sa confiance à l'honnête Derues, qui se chargeait de vendre pour leur compte les ouvrages que les pères fabriquaient dans leur ermitage. Le

DERUES.

frère Marchois, sans qu'on songeât à l'interrompre, raconta une foule de bonnes actions ignorées, de traits de piété, que les assistans écoutaient avec un sentiment de plaisir et d'admiration. Derues reçut ces bouffées d'encens avec une apparence d'humilité sincère et de modestie qui auraient trompé le plus habile physionomiste.

Quand la verve louangeuse du panégyriste se fut ralentie, on s'aperçut que la nuit était presque arrivée. Le curé et le religieux n'avaient que le temps nécessaire pour regagner le presbytère sans courir le risque de trébucher et de se casser le cou dans les chemins pierreux qui y conduisaient. Ils se retirèrent, et on prépara pour Derues un appartement.

— Demain, lui dit madame de Lamotte, vous causerez avec mon mari de l'affaire qui vous amène : demain, ou un autre jour, car je vous prie, monsieur, de vous regarder ici comme chez vous, et plus vous y prolongerez votre séjour, plus vous nous ferez plaisir.

On se sépara.

Cette nuit fut une nuit d'insomnie pour Derues : des pensées criminelles flottaient confusément dans son esprit. Le hasard de sa rencontre avec madame de Lamotte et de celle du frère, qui s'était trouvé là, à point nommé, pour renchérir sur les éloges qui donnaient de lui une si bonne opinion, lui semblait une sorte d'avertissement secret qu'il ne devait pas négliger. Il entrevoyait la trace de nouvelles perfidies, d'un forfait inouï, qu'il ne pouvait encore combiner d'une manière précise; mais il y avait assurément des vols à commettre, du sang à répandre, et l'esprit du meurtre l'agitait et le tenait éveillé, comme le remords eût troublé le sommeil d'un autre.

Pendant ce temps, madame de Lamotte, retirée avec son mari, lui disait :

— Eh bien ! que penses-tu de mon protégé, ou plutôt du protecteur que le ciel m'a envoyé ?

— Il faut avouer que la figure est souvent bien trompeuse ; c'est un homme que j'aurais fait pendre sur la mine.

— Il est vrai qu'il n'est pas doué d'une physionomie heureuse, et même elle lui a valu de ma part un assez sot compliment dont je me suis bien repentie. Quand je repris connaissance, et que je le vis auprès de moi dans un costume bien plus simple et plus négligé que celui qu'il porte aujourd'hui...

— Tu as eu peur ?

— Pas précisément : mais j'ai cru que je devais les soins dont j'étais l'objet à un homme de la dernière classe du peuple, à quelque pauvre diable qui ne mangeait pas tous les jours, et mon premier remerciement a été de lui offrir une pièce d'or.

— Qu'il a refusée...

— Qu'il a acceptée pour les pauvres de sa paroisse. C'est alors qu'il m'a dit son nom, Cyrano Hermes de Bury, qu'il m'a appris que le magasin et toutes les marchandises qu'il renfermait lui appartenaient, et que lui-même occupait un appartement dans la maison. Je me suis confondue en excuses ; mais il m'a répondu qu'il se félicitait de mon erreur, puisqu'elle lui fournissait l'oc-

DERUES.

casion de soulager quelques infortunes. Moi, j'ai été touchée de ces bons sentimens, et je l'ai prié d'accepter une seconde pièce d'or.

— Tu as bien fait assurément, ma bonne amie : mais quel motif t'a engagée à l'amener au Buisson? A mon premier voyage à Paris, j'aurais été le voir et le remercier de sa protection, et en attendant, une lettre de moi aurait suffi. A-t-il poussé la complaisance et l'intérêt jusqu'à vouloir t'accompagner?

— Tiens! tu ne peux pas revenir de ta première impression sur son compte : sois franc, n'est-ce pas?

— Ma foi! s'écria M. de Lamotte en riant, il est fâcheux pour un honnête homme d'avoir cette figure-là! il devrait bien demander au bon Dieu et obtenir de lui qu'il lui fasse cadeau d'une autre physionomie.

— Toujours tes préventions! Ce pauvre homme, ce n'est pas sa faute s'il est ainsi fait !

— Enfin, tu as parlé d'affaires que nous aurions à traiter ensemble. Quelles sont ces affaires?

— Il pourra, je crois, nous aider à trouver l'argent que nous cherchons.

— Qui lui a dit que j'en aie besoin?

— Moi.

— Toi! Allons, décidément, il paraît que ce monsieur est un ami de la maison. Et comment as-tu été amenée à lui faire cette confidence?

— Tu le saurais déjà si tu ne m'avais pas interrompue. Laisse-moi te raconter tout cela par ordre. Le lendemain de mon accident, je sortis de mon hôtel, vers le milieu de la journée, avec Édouard, et je me rendis chez lui pour lui témoigner de nouveau ma reconnaissance. Je fus reçue par sa femme, qui me dit que son mari était absent, qu'il venait de la quitter pour aller à mon hôtel s'informer de mes nouvelles et de celles de mon fils, et, en même temps pour prendre de nouveaux renseignemens sur le vol dont j'avais été victime la veille. Cette dame, qui paraît très-simple et d'un esprit fort ordinaire, m'invita à m'asseoir et à attendre son mari. J'aurais cru la désobliger en refusant. Au bout de deux heures environ, M. Derues rentra. Son premier soin, après m'avoir saluée, après m'avoir témoigné le plus vif intérêt sur l'état de ma santé, fut de demander ses enfans, deux enfans charmans, frais, roses, qu'il caressait et couvrait de baisers. On causa de choses indifférentes d'abord, puis il m'offrit ses services, se mit à ma disposition, et me pria de ne ménager ni son temps ni ses peines. Je lui dis quel motif m'avait conduite à Paris, et les contrariétés que j'éprouvais; car, de toutes les personnes que j'avais vues, aucune ne m'avait donné une réponse favorable. Il me fit espérer alors que peut-être il me serait utile, et, en effet, le lendemain même, il m'apprit qu'il s'était adressé à un capitaliste; mais qu'il n'avait pu convenir de rien, n'ayant aucun renseignement précis. J'ai pensé que ce qu'il y avait de mieux à faire était de l'amener ici, de te le présenter, afin qu'il pût s'entendre avec toi. A la première proposition que je lui fis de ce voyage, il refusa, et il n'a accepté qu'après mes vives instances et celles d'Édouard. Voilà la vérité, mon ami, et par quelles cir-

DERUES.

constances j'ai fait la connaissance de M. Derues. Tu ne trouveras pas, j'espère, que j'ai agi avec trop de légèreté.

—C'est bien, dit M. de Lamotte : demain je causerai avec lui, et, dans tous les cas, je te promets de lui faire bon visage : je ne dois pas oublier le service qu'il t'a rendu.

La conversation en resta là entre les deux époux.

Habile à prendre tous les masques et à jouer tous les rôles, Derues n'eut pas de peine à faire revenir M. de Lamotte de ses préventions, et se servit adroitement, pour s'insinuer dans l'esprit du père, de l'amitié que le fils avait conçue pour lui. On ne saurait dire si dès cette époque il méditait le crime qu'il exécuta plus tard; il est permis de croire qu'il n'en avait pas inventé si longtemps à l'avance les atroces combinaisons. Mais ce fut là l'idée dont il se pénétra, et dont rien désormais ne put le distraire. Quelle route il suivrait pour parvenir au but lointain qu'entrevoyait sa cupidité, il l'ignorait encore; mais il s'était dit : Cette fortune m'appartiendra un jour. C'était l'arrêt de mort de ceux qui la possédaient.

Il n'existe aucun détail, aucun renseignement sur le premier séjour de Derues au Buisson-Souef. Seulement, quand il en partit, il avait toute la confiance de cette famille, et une correspondance suivie s'établit entre lui et M. et madame de Lamotte. Ce fut ainsi qu'il put exercer son talent de faussaire et parvenir à imiter, de manière à tromper les regards mêmes de son mari, l'écriture de cette malheureuse femme. Cependant quelques

CRIMES CÉLÈBRES.

mois s'étaient écoulés, et aucune des espérances que Derues avait fait naître à dessein ne se réalisait; un emprunt était toujours sur le point de se conclure, et toujours quelque circonstance imprévue le faisait manquer. Derues déployait tant d'adresse et d'astuce dans ces prétendues négociations, qu'au lieu de le soupçonner, on le plaignait de ses peines inutiles. Les embarras d'argent de M. de Lamotte augmentaient, et la vente du Buisson-Souef était devenue inévitable. Derues se présenta comme acquéreur, et acheta en effet cette terre par acte sous seing privé en date du 22 décembre 1775. Il fut convenu entre les parties que le paiement, montant à cent trente mille livres, ne serait effectué qu'en 1776 : ce délai était nécessaire à Derues pour réunir les capitaux dont il pouvait disposer. Cette acquisition était importante, et même, disait-il, il ne l'aurait pas faite sans l'amitié qu'il portait à M. de Lamotte et le désir qu'il avait de mettre fin à ses mauvaises affaires.

Mais à l'époque convenue, c'est-à-dire vers le milieu de l'année 1776, il se trouva dans l'impossibilité de payer. Il est bien certain qu'il n'en avait jamais eu l'intention ; mais une particularité remarquable de cette ténébreuse histoire, c'est l'avarice de cet homme, c'est sa passion de l'argent qui domine toutes ses actions, et qui lui fait parfois oublier la prudence. Enrichi par trois banqueroutes, par ses vols continuels, par l'usure, l'or qu'il amasse devient invisible. Rien ne lui coûte pour l'acquérir, et une fois que ses mains l'ont touché, elles ne peuvent plus s'en dessaisir. Toujours il risque de compromettre sa ré-

DERUES.

putation de probité, plutôt que de lâcher une parcelle de ses richesses. Au rapport de plusieurs personnes dignes de foi, le bruit était généralement répandu parmi ses contemporains que ce monstre possédait des trésors qu'il avait enfouis, sans révéler, même à sa femme, le lieu où ils existaient. Peut-être n'est-ce là qu'une de ces rumeurs vagues et sans fondement qu'il faut repousser; peut-être est-ce la vérité qui n'a pu se faire jour complètement? Ne serait-il pas étrange qu'après plus d'un demi-siècle, quelque cachette mystérieuse s'ouvrît et rejetât le fruit de ses rapines? Qui sait si une partie de cet or, trouvée par hasard, n'a pas fondé des fortunes dont la source est restée inconnue, même à ceux qui les possèdent?

Quoiqu'il eût le plus grand intérêt à ne pas éveiller les soupçons de M. de Lamotte au moment où il était son débiteur pour une somme aussi considérable, Derues à cette époque se laissa poursuivre judiciairement par ses créanciers. Mais alors les procès ordinaires n'avaient aucune publicité : ils s'agitaient et mouraient sans retentissement entre les magistrats et les plaideurs. Pour se soustraire aux contraintes par corps et à la détention dont il était menacé, il se réfugia au Buisson-Souef avec sa famille, et y resta depuis la Pentecôte jusqu'à la fin de novembre. Après avoir été traité tout ce temps en ami, il repartit pour Paris, sous le prétexte d'aller recueillir une succession qui devait le mettre à même de payer la somme stipulée dans l'acte de vente.

Cette prétendue succession était celle d'un des parens

de sa femme, le sieur Despeignes-Duplessis, assassiné dans son château, près de Beauvais. Nous avons rapporté dans la note dixième l'accusation qui pesait sur la mémoire de Derues. Les preuves positives manquant, nous avons dû ne l'accueillir que comme une simple probabilité.

Desrues avait fait à M. de Lamotte des promesses tellement formelles, qu'il n'y avait plus pour lui moyen de les éluder. Il fallait ou effectuer le paiement, ou annuler l'acte sous seing privé. Une nouvelle correspondance s'établit entre les créanciers et le débiteur. C'étaient encore des lettres d'amitié, pleines de protestations d'un côté et de confiance de l'autre. Mais toute l'adresse de Derues aboutit à gagner quelques mois. Enfin M. de Lamotte, ne pouvant quitter le Buisson-Souef, à cause des travaux importans qui réclamaient sa présence, fonda sa femme de procuration; il consentit à une nouvelle séparation, et l'envoya à Paris avec Édouard.

Pour leur malheur à tous peut-être, il prévint le meurtrier de l'arrivée de sa femme et de son fils.

Nous avons tracé rapidement l'intervalle qui sépare le jour de la première entrevue de M. de Lamotte et de Derues du moment où les victimes vont tomber dans le piége : il nous eût été facile de supposer de longues conversations, d'inventer des épisodes où nous eussions mis en relief sa profonde hypocrisie; mais le lecteur sait maintenant tout ce que nous voudrions lui apprendre. Pour l'initier aux mystères de cette organisation perverse, nous avons à dessein ralenti notre récit : nous l'avons surchargé

DERUES.

de tous les faits qui pouvaient répandre quelque clarté sur cette sombre physionomie. Mais, après ces longues préparations, le drame arrive, le drame rapide, palpitant : les événemens, long-temps retenus, s'accumulent et se pressent : l'action est nouée et marche à sa fin. Nous allons voir Derues, Protée infatigable, changer de noms, de costumes, de langage, se multiplier sous toutes les formes, semer d'un bout de la France à l'autre les embûches et les mensonges, et, après tant d'efforts, tant de prodiges de calcul et d'activité, revenir se heurter contre un cadavre.

Ce fut le 14 décembre au matin que la lettre écrite du Buisson-Souef arriva à Paris.

Dans la même journée un homme inconnu se présenta à l'hôtel où avait logé précédemment madame de Lamotte avec son fils. Il s'informe du nombre de chambres qui sont vacantes. Quatre étaient sans locataires ; il les retient pour un individu, nommé Dumoulin, arrivé le matin même de Bordeaux à Paris, qu'il n'a fait que traverser : il a été rejoindre, à quelques lieues de la capitale, des parens qu'il doit ramener. Une partie du prix des chambres est payée à l'avance : il est expressément convenu que jusqu'à son retour on ne les donnera à personne, le sieur Dumoulin pouvant se présenter pour les occuper, avec sa famille, d'un jour à l'autre.

Ce même homme se rend à d'autres hôtels garnis situés dans le quartier, loue encore les chambres vacantes, tantôt pour un étranger qu'il attend, tantôt pour des amis qu'il ne peut loger chez lui.

CRIMES CÉLÈBRES.

Vers trois heures la place de Grève était couverte de monde : des milliers de têtes fourmillaient aux fenêtres des maisons environnantes. On exécutait un parricide; le crime avait été commis avec des circonstances atroces, des raffinemens inouïs de barbarie. La peine y répondait, et le coupable était attaché sur la roue. Le silence le plus complet, un silence effrayant régnait parmi cette multitude avide de ces sanglantes émotions. On avait entendu déjà trois fois le bruit sourd de l'instrument du supplice qui brisait les membres. Le patient laissa échapper un grand cri, qui fit frissonner de terreur tous les assistans. Un seul, qui, malgré tous ses efforts, n'avait pu fendre la foule et traverser la place, resta insensible, et, jetant un regard de mépris du côté du coupable, dit en lui-même :

— Imbécile! qui n'a su tromper personne!

Quelques instans après, les flammes commencèrent à s'élever du bûcher; il se fit alors un grand mouvement dans le peuple, et cet homme put se frayer un passage et gagner une des rues qui aboutissaient sur la place.

Le ciel était couvert, et un jour blafard pénétrait à peine dans cette ruelle sinistre et hideuse comme son nom, et qui, il y a peu d'années encore, sillonnait comme un long serpent la fange de ce quartier. A cette heure, et à cause de l'attrait que présentait la fête de mort, elle était à peu près déserte. L'homme qui venait de quitter la place marchait lentement, lisant avec attention tous les écriteaux pendus aux portes. Il s'arrêta devant le numéro 73. Sur le seuil d'une boutique était assise une grosse femme

DERUES.

occupée à tricoter. Au-dessus de la boutique on voyait écrit en gros caractères jaunes : *Veuve Masson.* — Il salua cette femme et lui dit :

— Il y a une cave à louer dans cette maison?
— Oui, bourgeois, répondit la veuve.
— Puis-je parler au propriétaire?
— C'est moi, avec votre permission.
— Montrez-moi la cave. Je suis un marchand de vin établi en province; mes affaires m'appellent souvent à Paris, et je cherche une cave où je pourrai déposer des marchandises que je suis chargé de vendre par commission.

Ils descendirent ensemble. Après l'avoir bien examinée et s'être assuré qu'elle n'était pas trop humide pour des vins de première qualité qu'il voulait y déposer, cet homme arrêta le prix, paya le premier terme d'avance, et se fit inscrire sur le livre de la veuve Masson sous le nom de Ducoudray.

Cet homme, est-il besoin de le nommer? c'était Derues.

Le soir, lorsqu'il rentra, sa femme lui annonça qu'on avait apporté pour lui une grande malle.

— C'est bien, dit-il : le menuisier à qui je l'avais commandée est un homme de parole. Puis il soupa et embrassa ses enfans. Le lendemain, qui était un dimanche, à la grande édification des dévotes du voisinage, il communia.

Le lundi 16, sa femme et lui recevaient madame de Lamotte et Édouard, débarquant du coche de Montereau.

— Mon mari vous a écrit, monsieur Derues? lui demanda madame de Lamotte.

— Oui, madame, il y a deux jours, et j'ai fait préparer mon appartement pour vous recevoir.

— Comment! est-ce que M. de Lamotte ne vous a pas prié de me retenir la chambre que j'ai déjà occupée dans l'hôtel de France?

— Sa lettre ne m'en a rien dit, et si c'est encore votre intention, j'espère que vous en changerez. Ne me privez pas du plaisir de vous rendre l'hospitalité que vous m'avez offerte pendant si long-temps. Votre chambre est toute préparée, ainsi que celle de ce cher enfant, ajouta-t-il en prenant la main d'Édouard ; et je suis bien sûr que, si vous lui demandiez son avis, il vous répondrait de ne pas chercher ailleurs que chez moi.

— Sans doute, dit le jeune homme ; et je ne comprends pas pourquoi l'on se gênerait entre amis.

Soit hasard, soit pressentiment secret, soit plutôt qu'elle prévît la possibilité de discussions d'intérêts entre eux, madame de Lamotte résista à ses instances. Ayant un rendez-vous d'affaires qu'il ne pouvait remettre, il chargea sa femme d'accompagner la mère et le fils à l'hôtel de France, et en indiqua trois autres, les seuls dans le quartier où cette dame pût être logée convenablement, au cas où elle ne trouverait pas de chambres vacantes dans le premier.

Deux heures plus tard, madame de Lamotte revenait avec son fils rue Beaubourg, chez Derues.

La maison qu'il occupait était située vis-à-vis la rue

des Ménétriers, et a été abattue tout nouvellement pour le percement de la rue Rambuteau. En 1776, c'était une des plus belles maisons de la rue Beaubourg, et il fallait posséder une certaine aisance pour y demeurer, les loyers y étant à un prix assez élevé. Une large porte cintrée s'ouvrait sur une allée qui recevait le jour, à son extrémité opposée, par une petite cour au fond de laquelle était le magasin où l'on avait conduit madame de Lamotte lors de son évanouissement. A droite de l'allée se trouvait l'escalier, et, à l'entresol, l'appartement de Derues[1]. La première pièce, éclairée par une fenêtre donnant sur la cour, servait de salle à manger, et conduisait dans un salon meublé simplement, selon l'usage des bourgeois et des commerçans de cette époque. A droite du salon était un grand cabinet qui pouvait servir de bibliothèque ou recevoir un lit; à gauche une porte pleine menait à la chambre à coucher de Derues et de sa femme. Cette chambre était destinée à madame de Lamotte. La femme de Derues devait partager avec elle l'alcôve à deux lits: son mari s'était établi dans le salon, et Édouard occupait le cabinet.

Pendant les premiers jours qui suivirent leur arrivée, il ne fut question de rien. D'ailleurs, madame de Lamotte n'était pas venue à Paris seulement pour terminer l'affaire du Buisson-Souef. Son fils atteignait sa quinzième année, et, après bien des hésitations, son mari et elle avaient pris la résolution de le placer dans un pensionnat pour lui faire donner une éducation jusque là trop négligée. Derues se chargea du soin de trouver un instituteur capable, et chez lequel surtout le jeune homme serait élevé dans des sentimens religieux, que le curé du Buisson et ses propres exhortations avaient commencé à développer en lui. Ces démarches, jointes à celles que madame de Lamotte faisait de son côté pour obtenir le recouvrement de quelques sommes qui étaient dues à son mari, prirent du temps. Peut-être, sur le point d'exécuter le crime, Derues reculait-il autant qu'il le pouvait l'instant fatal. Cependant, d'après son caractère, une telle supposition n'est guère probable. On ne peut pas même faire à cet homme l'honneur de lui accorder un remords, un mouvement de pitié et de doute. Bien loin de là, il semble résulter de tous les faits qui sont parvenus à notre connaissance que Derues, fidèle aux traditions de sa vie antérieure, faisait sur les deux infortunés l'essai du poison. En effet, ils ne furent pas plus tôt logés chez lui, qu'ils se plaignirent l'un et l'autre d'une extrême faiblesse d'estomac, mal qui jusque là leur avait été inconnu. En même temps qu'il essayait ainsi la force de leur constitution, il se donnait, connaissant la cause de ces souffrances, le mérite de les soulager. Malgré son dépérissement visible, madame de Lamotte, ayant pleine confiance en lui, ne songea pas à faire appeler un médecin. Pour ne pas alarmer son mari, elle lui cacha l'état de sa santé, et toutes ses lettres ne lui parlaient que des attentions, des soins et des prévenances dont elle était entourée.

Le 15 janvier 1777, Édouard fut placé dans une pension, rue de l'Homme-Armé. Sa mère ne devait plus le

DERUES.

voir. Elle sortit encore une fois pour aller remettre le pouvoir de son mari entre les mains d'un procureur, demeurant rue du Paon. En rentrant elle était si faible, si abattue, qu'elle fut obligée de se coucher, et de garder le lit pendant plusieurs jours. Le 29 janvier, la malheureuse femme était levée et assise près de la fenêtre. Ses regards plongeaient dans la rue des Ménétriers, déserte en ce moment, et où le vent engouffrait des tourbillons de neige. Qui pourrait dire les tristes pensées qui l'occupaient? tout était sombre, silencieux et froid autour d'elle : tout lui apportait une impression douloureuse, une crainte involontaire. Pour échapper aux funestes idées qui l'assiégeaient, elle remontait par le souvenir aux époques les plus riantes de sa jeunesse, aux fêtes de son mariage. Elle se représentait le temps où, pendant les absences forcées de M. de Lamotte, seule au Buisson, avec son fils alors tout enfant, elle se promenait dans les sombres et fraîches allées du parc, s'asseyait, au tomber du jour, pour respirer le parfum des fleurs, pour écouter le bruit des eaux murmurantes, ou les plaintes de la brise dans le feuillage. Puis, ramenée tout-à-coup de ces douces rêveries à la réalité, elle versait des larmes, et appelait son mari et son fils. Sa préoccupation était telle, qu'elle n'avait pas entendu qu'on ouvrait la porte de sa chambre, qu'elle ne s'était pas aperçue que la nuit était arrivée. La clarté d'une bougie, qui dissipa les ténèbres, la fit tressaillir; elle se retourna, et vit Derues qui s'avançait vers elle. Il souriait. Elle s'efforça de retenir les larmes qui brillaient entre ses paupières et de reprendre une physionomie plus calme.

— Je crains d'être importun, lui dit-il ; et je vous prie, madame, de m'accorder une permission.

— Que voulez-vous, monsieur Derues? répondit-elle.

— Votre consentement pour déposer dans cette chambre une grande malle où je dois enfermer quelques marchandises précieuses qu'on m'a confiées, et qui sont dans cette armoire. Je crains de vous gêner.

— Ne suis-je pas ici chez vous? et n'est-ce pas moi plutôt qui suis à charge à toute votre maison? Faites apporter cette malle, et disposez de cette chambre comme si je n'y étais pas. Je sais que vous me donnez vos soins de bon cœur, mais je voudrais vous éviter toutes ces peines, et être en état de retourner bientôt au Buisson. J'ai reçu hier une lettre de mon mari.....

— Nous allons causer tout-à-l'heure de cette affaire, si vous le voulez bien, reprit Derues. Je vais dire à ma servante de m'aider à traîner cette malle jusqu'ici. J'ai retardé jusqu'à présent, mais il faut qu'elle parte dans trois jours.

Il sortit, et rentra quelques minutes après. La malle fut placée devant l'armoire, au pied du lit.

Pauvre femme! c'était ton cercueil que le fossoyeur venait d'apporter.

La servante se retira, et il aida madame de Lamotte à s'approcher de la cheminée, où il ranima le feu. Il s'assit en face d'elle, et à la clarté vacillante d'une chandelle posée entre eux deux sur une petite table, il put con-

DERUES.

templer à loisir sur ce visage amaigri les traces du poison.

— J'ai vu votre fils aujourd'hui, lui dit-il : il s'est plaint à moi que vous le négligez, et que depuis douze jours il ne vous a pas vue. Il ignore que vous êtes indisposée : je ne le lui ai pas dit. Ce cher enfant, il vous aime tant!

— Moi aussi, je voudrais le voir. Tenez, mon ami, je ne sais quels funestes pressentimens m'obsèdent, mais il me semble qu'un grand malheur me menace : tout-à-l'heure, quand vous êtes entré, des idées de mort me préoccupaient. D'où viennent ma langueur et ma faiblesse? ce n'est pas là assurément une indisposition passagère. Soyez sincère avec moi : n'est-ce pas que je suis horriblement changée? et ne croyez-vous pas que mon mari serait effrayé en me revoyant ainsi?

— Vous vous inquiétez à tort, reprit Derues, c'est un peu votre défaut. Ne vous ai-je pas vue, il y a bientôt un an, tourmentée de la santé d'Édouard, qui ne songeait pas même à être malade? Je ne suis pas si facile à alarmer. Mon ancienne profession et celle de pharmacien, que j'ai étudiée dans ma jeunesse, m'ont donné quelques connaissances en médecine. J'ai été consulté souvent, j'ai traité des malades qui se croyaient désespérés; mais je puis vous assurer que je n'ai vu chez aucun d'eux une constitution meilleure et plus robuste que la vôtre. Tranquillisez-vous, et ne vous forgez pas des chimères. Le plus grand ennemi du mal, c'est le repos de l'esprit. Cet abattement se dissipera, il faudra bien que les forces vous reviennent.

— Dieu vous entende! mais je sens qu'elles diminuent de jour en jour.

— Nous avons pourtant quelques courses à faire ensemble. Le notaire de Beauvais m'a écrit ; les obstacles qui l'empêchaient de verser entre mes mains la succession du parent de ma femme, M. Duplessis, sont en grande partie levés. J'ai cent mille livres à ma disposition, c'est-à-dire à la vôtre, et dans un mois au plus tard je m'acquitterai entièrement. Vous me demandez d'être sincère, ajouta-t-il avec une légère intention d'ironie et de reproche, soyez-le à votre tour : avouez, madame, que vous et votre mari, vous aviez quelques inquiétudes, et que les délais que j'ai été obligé de solliciter vous paraissaient de mauvais augure?

— Il est vrai, répondit-elle : mais nous n'avons jamais soupçonné votre bonne foi.

— Et vous avez eu raison. On n'est pas toujours maître d'exécuter ce qu'on s'est proposé; les événemens dérangent nos calculs; mais ce qui nous appartient en propre, c'est l'envie de bien faire, c'est la probité, et je puis dire que je n'ai fait de tort à personne sciemment. Enfin, je suis heureux de pouvoir remplir mes promesses envers vous. J'espère bien, quand je serai propriétaire du Buisson-Souef, que vous ne vous croirez pas forcée de le quitter.

— Merci ; j'y reviendrai peut-être quelquefois, car j'y ai tous mes souvenirs heureux. Est-ce que je serai obligée, mon ami, de vous accompagner à Beauvais?

— Pourquoi ne le feriez-vous pas ? ce voyage vous distrairait.

DERUES.

Elle leva les yeux sur lui, et souriant avec tristesse :
— Mais je suis hors d'état de l'entreprendre.
— Oui, surtout si vous vous imaginez que vous ne le pouvez pas. Voyons, avez-vous confiance en moi?
— Une confiance entière, vous le savez.
— Eh bien ! abandonnez-vous à mes soins. Ce soir même, je vous préparerai une médecine que vous prendrez demain matin, et dès à présent je puis fixer le terme de cette grave maladie qui vous effraie tant. Dans deux jours, j'irai chercher Édouard à sa pension, pour fêter le commencement de votre convalescence, et le premier février, pas plus tard, nous nous mettrons en route. Ce que je dis vous étonne; mais vous verrez si je ne suis pas bon médecin, et plus habile que beaucoup qui passent pour savans parce qu'ils ont obtenu un diplôme.
— Je me remets donc entre vos mains, monsieur le docteur.
— Rappelez-vous de ce que je vous dis. Le premier février, *vous sortirez d'ici*.
— Pour commencer ma guérison, pouvez-vous me faire dormir cette nuit?
— Sans doute; je me retire, et vais vous envoyer ma femme, qui vous donnera un breuvage que vous me promettez de ne pas refuser?
— Je suivrai en tout vos ordonnances. Adieu, mon ami.
— Adieu, madame, et bon courage.
Il s'inclina devant elle et la laissa seule.
Il employa le reste de la soirée à préparer la fatale mé-

decine. Le lendemain, une heure ou deux après que madame de Lamotte l'eut prise, la servante qui la lui avait donnée vint dire à Derues que la malade dormait si profondément qu'elle ronflait, et lui demanda s'il fallait la réveiller. Il entra alors dans la chambre, et, soulevant les rideaux, il s'approcha du lit. Il écouta quelque temps, et reconnut que ce ronflement prétendu n'était autre chose que le râle de la mort. Sa servante reçut ordre d'aller à la campagne porter une lettre à un de ses amis, et il lui enjoignit de ne revenir que le lundi suivant 3 février. Il renvoya également sa femme, sous un prétexte qui est demeuré inconnu, et resta seul avec sa victime.

Cet affreux spectacle aurait sans doute jeté le trouble dans l'âme du criminel le plus endurci. L'homme le plus familiarisé avec le meurtre, le plus habitué à faire couler le sang, aurait senti ses entrailles s'émouvoir, et à défaut de la pitié, le dégoût l'aurait pris à l'aspect de ces interminables et inutiles tortures; mais lui, tranquille et indifférent comme s'il n'eût pas eu la conscience du mal, il s'assit froidement au chevet du lit, ainsi que l'aurait fait un médecin. De temps à autre il comptait les mouvemens du pouls qui s'éteignait; il examinait ces yeux devenus vitreux qui tournaient dans leurs orbites et qui n'avaient plus de regards, et il vit arriver sans terreur la nuit, qui rendait plus effrayant encore cet horrible tête-à-tête. Le silence le plus profond régnait dans la maison : la rue était devenue déserte, et le seul bruit qu'on entendit était une pluie glacée mêlée de neige, qui frappait sur les vitres, et par intervalles les sifflemens du vent qui tour-

DERUES.

noyait dans la cheminée et dispersait les cendres. Une seule lumière, placée derrière les rideaux, éclairait cette scène lugubre, et le mouvement irrégulier de la flamme projetait sur les murs de l'alcôve des reflets sinistres et des ombres dansantes. Le vent s'apaisa, la pluie cessa de tomber, et pendant cet instant de calme on frappa doucement d'abord, et ensuite avec plus de violence, à la porte de l'appartement. Derues abandonna tout-à-coup la main de la moribonde, et se pencha pour écouter. On frappa de nouveau; alors il se sentit pâlir. Il rejeta le drap comme un linceul sur la tête de madame de Lamotte, ferma les rideaux de l'alcôve, et se dirigea vers la porte.

— Qui est là? demanda-t-il.

— Ouvrez, monsieur Derues, répondit une voix qu'il reconnut pour être celle d'une femme de Chartres dont il faisait les affaires, et qui lui avait remis quelques contrats pour en recevoir les rentes. Cette femme avait conçu des doutes sur la probité de Derues, et comme elle partait le lendemain même de Paris, elle s'était déterminée à retirer ces papiers de ses mains.

— Ouvrez, répéta-t-elle : est-ce que vous ne reconnaissez pas ma voix?

— Je suis fâché de ne pouvoir vous ouvrir : ma servante est sortie, elle a emporté la clef et m'a enfermé double tour.

— Ouvrez, continua cette femme; il faut absolument que je vous parle.

— Revenez demain.

— Je pars demain, et ce soir je veux que vous me rendiez mes contrats.

Il refusa de nouveau; mais elle lui dit d'un ton ferme et décidé :

— J'entrerai ! Le portier m'avait dit d'abord qu'il n'y avait personne; mais, en venant par la rue des Ménétriers, j'ai vu de la lumière à la fenêtre de votre chambre ; j'ai insisté. Mon frère, qui m'a accompagnée, est resté en bas : je vais l'appeler si vous n'ouvrez pas.

— Entrez donc, dit Derues : vos contrats sont dans le salon. Attendez-moi ici, je vais les chercher.

Cette femme le regarda, et le prenant par la main :

— Mon Dieu ! qu'avez-vous donc ? comme vous êtes pâle !

— Je n'ai rien : attendez-moi.

Mais, sans lui quitter le bras, elle le suivit, et entra malgré lui dans le salon.

Il se mit à chercher d'un air égaré parmi les papiers qui couvraient une table.

— Les voici, lui dit-il, et partez.

— Vraiment, répondit cette femme en examinant les contrats, je ne vous ai jamais vu aussi empressé à rendre ce qui ne vous appartient pas. Mais tenez donc mieux la chandelle, votre main tremble tant que je ne puis pas lire !

En ce moment, au milieu du silence qui régnait dans l'appartement, un cri douloureux, un long gémissement se fit entendre dans la chambre à droite du salon.

— Qu'est-ce donc ? s'écria cette femme. On dirait quelqu'un qui se meurt.

DERUES.

Le sentiment du danger qu'il courait rappela Derues à lui-même.

— Ne soyez pas effrayée. C'est ma femme qui a été prise dans la journée d'un violent accès de fièvre : elle a le délire maintenant. Voilà pourquoi j'avais recommandé au portier de ne laisser monter personne.

Cependant le bruit continuait dans la chambre voisine. Frappée d'une terreur qu'elle ne pouvait ni s'expliquer ni surmonter, cette femme se retira précipitamment et descendit l'escalier en toute hâte. Sitôt qu'il eut refermé la porte, Derues rentra dans la chambre.

Au moment où la vie va s'éteindre, la nature réunit souvent ses forces expirantes. La malheureuse madame de Lamotte s'était agitée dans son drap mortuaire. Les douleurs qui déchiraient ses entrailles lui avaient rendu une énergie convulsive; des sons inarticulés s'échappaient de sa bouche. Derues s'approcha d'elle et la retint sur le lit. Elle retomba alors sur l'oreiller. Tout son corps tremblait, ses mains tordaient et déchiraient les draps, ses dents claquaient et mordaient ses cheveux épars sur son visage et ses épaules nues. Elle s'écria :

— De l'eau ! de l'eau ! Et après quelques secondes :
— Édouard !... mon mari !... Édouard !... est-ce toi ?

Par un dernier effort elle se dressa sur son séant, saisit le bras de l'empoisonneur et répéta :

— Édouard !... oh !...

Puis elle retomba comme une masse, et entraîna Derues dans sa chute. Sa figure toucha cette figure livide; il releva la tête; mais la main de la mourante, crispée par la douleur, s'était refermée sur lui comme une tenaille. Ses doigts glacés semblaient de fer, et ne pouvaient plus se rouvrir, comme si la victime, saisissant à son tour le bourreau, en faisait sa proie et l'attachait à la preuve de son crime.

Il parvint à se dégager de cette étreinte, et posant la main sur le cœur :

— C'est fini, dit-il ; elle a été bien long-temps à se décider. Quelle heure est-il ? neuf heures ! il y en a douze qu'elle se débat contre la mort.

Pendant que les membres conservaient encore un reste de chaleur, il rapprocha les pieds, plaça les mains en croix sur la poitrine, et déposa le corps dans la malle. Après qu'il l'eut refermée, il refit le lit, se déshabilla, et se coucha dans l'autre lit, où il put dormir.

Le lendemain, 1er février, jour qu'il avait fixé pour la *sortie* de madame de Lamotte, il fit charger cette malle sur une voiture à bras, et la fit conduire, vers dix heures du matin, près du Louvre, chez un menuisier de sa connaissance, nommé Mouchy. Les deux commissionnaires qu'il employa pour ce transport avaient été choisis par lui dans des quartiers fort éloignés et ne se connaissaient pas. Après les avoir payés généreusement, il leur donna à chacun une bouteille de vin. Ces deux hommes n'ont jamais reparu. Derues pria la femme du menuisier de consentir que cette malle fût déposée dans son grand atelier, prétextant qu'il avait oublié quelque chose chez lui, et qu'il viendrait la prendre au bout de trois heures. Mais, au lieu de quelques heures, il l'y laissa pendant

DERUES.

deux jours. Pourquoi? c'est ce qu'on ignore : on peut supposer qu'il eut besoin de ce temps pour faire creuser une fosse dans une espèce de caveau situé sous l'escalier de la cave de la rue de la Mortellerie. Quoi qu'il en soit, ce retard pensa lui être fatal, et donna lieu à une rencontre imprévue qui faillit le perdre. Seul il savait alors, de tous les acteurs de cette scène, le danger qui le menaçait, et son sang-froid ne l'abandonna pas un instant.

Le troisième jour, comme il marchait à côté de la charrette à bras sur laquelle était la malle, il fut accosté devant Saint-Germain-l'Auxerrois par un homme dont il était débiteur, et qui avait obtenu contre lui un jugement de saisie. Sur un geste impératif de cet homme, le porteur s'arrêta. Le créancier interpella vivement Derues, lui reprocha sa mauvaise foi en termes énergiques et injurieux, auxquels celui-ci n'opposait que des paroles de conciliation. Mais il lui était impossible de faire taire cet homme, et déjà quelques oisifs, suivis bientôt d'un plus grand nombre, faisaient cercle autour d'eux.

— Quand me paierez-vous ? criait le créancier. J'ai obtenu une saisie contre vous. Qu'y a t-il dans cette malle ? des effets précieux que vous déménagez secrètement pour vous moquer encore de mes poursuites, comme cela vous est arrivé il y a deux ans ?

Derues sentait le frisson courir sur tous ses membres ; il s'épuisait en protestations : mais cet homme, hors de lui, continuait à parler plus haut.

— Oh ! dit-il en se retournant vers la foule, toutes tes singeries, tes grimaces et tes signes de croix n'y feront rien ; il me faut de l'argent ; et comme je sais ce que valent tes promesses, je me paierai par mes mains. Allons, dépêche-toi, coquin ! dis-moi ce qu'il y a dans cette malle, ou plutôt ouvre-la, sinon je vais chercher le commissaire de police.

La foule prenait parti et pour le créancier et pour le débiteur, et peut-être une rixe allait-elle s'engager, lorsque l'attention fut distraite par l'arrivée d'un nouveau personnage. Une voix qui dominait tout le tumulte fit retourner une vingtaine de têtes ; c'était la voix d'une femme du peuple qui criait :

— *Voici l'histoire abominable de Leroi de Valine, âgé de seize ans, condamné à mort comme empoisonneur de toute sa famille !*

Tout en continuant à débiter sa marchandise, cette femme, que l'ivresse rendait chancelante, s'approcha du rassemblement, et, à l'aide de quelques coups de poing et de coude distribués à droite et à gauche, parvint jusqu'à Derues.

— Tiens ! tiens ! dit-elle après l'avoir examiné de la tête aux pieds, c'est toi, ma commère Derues ! Te v'là donc encore dans une mauvaise affaire, comme le jour où tu as mis le feu dans ton magasin de la rue Saint-Victor ?

Il reconnut la colporteuse qui l'avait apostrophé sur le seuil de sa boutique quelques années auparavant, et que depuis ce temps il n'avait pas revue.

— Oui, oui, continua-t-elle, regarde-moi avec tes petits yeux ronds comme ceux d'un chat. Tu vas peut-être dire que tu n' sais pas qui je suis.

DERUES.

— Monsieur, dit Derues à son créancier, vous voyez à quelles insultes vous m'exposez. Je ne connais pas cette femme qui m'injurie.

— Toi ! tu n' me connais pas ! Tu m'as accusée de t'avoir volé ! Mais heureusement la probité des Maniffet, c'est connu de père en fils sur le pavé de Paris, tandis que la tienne...

— Monsieur, interrompit Derues, cette caisse renferme du vin précieux que je suis chargé de vendre. Demain je toucherai l'argent, demain dans la journée je paierai ce que je vous dois. Mais on m'attend : au nom du ciel, ne me retenez pas plus long-temps, et ne m'ôtez pas les moyens de m'acquitter.

— Ne le croyez pas, mon brave homme, dit la colporteuse : allez, il n'est pas enragé pour mentir.

— Monsieur, je m'engage sous serment à vous payer demain : vous serez plus confiant dans la parole d'un honnête homme que dans les discours d'une femme ivre.

Le créancier hésitait encore : quelqu'un prit la parole en faveur de Derues; c'était le menuisier Mouchy, qui s'était informé du sujet de la querelle.

— Eh ! par Dieu ! s'écria-t-il, laissez passer monsieur. La caisse sort de mon atelier; et je sais bien qu'elle renferme du vin, puisqu'il l'a déclaré à ma femme il y a deux jours.

— Servez-moi de caution, mon ami, dit Derues.

— Certainement, je vous en servirai. Je ne vous connais pas depuis dix ans pour vous laisser dans l'embarras et refuser de répondre pour vous. Que diable! est-ce qu'on arrête ainsi les honnêtes gens sur la place publique? Voyons, monsieur, croyez à sa parole comme j'y crois moi-même.

On discuta quelque temps ; enfin celui qui traînait la charrette put se remettre en marche.

La colporteuse voulut encore le retenir, mais Mouchy l'écarta par un geste et lui imposa silence.

— Ah bah ! au fait, ça ne me regarde pas, s'écria-t-elle. Qu'il vende son vin s'il peut, mais c'est pas chez lui que j'en irai boire. V'là la seconde fois à ma connaissance qu'il trouve un répondant : il faut que ce gueux-là ait un secret pour faire pousser la graine de niais. Eh ! dis donc, ma commère Derues, tu sais que je vendrai un jour ton papier. En attendant :

Voici l'histoire abominable de Leroi de Valine, âgé de seize ans, condamné à mort comme empoisonneur de toute sa famille !

Pendant qu'elle divertissait le peuple par ses grimaces et ses gestes grotesques, et que Mouchy pérorait au milieu de quelques groupes, Derues put s'éloigner. Plusieurs fois pendant le trajet de Saint-Germain-l'Auxerrois à la rue de la Mortellerie il se sentit prêt à défaillir et fut obligé de s'arrêter. Tant que le danger avait existé, il avait eu assez d'empire sur lui-même pour l'affronter sans se troubler : maintenant qu'il mesurait l'abîme un instant entr'ouvert sous ses pas, le vertige le prenait.

Cependant d'autres précautions étaient nécessaires. On avait prononcé son nom véritable devant le commis-

DERUES.

sionnaire, et la propriétaire de la cave, la veuve Masson, le connaissait sous le nom de Ducoudray. Il prit les devants, se fit remettre les clefs qu'il avait laissées jusque alors, et la caisse fut descendue sans qu'aucune demande indiscrète le trahît. Seulement le porteur parut étonné que ce prétendu vin, qui devait être vendu immédiatement, fût déposé dans cet endroit, et il lui demanda si le lendemain ses services seraient nécessaires pour le transporter ailleurs. Derues lui répondit qu'on devait venir le prendre en cet endroit dans la journée même. Cette question et la scène scandaleuse dont cet homme avait été témoin l'engagèrent à le congédier sans lui montrer la fosse préparée sous l'escalier. Il essaya de traîner seul la malle vers le trou, mais toutes ses forces réunies ne purent soulever ce fardeau. Ce furent des imprécations terribles quand il reconnut sa faiblesse, quand il vit qu'il serait encore obligé d'introduire un étranger, un dénonciateur peut-être, dans ce charnier où rien encore ne transpirait du crime. A peine échappé à un péril, il retombait dans un autre, et déjà il luttait contre son propre forfait. Il mesura la longueur de la fosse, elle n'était pas suffisante. Derues sortit et se rendit à l'endroit où il avait pris l'ouvrier qui avait déjà creusé la terre; mais il lui fut impossible de retrouver cet homme, qu'il n'avait vu qu'une fois et dont il ignorait le nom. Il employa deux jours entiers à cette recherche inutile. Le troisième jour, comme il passait sur un des quais de Paris à l'heure où les ouvriers s'y rassemblaient, un maçon, voyant qu'il paraissait chercher quelqu'un, l'accosta, et lui demanda ce qu'il désirait. Derues examina cet homme, et, croyant reconnaître sur sa figure les signes d'une simplicité d'esprit très-prononcée, il lui dit :

— Veux-tu gagner facilement un écu de trois livres ?

— Belle demande, bourgeois ! répondit le maçon : l'ouvrage va si mal, que ce soir même je quitte Paris pour m'en retourner au pays.

— Eh bien ! prends tes outils, une bêche et une pioche, et suis-moi.

Ils descendirent tous deux dans la cave, et il lui ordonna de creuser la fosse jusqu'à cinq pieds et demi de profondeur. Pendant que cet homme enlevait la terre, Derues était assis à côté du cercueil et lisait. Arrivé à la moitié de sa tâche, le maçon s'arrêta pour reprendre haleine, et, s'appuyant sur sa bêche, lui demanda dans quel dessein il faisait creuser une fosse de cette profondeur. Derues, qui peut-être avait prévu la question, répondit sur-le-champ sans se déconcerter :

— Je veux enterrer du vin en bouteilles qui est enfermé dans cette malle.

— Du vin ! reprit l'autre. Ah çà ! bourgeois, est-ce que vous voulez vous moquer de moi parce que j'ai l'air bon enfant ? Je n'ai jamais entendu parler d'une telle recette pour rendre le vin meilleur.

— De quel pays es-tu ?

— D'Alençon.

— Buveur de cidre ! Est-ce en Normandie que tu as fait ton éducation ? Apprends donc, mon ami, apprends de moi, Jean-Baptiste Ducoudray, vigneron de Tours et

DERUES.

marchand de vins depuis dix ans, que le vin nouveau, enterré ainsi pendant une année seulement, acquiert le mérite et la qualité du vin le plus vieux.

— C'est possible, dit le maçon en reprenant sa bêche; mais c'est égal, ça me semble drôle.

Lorsqu'il eut fini, Derues le pria de l'aider à approcher la malle de la fosse, afin qu'il eût moins de peine à prendre les bouteilles et à les arranger. Le maçon y consentit; mais quand il remua la malle, l'odeur fétide qui s'en exhalait le fit reculer : il protesta que ce qui y était enfermé sentait trop mauvais pour être du vin. Derues voulut lui faire accroire que cette vapeur infecte provenait des latrines qui étaient sous cette cave et dont il lui montra le tuyau. Cette raison parut satisfaire d'abord le maçon; il se remit en posture de reprendre la malle. Mais, suffoqué de nouveau, il se releva, et déclara positivement qu'il refusait d'exécuter ce que Derues lui avait commandé, assurant que cette malle ne pouvait contenir qu'un cadavre putréfié. Il le menaça d'appeler, s'il ne consentait pas à ouvrir la caisse. Alors Derues se jeta aux genoux de cet homme, et lui avoua que c'était le cadavre d'une femme qui, pour son malheur, était venue loger chez lui, qu'elle y était morte subitement d'une maladie inconnue, et que la crainte d'être soupçonné de l'avoir assassinée lui avait fait prendre le parti de cacher sa mort et de l'enterrer dans cette cave.

Le maçon l'écoutait, effrayé de cette confidence et ne sachant s'il devait ajouter foi à ses paroles. Derues pleurait à ses pieds, sanglotait, se meurtrissait la poitrine, et s'arrachait les cheveux ; il prenait Dieu et les saints à témoin de sa probité et de son innocence, et montrait le livre qu'il lisait pendant que l'ouvrier creusait la fosse : c'étaient *les Sept Psaumes de la Pénitence.*

— Que je suis malheureux! s'écria-t-il. Cette femme est morte chez moi, je vous le répète, morte subitement, sans que j'aie pu appeler un médecin. J'étais seul : j'aurais été poursuivi, emprisonné, condamné peut-être pour un crime que je n'ai pas commis. Ne me perdez pas ! Vous quittez Paris ce soir : vous ne pouvez être inquiété ; personne ne saura que je vous ai appelé, si plus tard cette malheureuse affaire vient à se découvrir. J'ignore votre nom, je ne veux pas le savoir, et je vous dis le mien, je me nomme Ducoudray. Je me livre à vous; mais laissez-vous toucher par la pitié !... si ce n'est pour moi, que ce soit pour ma femme et mes deux enfans, pour ces pauvres créatures, qui n'ont que moi pour soutien !

Voyant que cet homme était attendri, il ouvrit la malle :

— Tenez, lui dit-il, regardez le corps de cette femme, il ne porte aucune marque de mort violente. Mon Dieu, ajouta-t-il en joignant les mains et avec un accent d'exaltation et de désespoir, mon Dieu, vous qui lisez dans les cœurs et qui connaissez mon innocence, ne pouvez-vous faire un miracle pour sauver l'homme juste? ne pouvez-vous dire à ce cadavre de rendre témoignage pour moi ?

Le maçon était étourdi par ce flux de paroles. Il ne put retenir ses larmes, et il promit de garder le silence,

DERUES.

persuadé que Derues n'était pas coupable et que les apparences seules l'accusaient. Celui-ci, d'ailleurs, n'avait pas négligé le moyen le plus persuasif : il lui remit deux louis d'or, et tous deux ils enterrèrent le corps de la dame de Lamotte.

Quelque extraordinaire que paraisse ce fait, qu'on pourrait croire inventé à plaisir, il est certain. Lors de l'instruction de son procès, Derues lui-même l'a révélé en répétant la fable qu'il avait débitée au maçon. Il croyait que cet homme l'avait dénoncé : il se trompait. Ce confident du crime, qui le premier aurait pu mettre la justice sur la trace, ne reparut pas, et sans l'aveu de Derues on aurait ignoré son existence.

Le premier forfait accompli, une autre victime était déjà désignée. Tremblant d'abord sur les suites de cette révélation forcée, il attend quelques jours : le lendemain son créancier est désintéressé. Il redouble ses démonstrations de piété ; il interroge d'un regard furtif toutes les personnes qu'il rencontre : il épie sur tous les visages une trace fugitive de défiance. Mais nul ne s'éloigne de lui, ne le désigne du doigt, ne parle bas en le voyant : partout il rencontre la même expression de bienveillance. Rien n'est changé pour lui, le soupçon a passé sur sa tête sans s'y arrêter. Il se rassure et se remet à l'œuvre. D'ailleurs, voulût-il maintenant rester oisif, il ne le pourrait pas, il faut qu'il obéisse à cette loi fatale du crime qui efface avec du sang la trace du sang, et qui demande sans cesse à la mort d'étouffer la voix accusatrice qui sort des tombeaux.

CRIMES CÉLÈBRES.

Le jeune Édouard de Lamotte, qui aimait sa mère autant qu'il en était aimé, s'inquiétait de ne pas recevoir ses visites, et s'étonnait de cette subite indifférence. Derues lui écrivit une lettre ainsi conçue :

« J'ai enfin une bonne nouvelle à vous apprendre,
» mon cher enfant; mais vous ne direz pas à votre excel-
» lente mère que j'ai trahi son secret : elle me gronde-
» rait; car c'est une surprise qu'elle vous ménage, et les
» soins et les démarches qu'a nécessités cette grande af-
» faire sont cause de son absence. Vous ne deviez rien
» savoir que le 11 ou le 12 de ce mois; mais, puisque tout
» est terminé, je m'en voudrais si je prolongeais d'un
» instant l'incertitude où nous vous avons laissé; seule-
» ment promettez-moi d'avoir l'air bien étonné. Votre
» mère, qui ne vit que pour vous, va vous faire le plus
» grand cadeau qu'on puisse recevoir à votre âge : ce ca-
» deau, c'est la liberté. Oui, mon enfant, nous avons cru
» nous apercevoir que vous n'aviez pas un goût bien vif
» pour l'étude, et que la vie de reclus ne convenait ni à
» votre caractère ni à votre santé. Ce que je vous dis là
» n'est pas un reproche. Chaque homme naît avec un
» penchant décidé, et le moyen pour réussir et pour être
» heureux est peut-être de suivre son instinct. Nous avons
» eu à ce sujet de longues conférences, votre mère et moi,
» et nous nous sommes souvent occupés de votre ave-
» nir; enfin elle a pris un parti. Depuis dix jours elle
» est à Versailles et sollicite votre entrée dans les pa-
» ges. Voilà tout le mystère dévoilé, voilà le motif qui
» l'a éloignée de vous; et comme elle est sûre que vous

DERUES.

» accueillerez avec joie cette proposition, elle voulait
» se réserver le plaisir de vous l'apprendre elle-même.
» Encore une fois, quand vous la reverrez, ce qui sera
» très-prochainement, n'allez pas dire que je vous avais
» prévenu, jouez bien la surprise. C'est un mensonge,
» il est vrai, que je vous invite à faire, mais il est fort
» innocent : la bonne intention en ôtera le péché, et Dieu
» veuille que nous n'en ayons jamais de plus graves sur
» la conscience ! Ainsi, au lieu des leçons et des préceptes
» sévères de vos instituteurs, au lieu de la vie monotone
» du collége, vous allez entrer en possession de la liberté,
» des plaisirs du monde et de la cour. Tout cela m'ef-
» fraie bien un peu, et je dois vous avouer que j'ai com-
» battu d'abord ce projet. J'ai prié votre mère de réflé-
» chir, de considérer que dans cette nouvelle existence
» vous courrez risque de perdre les sentimens de piété
» qu'on vous a inspirés et que j'ai eu le bonheur, pendant
» mon séjour au buisson Souef, de développer en vous. Je
» me rappelle avec attendrissement votre ferveur, vos élans
» sincères vers le Créateur quand vous vous êtes approché
» pour la première fois de la sainte table; et moi, à genoux
» à côté de vous, j'enviais cette pureté de cœur, cette inno-
» cence de l'âme qui animait vos regards d'un feu divin, et
» je priais Dieu de me tenir compte, à défaut de vertu,
» de l'amour dont je vous avais embrasé pour les célestes
» vérités. Votre piété est mon ouvrage, Édouard, et je la
» défendais contre les projets de votre mère; mais elle
» m'a répondu que dans toutes les carrières l'homme
» était toujours maître de ses bonnes ou de ses mau-

» vaises actions ; et comme je n'ai aucune autorité sur
» vous, que l'amitié ne me donne qu'un droit de conseil,
» j'ai dû céder. Si c'est votre vocation, suivez-la.

» Mes occupations sont tellement nombreuses (je vais
» toucher de différentes mains cent mille livres desti-
» nées à payer en grande partie le Buisson), qu'il ne me
» restera pas un moment pour aller vous voir cette se-
» maine. Employez ce temps à faire vos réflexions, et
» écrivez-moi en détail ce que vous pensez de ce dessein.
» Si vous aviez, comme moi, quelques scrupules, il fau-
» drait les communiquer à votre mère, qui, en définitive,
» ne veut que votre bonheur. Parlez-moi franchement, à
» cœur ouvert. Le 11 de ce mois il est convenu que j'irai
» vous chercher à votre pension, et que je vous conduirai
» à Versailles, où vous attend pour vous embrasser ten-
» drement madame de Lamotte. Adieu, mon cher enfant;
» écrivez-moi. Votre père ne sait rien encore, on lui de-
» mandera son consentement après le vôtre. »

La réponse à cette lettre ne se fit pas attendre : elle était telle que Derues la désirait ; le jeune homme acceptait avec joie. Cette réponse était pour le meurtrier une justification qu'il se ménageait, une preuve qui pouvait, dans un cas donné, rattacher le présent au passé.

Le 11 février au matin, jour du Mardi-Gras, il fut chercher le jeune de Lamotte à sa pension, et prévint l'instituteur qu'il était chargé par sa mère de le conduire à Versailles. Mais il l'emmena chez lui, prétendant avoir reçu une lettre de madame de Lamotte, qui le priait de ne venir que le lendemain : il partit donc le mercredi

DERUES.

des Cendres, après avoir fait déjeuner Édouard avec du chocolat. Arrivés à Versailles, ils descendirent à l'auberge de la Fleur-de-Lis; mais là l'indisposition que le jeune homme avait ressentie pendant la route prit un caractère plus sérieux. Les vomissemens le saisirent : le maître de l'auberge, qui avait des enfans en bas âge, croyant reconnaître les symptômes de la petite-vérole, qui exerçait alors de cruels ravages dans Versailles, ne voulut pas les recevoir, et dit qu'il n'avait pas de chambre vacante. Ce refus aurait peut-être déconcerté un autre que Derues, mais à chaque obstacle nouveau il payait d'audace, d'activité et de ressources. Laissant Édouard dans une pièce au rez-de-chaussée de l'hôtel et séparée de toute communication avec l'intérieur, il se mit sur-le-champ en quête d'un logement, et parcourut la ville en toute hâte. Après des recherches inutiles, il trouva enfin, au coin de la rue Saint-Honoré et de celle de l'Orangerie, chez un tonnelier, une chambre garnie qu'il loua sous le nom de *Beaupré*, à raison de trente sous par jour, pour lui et son neveu, qui venait de se sentir subitement incommodé. Afin d'éviter plus tard les questions, il apprit en peu de mots au tonnelier qu'il était médecin ; que son voyage à Versailles avait pour but de placer le jeune homme dans les bureaux de la ville; que sous peu de jours sa mère devait arriver pour solliciter conjointement avec lui et voir des personnes influentes à la cour, pour lesquelles il avait des lettres de recommandation. Dès qu'il eut débité cette fable avec l'accent de vérité dont il avait l'art de colorer le mensonge, il repartit et retourna près du jeune de Lamotte. Celui-ci était déjà si abattu, qu'à peine s'il put se traîner jusque chez le tonnelier Martin, et qu'en arrivant il perdit connaissance : on le transporta dans la chambre. Derues pria qu'on le laissât avec son neveu, et qu'on lui préparât seulement des breuvages dont il donna la composition.

Soit que la force de la jeunesse luttât contre le poison, soit que Derues se réservât le plaisir de voir souffrir sa victime, l'agonie du jeune homme se prolongea jusqu'au quatrième jour. Le mal augmentant sans cesse, il envoya chercher par la femme du tonnelier une médecine qu'il prépara et administra lui-même. Elle fut suivie de douleurs atroces, et les cris d'Édouard forcèrent le tonnelier et sa femme à monter. Ils représentèrent à Derues qu'il était nécessaire d'appeler un médecin, afin qu'il pût se consulter avec lui ; mais il s'y opposa formellement, en disant que celui qu'on appellerait serait peut-être un ignorant avec lequel il ne pourrait s'entendre, qu'il chérissait trop son neveu pour ne pas le traiter et le soigner lui-même.

— Je sais quelle est sa maladie, ajouta-t-il en levant les yeux au ciel, et il faut plutôt la cacher que l'avouer. Pauvre enfant ! que j'aime comme mon fils, si Dieu, touché de mes larmes et de tes souffrances, permet que je te sauve, tu n'auras pas trop de ta vie entière pour le bénir et le remercier ! — Et comme la femme Martin lui demandait quelle était cette maladie, il répondit d'un air hypocrite et en rougissant :

— Ne m'interrogez pas, madame : ce sont là des choses dont vous ne savez pas même le nom.

DERUES.

Une autre fois, Martin lui témoigna sa surprise de n'avoir pas encore vu la mère du jeune homme, qui devait revenir le trouver à Versailles, avait-il dit; il lui demanda comment elle saurait qu'il était logé chez lui, et s'il voulait qu'on l'envoyât chercher à l'endroit où elle devait descendre à son arrivée.

— Sa mère ! dit Derues en jetant un regard de compassion sur Édouard, étendu sur son lit, pâle, immobile, et comme privé de sentiment : sa mère! Il l'appelle sans cesse. Ah! monsieur! il y a des familles qui sont bien à plaindre! Mes instances l'ont déterminée à venir ici, mais songe-t-elle encore à sa promesse?... Tenez, ne me forcez pas à vous en dire davantage, il me serait trop pénible d'accuser devant son fils une mère d'avoir oublié ses devoirs... il y a des secrets qu'il ne faut pas divulguer... Malheureuse femme!

Édouard fit un mouvement, étendit les bras et répéta :

— Ma mère!... ma mère !...

Derues se précipita vers lui, prit ses mains dans les siennes comme pour les réchauffer.

— Ma mère!... dit encore le jeune homme... Pourquoi ne l'ai-je pas vue? elle m'attendait...

— Vous la verrez bientôt : tranquillisez-vous, mon enfant.

— Tout-à-l'heure il me semblait qu'elle était morte.

— Morte!... s'écria Derues. Chassez donc ces tristes idées. C'est la fièvre qui vous donne de semblables visions.

— Non... oh! non!... J'entendais une voix secrète qui me disait : Ta mère est morte!... Et puis j'ai vu devant moi un cadavre livide... C'était le sien!... Je l'ai bien reconnu! elle avait l'air d'avoir tant souffert!...

— Cher enfant! votre mère n'est pas morte... Mon Dieu! quelles affreuses chimères vous formez-vous là? Vous la reverrez, vous dis-je : elle est déjà venue. N'est-ce pas, madame, ajouta-t-il en se retournant vers le tonnelier et sa femme, appuyés tous deux sur le pied du lit, et en leur faisant un signe d'intelligence pour les engager à calmer le jeune homme par ce pieux mensonge; n'est-ce pas qu'elle est venue, qu'elle s'est approchée de son lit, qu'elle l'a embrassé pendant qu'il dormait, et que bientôt elle sera de retour?

— Oui, oui, monsieur, dit la femme Martin en s'essuyant les yeux; et elle nous a bien recommandé, à mon mari et à moi, d'aider monsieur votre oncle à vous soigner...

Le jeune homme fit un nouveau mouvement, et promenant autour de lui des yeux égarés :

— Mon oncle?...

— Sortez, dit tout bas Derues au mari et à la femme, sortez : je crains que son accès ne recommence. Je vais lui faire prendre un breuvage qui lui procurera un peu de repos et de sommeil.

— Adieu, monsieur, adieu, répondit la femme Martin : que Dieu vous bénisse pour les soins que vous donnez à ce pauvre jeune homme !

Le vendredi soir, des vomissemens violens parurent

DERUES.

soulager le malade. Il avait presque entièrement rejeté le poison, et la nuit fut assez calme. Mais, le samedi matin, Derues envoya la petite fille du tonnelier acheter une seconde médecine, qu'il prépara lui-même, comme la première. La journée fut horrible : sur les six heures du soir, voyant sa victime à l'extrémité, il leva le judas de la chambre qui donnait dans la boutique, et appela le tonnelier. Il le pria d'aller en toute hâte chercher un prêtre. Lorsque celui-ci arriva, il trouva Derues tout en larmes et à genoux près du lit du mourant.

À la clarté de deux flambeaux placés sur une table, et entre lesquels on avait déposé l'eau bénite, commença une abominable et sacrilége comédie d'une part, une affreuse parodie de ce qu'il y a de plus saint et de plus respecté chez les hommes, et, de l'autre, une pieuse et consolante cérémonie. Le tonnelier et sa femme, les yeux baignés de pleurs, se tenaient agenouillés au milieu de la chambre, et murmuraient les prières que leur mémoire pouvait leur rappeler. Derues céda sa place au prêtre ; mais le malade ne répondant pas aux questions que celui-ci lui adressait, il se rapprocha du lit, et, se penchant sur Édouard, il l'exhorta à la mort.

— Mon cher enfant, disait-il, prenez courage ; les maux que vous souffrez ici-bas vous seront comptés dans le ciel : Dieu les pèsera dans la balance de sa miséricorde infinie. Écoutez les paroles de son saint ministre, versez vos péchés dans son sein, et obtenez de lui le pardon de vos fautes.

— Je souffre!... je souffre!... criait Édouard. De l'eau! pour éteindre le feu qui me dévore!

Une crise violente se déclara, puis l'abattement et le râle lui succédèrent. Derues se remit à genoux, et le prêtre administra au moribond l'extrême-onction.

Il y eut un moment de silence plus effrayant que les cris et les sanglots. Le prêtre se recueillit un instant, se signa et entra en prières. Derues se signa aussi, et dit d'une voix basse et altérée par la douleur :

— *Sortez de ce monde, âme chrétienne, au nom de Dieu, le père tout-puissant, qui vous a créée; au nom de Jésus-Christ, fils du Dieu vivant, qui a souffert pour vous; au nom du Saint-Esprit, qui s'est répandu sur vous.*

Le jeune homme bondit dans son lit, un tremblement convulsif agita tous ses membres.

Derues continua :

— *Qu'au sortir du corps, l'entrée vous soit ouverte à la sainte montagne de Sion, à la Jérusalem céleste, à l'assemblée nombreuse des anges et à l'Église des premiers-nés qui sont écrits dans le ciel.*

— Ma mère!... ma mère!... cria Édouard.

Derues reprit :

— *Que Dieu se lève, et que toutes les puissances des ténèbres soient dissipées : que tous les esprits de malice, répandus dans l'air, soient mis en fuite, et qu'ils n'aient point la hardiesse d'attaquer une brebis rachetée par le précieux sang de Jésus-Christ.*

— *Amen*, dit le prêtre.

— *Amen, amen*, répétèrent Martin et sa femme.

DERUES.

Il y eut encore un silence, et l'on n'entendit plus que les sanglots étouffés de Derues.

Le prêtre se signa de nouveau et dit :

—*Fils unique et bien aimé du Dieu vivant, nous vous prions, par les mérites de vos très-saintes souffrances, par votre croix et par votre mort, de vouloir bien délivrer votre serviteur des peines de l'enfer, et le conduire à l'heureux terme où vous avez conduit le voleur attaché avec vous en croix, vous qui, étant Dieu, vivez et régnez avec le Père et le Saint-Esprit.*

— *Amen,* répondirent les assistans.

Derues reprit à son tour, et à sa voix se mêlaient parfois les sifflemens qui s'échappaient de la poitrine du mourant.

— *Toute la terre fut couverte de ténèbres jusqu'à la neuvième heure, et le soleil fut obscurci.*

— Mon Dieu !... mon Dieu !... que vous ai-je fait, pour me torturer ainsi ?

— *Et sur la neuvième heure, Jésus jeta un grand cri en disant : Éli! Éli! lamma-sabacthani! Mon Dieu, mon Dieu, pourquoi m'avez-vous abandonné ?*

— Je meurs !... de l'eau !...

La femme Martin se releva, et, le soutenant sur l'oreiller, lui présenta quelques cuillerées de breuvage.

Derues continua d'une voix plus lente :

—*Après cela, Jésus voyant que tout était accompli, afin qu'une parole de l'Écriture fût encore accomplie, il dit : J'ai soif; et comme il y avait un vase plein de vinaigre, aussitôt l'un d'eux courut en remplir une éponge; et,*

CRIMES CÉLÈBRES.

l'ayant mise au bout d'un roseau, il lui présenta à boire. Jésus donc, ayant pris le vinaigre, dit : Tout est accompli; et, jetant un grand cri pour la seconde fois, il dit ces paroles : Mon Père, je remets mon âme entre vos mains; et, en les prononçant, il baissa la tête et rendit l'esprit.

Les lèvres du mourant remuèrent quelque temps encore sans articuler une parole distincte. Les derniers tressaillemens qui couraient sur ses membres s'apaisèrent, sa tête retomba sur sa poitrine.

— *Seigneur*, dit le prêtre, *n'entrez point en jugement avec votre serviteur;*

— *Car nul homme vivant ne sera trouvé innocent devant vous*, répondit Derues.

— *Ne livrez pas aux bêtes farouches les âmes de ceux qui vous louent;*

— *Et n'oubliez pas pour toujours les âmes de vos pauvres.*

Ils dirent ensemble :

—*Nous vous recommandons, Seigneur, l'âme de votre serviteur, afin qu'en sortant de ce monde elle vive pour vous : et nous conjurons votre infinie miséricorde de lui pardonner tous les péchés que la fragilité humaine lui a fait commettre. Nous vous en supplions. Amen.*

Puis chacun jeta de l'eau bénite sur le corps.

Quand le prêtre se fut retiré, reconduit par la femme Martin, Derues dit au tonnelier :

— Ce malheureux jeune homme est mort sans avoir eu la consolation d'embrasser sa mère... Sa dernière pensée

DERUES.

a été pour elle... Il me reste maintenant un dernier devoir, un devoir bien pénible à remplir ; mais mon pauvre neveu me l'a imposé. Il y a quelques heures, prévoyant bien que sa fin était prochaine, il m'a demandé, comme dernière marque d'amitié, de ne pas confier à des mains étrangères le soin de l'ensevelir.

Pendant qu'il se livrait à cette opération en présence du tonnelier touché de pitié à l'aspect d'une affliction si profonde et si sincère, il ajouta en soupirant :

— Ce cher enfant ! je le pleurerai toujours. Faut-il que la débauche l'ait tué ! Hélas ! monsieur, j'ai été instruit trop tard. Mon pauvre neveu était atteint du mal vénérien, et c'est cette maladie négligée qui cause sa mort. Les mauvais exemples l'ont perdu, et la conduite de sa mère est bien coupable. Dieu lui fasse miséricorde !

Quand il eut fini d'ensevelir le corps, il jeta au feu quelques petits paquets qu'il feignit d'avoir trouvés dans les poches du jeune homme, et il dit à l'hôte, pour confirmer son imposture, que ces paquets contenaient des drogues propres à cette infâme maladie.

Il passa toute la nuit auprès de sa victime, comme il était resté auprès du cadavre de madame de Lamotte.

Le lendemain dimanche, il envoya le tonnelier à la paroisse Saint-Louis commander le convoi le plus simple, et le chargea de faire porter sur l'acte mortuaire le nom de Beaupré, natif de Commercy, en Lorraine. Mais il refusa de se rendre à l'église et de paraître à l'enterrement, sous prétexte que sa douleur était trop vive. Le tonnelier, en revenant du convoi, le trouva en prières. Derues lui donna la dépouille du mort, et le quitta après lui avoir laissé de l'argent pour distribuer aux pauvres de la paroisse et faire dire des messes pour le repos de l'âme du défunt.

Le soir il arriva à Paris, trouva chez lui quelques amis que sa femme avait invités; il leur dit qu'il revenait de Chartres, où l'avaient appelé des affaires. Chacun put remarquer qu'il avait un air de satisfaction qui ne lui était pas ordinaire, et pendant le souper il chanta plusieurs chansons.

Après ces deux crimes, Derues ne resta pas inactif. Quand l'assassin se repose en lui, le voleur reparaît. Son excessive cupidité lui faisait regretter les dépenses où l'avaient entraîné la mort de madame de Lamotte et celle de son fils. Il voulait un dédommagement. Aussi, deux jours après son retour de Versailles, il osa se présenter chez le maître de pension d'Édouard. Il lui dit qu'il avait reçu une lettre de sa mère qui lui mande qu'elle garde son fils, et qui le charge de retirer son linge. La femme du maître de pension, présente à l'entretien, lui répond que cela ne se peut pas, que M. de Lamotte serait instruit de la résolution de sa femme, qui ne l'aurait pas prise sans l'avoir consulté : que la veille ils ont reçu du Buisson-Souef du gibier avec une lettre, dans laquelle le père du jeune homme leur recommandait d'avoir le plus grand soin de son fils.

— Si ce que vous dites est vrai, ajouta cette femme, c'est par vos conseils, sans doute, que madame de

DERUES.

Lamotte veut nous retirer son fils. Mais j'écrirai au Buisson.

— N'en faites rien, monsieur, dit Derues en se retournant vers le maître de pension. Il est possible, en effet, que M. de Lamotte ne soit pas prévenu : j'ai la preuve que sa femme ne le consulte pas toujours. Elle est à Versailles, où j'ai conduit Édouard, et je la préviendrai de votre refus.

Pour assurer l'impunité de ses autres crimes, Derues avait également résolu la mort de M. de Lamotte ; mais, avant de mettre ce dernier forfait à exécution, il voulait posséder une preuve des prétendues conventions nouvellement arrêtées entre lui et Françoise Périer. Il ne devait pas attendre que cette famille entière eût disparu avant de se présenter comme légitime propriétaire du Buisson. La prudence lui ordonnait de se mettre à l'abri derrière un acte émané de la volonté de cette dame. Le 27 février, il se rend rue du Paon, chez le procureur de madame de Lamotte, et, armé de toutes les séductions d'un langage artificieux, il lui demande de sa part la procuration de son mari. Il dit qu'il vient, par acte sous seing privé, de payer cent mille livres sur le prix total de la vente, et que les cent mille livres sont déposées chez un notaire. Le procureur s'étonne qu'une affaire de cette importance ait été conclue sans qu'on l'en ait prévenu ; il déclare qu'il ne remettra la procuration qu'à M. de Lamotte ou à sa femme, et demande pourquoi elle n'est pas venue elle-même la réclamer. Derues répond qu'elle est à Versailles, où il doit lui envoyer cet acte : nouvelles instances de sa part, nouveaux refus du procureur. Derues se retire en lui disant qu'il le forcera bien à rendre malgré lui cette procuration. Il présente, en effet, le même jour, au lieutenant civil, une requête au nom de Cyrano Derues de Bury : il y expose les arrangemens pris avec la dame de Lamotte, fondée de procuration de son mari ; ladite requête tendant à saisir et revendiquer ladite procuration ès-mains de qui elle se trouve. La requête lui est accordée. Le procureur assigné déclare qu'il ne peut remettre la procuration qu'à monsieur ou à madame de Lamotte, à moins qu'il n'en soit autrement ordonné. Derues se présente effrontément au référé chez le lieutenant civil ; mais, sur les motifs allégués par cet officier public, l'affaire subit un ajournement.

Ces deux tentatives inutiles auraient pu compromettre Derues, si elles eussent transpiré au Buisson-Souef ; mais tout semblait conspirer en faveur du coupable : ni la maîtresse de pension, ni le procureur, ne songèrent à écrire à M. de Lamotte. Celui-ci, sans soupçons encore, était cependant tourmenté par d'autres inquiétudes et retenu chez lui par la maladie.

De nos jours, les distances se sont rapprochées : le voyage de Villeneuve-le-Roi-lez-Sens à Paris s'accomplirait en quelques heures. Il n'en était pas de même en 1777 : l'industrie et l'activité particulières, étouffées dans les liens de la routine et du privilége, n'avaient pas senti le besoin de se créer de rapides communications. Il fallait une demi-journée pour se rendre de la capitale à Versailles ; une route de

DERUES.

vingt lieues exigeait au moins deux jours et une nuit, et était semée d'obstacles et de retards de tout genre. Ces difficultés de transport, plus grandes pendant la mauvaise saison, et un long et violent accès de goutte, expliquent comment, depuis le milieu de décembre jusqu'à la fin de février, M. de Lamotte, que nous avons vu si prompt à prendre l'alarme, était resté séparé de sa femme. Il avait reçu d'elle des lettres qui devaient le rassurer : les premières étaient écrites avec abondance et simplicité, mais il avait cru remarquer peu à peu un changement dans celles qui suivirent. Il lui semblait qu'elles étaient dictées plus par l'esprit que par le cœur. Sous un style qui n'avait que l'apparence du naturel, perçaient des protestations de tendresse assez inutiles, et dont on se dispense entre époux qui s'aiment sincèrement et qui le savent. M. de Lamotte commentait et s'exagérait ces singularités, et, tout en cherchant à se persuader qu'il avait tort, il ne pouvait ni cesser de s'en préoccuper, ni retrouver sa tranquillité habituelle. Presque honteux de sa faiblesse, il n'avait communiqué ses craintes à personne.

Un matin, qu'il était enfoncé dans un grand fauteuil près du feu, la porte du salon s'ouvrit : le curé entra, et fut étonné de le trouver abattu, triste et pâle.

— Qu'avez-vous donc? lui demanda-t-il : vous avez souffert cette nuit?

— Oui, répondit M. de Lamotte.

— Eh bien! quelles nouvelles de Paris?

— Aucune depuis huit jours ; c'est étrange, n'est-ce pas?

CRIMES CÉLÈBRES.

— J'ai toujours l'espoir que cette vente ne se conclura pas : c'est une affaire qui traîne depuis trop longtemps, et je crois que M. Derues, malgré ce que vous a écrit votre femme il y a un mois, n'est pas aussi en fonds qu'il le prétend. Savez-vous qu'on dit que le parent de madame Derues, M. Desplaignes-Duplessis, dont ils ont hérité, a été assassiné?

— D'où le savez-vous?

— C'est un bruit qui court dans le pays, et qui a été rapporté par un homme revenu dernièrement de Beauvais.

— Connaît-on les meurtriers?

— Il paraît que la justice n'a pu rien découvrir.

M. de Lamotte baissa la tête, et sa figure prit une expression de rêverie douloureuse, comme si ces paroles l'eussent affecté personnellement.

— Franchement, reprit le curé, mon opinion est que vous resterez seigneur du Buisson-Souef, et que je n'aurai pas le chagrin de faire inscrire un autre nom que le vôtre sur votre banc dans l'église de Villeneuve.

— Il faut que cette affaire se décide d'ici à peu de jours, je ne puis plus attendre : si ce n'est pas M. Derues, ce sera un autre acquéreur. Qui vous fait croire qu'il n'a pas d'argent?

— Oh! oh! dit le curé, quand on en a, on paie ses dettes, ou on est un fripon, et Dieu me garde de soupçonner sa probité!

— Que savez-vous de lui?

— Vous vous rappelez le frère Marchois des Camal-

DERUES.

dules, qui est venu me voir le printemps dernier, et qui était ici le jour où M. Derues est arrivé avec votre femme et Édouard?

— Parfaitement. Eh bien?

— Eh bien! comme je lui avais dit, dans une de mes lettres, que M. Derues devait devenir acquéreur du Buisson-Souef, et qu'il croyait que tous les arrangemens étaient terminés, le frère Marchois m'a écrit pour me prier de lui rappeler qu'il est leur débiteur d'une somme de huit cents livres, dont jusqu'à présent ils n'ont pas pu avoir un sou.

— Ah! dit M. de Lamotte, j'aurais peut-être mieux fait de ne pas me laisser leurrer par ses belles promesses. Cet homme a du miel sur les lèvres. Quand une fois on consent à l'écouter, il n'y a plus moyen de ne pas faire ce qu'il désire. Mais c'est égal, j'aimerais mieux avoir traité avec un autre.

— Est-ce cela qui vous tourmente, qui vous donne l'air si soucieux?

— Cela et autre chose.

— Quoi donc?

— J'ai presque honte de l'avouer, je deviens crédule et craintif comme une vieille femme. Répondez sans trop vous moquer de moi. Croyez-vous aux rêves?

— Monsieur, dit le curé en souriant, il ne faut jamais demander à un poltron : Avez-vous peur? c'est l'exposer à faire un mensonge. Il répondra non, et pensera oui.

— Et vous êtes poltron, mon père?

— Un peu. Je ne crois pas précisément aux contes

que débitent les nourrices, à l'influence favorable ou pernicieuse de tel ou tel objet qui nous apparaît pendant le sommeil ; mais...

Un bruit de pas l'interrompit : un domestique se présenta et annonça l'arrivée de M. Derues.

A ce nom, M. de Lamotte se sentit troublé malgré lui ; mais, surmontant bientôt cette impression, il se leva et alla à sa rencontre.

— Restez, dit-il au curé, qui se disposait à sortir, restez : nous n'aurons probablement rien à nous dire que vous ne puissiez entendre.

Derues entra dans le salon, et, après les complimens d'usage, prit place au coin de la cheminée en face de M. de Lamotte.

— Vous ne m'attendiez pas, dit-il, et je vous demande pardon de vous surprendre ainsi.

— Donnez-moi des nouvelles de ma femme, demanda vivement M. de Lamotte.

— Jamais elle ne s'est mieux portée. Votre fils aussi est en parfaite santé.

— Pourquoi êtes-vous venu seul ? Pourquoi Marie ne vous a-t-elle pas accompagné ? Voilà six semaines qu'elle est partie.

— Elle n'a pas encore terminé les affaires dont vous l'aviez chargée. Je suis bien un peu cause de cette longue absence ; mais on ne mène pas les affaires aussi vite qu'on le voudrait. Enfin, vous avez appris par elle, sans doute, que tout est fini, ou à peu près, entre nous. Nous avons passé un nouvel acte sous seing privé, qui an-

DERUES.

nule nos premières conventions, et j'ai versé entre ses mains une somme de cent mille livres.

— Je ne comprends pas, dit M. de Lamotte, quel motif a pu engager ma femme à me taire....

— Vous ne saviez rien?

— Rien. Je m'étonnais tout-à-l'heure avec monsieur le curé de ce silence.

— Madame de Lamotte devait vous écrire, et j'ignore ce qui a pu l'en empêcher.

— Quand l'avez-vous quittée?

— Il y a déjà plusieurs jours. Je n'étais pas à Paris, je reviens de Chartres. Je croyais, monsieur, que vous étiez instruit de tout.

M. de Lamotte resta quelques instans sans répondre. Puis, attachant ses regards sur la physionomie impassible de Derues, il lui dit d'une voix émue :

— Vous êtes époux et père, monsieur : au nom de cette double et sainte affection que vous connaissez, ne me cachez rien. Je crains qu'il ne soit arrivé à ma femme quelque malheur que vous voulez me cacher.

La figure de Derues n'exprima qu'un étonnement parfaitement naturel.

— Qui peut vous donner de semblables idées, monsieur? En même temps, il jeta sans affectation un coup d'œil sur le curé, pour s'assurer si ce sentiment de défiance appartenait en propre à M. de Lamotte, ou s'il lui était inspiré. Ce mouvement fut si rapide, que les deux autres ne s'en aperçurent pas. Comme tous les fourbes que leur duplicité même oblige de se tenir tou-

CRIMES CÉLÈBRES.

jours sur leurs gardes, Derues possédait à un degré éminent l'art de voir autour de lui sans paraître regarder. Il jugea qu'il ne s'agissait encore pour lui que de combattre un soupçon qui ne s'appuyait sur aucune preuve, et il attendit qu'on le pressât plus vivement.

— Je ne sais, dit-il, ce qui s'est passé pendant mon absence; expliquez-vous, de grâce, monsieur, car vous me feriez partager votre inquiétude.

— Oui, celle que j'éprouve est extrême. Je vous en conjure, dites-moi la vérité. Expliquez-moi ce silence et ce séjour prolongé au-delà de toute attente. Vous avez terminé avec madame de Lamotte depuis plusieurs jours : encore une fois, pourquoi ne m'a-t-elle pas écrit? Pas de lettre d'elle! pas de lettre de mon fils! Demain, j'enverrai quelqu'un à Paris.

— Mon Dieu! reprit Derues, n'y a-t-il qu'un accident qui puisse être cause de ce retard?... Allons, ajouta-t-il de l'air embarrassé d'un homme à qui on arrache une confidence, allons, je vois bien qu'il faut, pour vous rassurer, que je trahisse le secret qu'on m'a confié.

Alors il raconta à M. de Lamotte qu'en effet sa femme n'était plus à Paris; qu'elle sollicitait à Versailles une charge aussi considérable que lucrative; que, si elle lui avait laissé ignorer ses démarches à ce sujet, c'était pour le surprendre plus agréablement. Il ajouta qu'elle avait retiré son fils de pension, et qu'elle cherchait à le placer au Manége ou dans les pages du roi. Pour confirmer ses paroles, il fouilla dans son portefeuille, et en tira la lettre qu'Édouard lui avait écrite en réponse à celle que nous avons rapportée.

DERUES.

Tout cela fut dit simplement et avec un accent de bonne foi qui convainquit tout-à-fait le curé. Pour M. de Lamotte, le projet prêté à sa femme ne manquait pas de vraisemblance. Derues avait appris indirectement qu'il avait été quelquefois question entre eux de faire suivre cette carrière à Édouard. Cependant, quoique, dans l'ignorance où il était, M. de Lamotte ne pût élever aucune objection sérieuse, ce récit ne détruisit pas ses craintes. Il parut néanmoins se contenter de cette explication.

Le curé prit la parole.

— Ce que vous nous apprenez doit chasser bien des idées sinistres. Tout-à-l'heure, au moment où l'on vous a annoncé, M. de Lamotte me faisait part de ses peines. J'étais étonné comme lui, et je n'avais rien à répondre pour le calmer; jamais visite n'est arrivée plus à propos. Eh bien! mon ami, vous voyez ce qui reste de vos chimères. Que me disiez-vous donc quand M. Derues est entré?... Ah! nous allions entamer une discussion sur les rêves: vous me demandiez si j'y croyais.

M. de Lamotte, qui s'était enfoncé dans son fauteuil, et qui paraissait plongé dans ses réflexions, tressaillit à ces mots. Il releva la tête et regarda de nouveau Derues. Mais celui-ci avait eu le temps de remarquer l'impression produite par la phrase du curé. Ce nouvel examen ne le troubla pas.

— Oui, dit M. de Lamotte, je vous avais adressé cette question.

— Et j'allais vous répondre qu'il y a certains avertissemens secrets que l'âme peut recevoir long-temps avant le corps, des révélations étranges d'abord, et qui plus tard se rattachent à des réalités dont elles n'étaient en quelque sorte que les avant-coureurs. Est-ce votre opinion, monsieur Derues?

— Je n'en ai aucune sur ce sujet, et je laisse cette discussion à de plus savans que moi. Si ces apparitions signifient ou non quelque chose, je l'ignore, et je ne cherche pas à approfondir de tels mystères, qui sont au-dessus de l'intelligence de l'homme.

— Cependant, dit le curé, il faut bien les admettre.

— Sans les comprendre ni les expliquer, comme beaucoup de vérités éternelles. Je me conforme à ce précepte écrit dans l'Imitation de Jésus-Christ : *Gardez-vous, mon fils, de raisonner curieusement sur ces choses qui passent votre intelligence* [2].

— Aussi je me soumets et je ne raisonne pas. De combien de merveilles que nous ne pouvons ni voir ni toucher notre âme n'a-t-elle pas la conscience? Je le répète, il y a des faits qu'on ne peut nier.

Derues écoutait attentivement, l'œil toujours aux aguets : il craignait, sans savoir encore pourquoi, de se laisser entraîner dans cette conversation, comme dans un piège. Il observait M. de Lamotte, dont le regard ne le quittait pas.

Le curé poursuivit :

— Tenez, voici un exemple auquel j'ai dû me rendre, puisque cela m'est arrivé. J'avais vingt ans. Ma mère habitait les environs de Tours; moi, j'étais au sé-

DERUES.

minaire de Montpellier. Après plusieurs années de séparation, j'obtins la permission d'aller la voir. Je lui écrivis cette bonne nouvelle, et je reçus sa réponse, une réponse pleine de tendresse et de joie. Mon frère et ma sœur devaient être prévenus : c'était une réunion de famille, une véritable fête. Le cœur rempli de ces douces idées, je me mis en route. Mon impatience était telle, qu'après m'être arrêté un soir pour souper dans l'auberge d'un village, à dix lieues environ de Tours, je ne voulus pas attendre au lendemain matin pour prendre la voiture qui faisait le trajet, je partis à pied, et je voyageai toute la nuit. Le chemin était long, pénible, mais le contentement doublait mes forces. Il y avait une heure que le soleil était levé, je voyais déjà distinctement fumer les toits du village où l'on m'attendait, et je pressais le pas pour surprendre ma famille quelques instans plus tôt. Je ne me suis jamais senti plus dispos, plus gai, plus heureux ; autour de moi, devant moi, ce n'étaient qu'images riantes. Au détour d'une haie, je me trouve face à face avec un paysan que je reconnais. Tout-à-coup un voile s'étend sur ma vue : ma joie, mes espérances, tout disparaît : une idée funèbre me frappe, et je dis à cet homme, qui ne m'avait pas encore adressé la parole, je lui dis en lui prenant la main :

— Ma mère est morte, je suis sûr que ma mère est morte !

Il baisse la tête et me répond :

— On l'enterre ce matin.

— D'où me venait cette révélation ? je n'avais vu personne, parlé à personne ; une minute auparavant je ne soupçonnais rien.

Derues témoigna sa surprise par un geste. M. de Lamotte porta vivement la main sur ses yeux, et dit au curé :

— Vos pressentimens étaient vrais, les miens heureusement ne sont point fondés. Mais écoutez, et dites si, dans l'état d'inquiétude qui m'agitait, je ne devais pas être effrayé et craindre quelque événement funeste.

Ses yeux se reportèrent sur Derues.

— Vers le milieu de la nuit dernière, j'étais parvenu à m'assoupir; mais ce sommeil, interrompu à chaque instant, était plutôt une fatigue qu'un repos. J'entendais autour de moi des bruits confus, je voyais briller des clartés qui m'éblouissaient, et puis tout rentrait dans le silence et l'obscurité. Parfois il me semblait qu'on pleurait près de mon lit, et que des voix plaintives m'appelaient dans l'ombre. J'étendais les bras, et je ne rencontrais aucun objet : je me débattais contre des fantômes ; enfin je sentis une main froide saisir la mienne et m'entraîner avec rapidité. Sous une voûte obscure et humide, une femme était étendue par terre, sanglante, inanimée : cette femme, c'était la mienne ! Au même instant, des gémissemens me firent retourner la tête, et je vis mon fils qu'un homme frappait avec un poignard. Je jetai un grand cri, et je m'éveillai tout trempé d'une sueur froide, haletant sous cette vision affreuse. J'eus besoin de me lever, de marcher, de me parler tout haut, pour m'assurer que ce n'était là qu'un rêve. J'essayai de me rendormir, mais

DERUES.

les mêmes images me poursuivirent encore. Je voyais toujours cet homme armé de deux poignards dégouttans de sang, j'entendais toujours les cris de ces deux victimes. Quand le jour parut, j'étais brisé, anéanti; et ce matin, mon père, vous avez pu juger, à mon accablement, quelle impression m'avait laissée cette nuit terrible.

Pendant ce récit le calme de Derues ne se démentit pas une minute, et le plus habile physionomiste n'eût pu surprendre sur son visage une autre expression que celle d'une curiosité incrédule.

— L'histoire de M. le curé, dit-il, m'avait frappé, la vôtre me rend toute mon incertitude. Je puis moins que jamais émettre un jugement sur cette grave question des rêves, puisque le second exemple détruit le premier.

— En effet, reprit le curé, il n'y a guère maintenant de conclusion possible à tirer de ces deux faits, qui se contredisent, et ce que nous avons de mieux à faire, c'est de choisir un sujet de conversation moins lugubre.

— Monsieur Derues, demanda alors M. de Lamotte, voulez-vous, si vous n'êtes pas fatigué du voyage, visiter ensemble les derniers travaux que j'ai fait exécuter? C'est à vous à présent de les approuver, car bientôt je ne serai plus ici que votre hôte.

— Comme j'ai été le vôtre pendant long-temps, et j'espère que vous me fournirez souvent l'occasion d'exercer à mon tour l'hospitalité. Mais vous êtes souffrant, l'air est humide et froid : si vous ne voulez pas sortir, ne vous gênez pas avec moi : restez près du feu, en compagnie de M. le curé. Moi, Dieu merci, je n'ai pas besoin de bras pour m'aider à marcher : je visiterai seul le parc, et je reviendrai tout-à-l'heure vous dire mon avis. D'ailleurs, nous avons le temps de causer de tout cela. Avec votre permission, je compte rester ici quelques jours.

— J'y compte aussi.

Il sortit, assez inquiet, au fond du cœur, de cette réception, des craintes de M. de Lamotte, et de la manière dont il l'avait observé pendant qu'il parlait. Il marchait à grands pas dans le parc.

— J'ai eu tort peut-être : j'ai perdu douze ou quinze jours, et la peur de ne pas tout prévoir m'a arrêté sottement. Mais aussi, comment s'imaginer que ce bonhomme, si simple, si facile à tromper, s'aviserait de devenir défiant? Quel singulier rêve! si je n'y avais pris garde, j'aurais pu me troubler. Allons, allons, il faut lui ôter ces idées-là et l'occuper autrement.

Il fit une halte, réfléchit quelques instants et reprit le chemin de la maison.

Aussitôt qu'il avait quitté le salon, M. de Lamotte s'était penché vers le curé et lui avait dit :

— Il n'a laissé paraître aucune émotion, n'est-ce pas?
— Aucune.
— Il n'a pas tressailli quand j'ai parlé de cet homme armé de ses deux poignards?
— Non. Mais écartez donc ces idées : vous voyez bien que vous avez tort.
— C'est que je n'ai pas tout dit, mon père : ce meurtrier qui m'est apparu en songe, c'était lui [1]! Je sais

DERUES.

comme vous que tout cela n'est qu'une illusion, j'ai vu comme vous qu'il était calme; mais, malgré moi, ce rêve affreux me poursuit toujours... Tenez, ne m'écoutez pas... ne souffrez pas que je vous en parle, et faites-moi rougir de moi-même.

Pendant le séjour de Derues au Buisson-Souef, M. de Lamotte reçut diverses lettres de sa femme, les unes de Paris, les autres de Versailles. Elle lui marquait qu'elle et son fils étaient en parfaite santé. L'écriture était si bien imitée, que le plus léger doute n'était pas permis. Cependant les soupçons de M. de Lamotte allaient toujours en augmentant, et il finit par faire partager ses craintes au curé; aussi, malgré toutes les instances de Derues, qui l'engageait à venir avec lui à Paris, il refusa. Celui-ci, alarmé de la froideur qu'on lui témoignait, quitta le Buisson-Souef, en annonçant que son dessein était d'en prendre possession vers le milieu du printemps.

La mauvaise santé de M. de Lamotte le retenait encore malgré lui. Une circonstance nouvelle, inexplicable, lui fit prendre la résolution de se rendre à Paris, afin d'éclaircir le mystère qui enveloppait la destinée de sa femme et de son fils. Il avait reçu une lettre sans signature, dont l'écriture lui était inconnue, et dans laquelle des réticences perfides semblaient attaquer la réputation de madame de Lamotte, et donner à entendre qu'elle avait trahi ses devoirs d'épouse : que c'était là la cause véritable de sa longue absence. Il n'ajoutait pas foi à cette dénonciation anonyme; mais trop d'obscurité régnait

CRIMES CÉLÈBRES.

sur le sort de deux êtres qui lui étaient si chers pour qu'il pût hésiter plus long-temps : il partit.

Sa résolution de ne pas suivre Derues lui avait sauvé la vie. Celui-ci n'aurait pu consommer son dernier crime au Buisson-Souef : c'était à Paris seulement que sa victime pouvait disparaître sans qu'on lui en demandât compte. Obligé de lâcher sa proie, il entreprit de l'égarer dans un dédale où elle perdrait la trace de la vérité. Déjà, comme il avait tout combiné à l'avance, il avait appelé la calomnie à son aide et préparé le mensonge audacieux qui devait le justifier, si une accusation retombait sur sa tête. Il avait espéré que M. de Lamotte se livrerait à lui sans défense : un examen approfondi de sa situation, l'impossibilité absolue où il était de reculer une explication devenue inévitable, lui fit changer toutes ses batteries, et l'engagea à se servir d'une ruse infernale et si bien ourdie qu'elle devait déjouer toute la sagacité humaine.

M. de Lamotte arriva à Paris dans les premiers jours de mars. Le hasard voulut qu'il allât loger rue de la Mortellerie, dans une maison voisine de celle où le cadavre de sa femme avait été enterré. Il se présenta chez Derues, croyant le surprendre, et bien résolu à le forcer de parler; mais il était absent. L'épouse de Derues, soit qu'elle répondît avec la discrétion d'une complice, soit qu'elle fût dans l'ignorance des actions de son mari, ne put indiquer le lieu où il se trouvait. Elle dit qu'il ne lui rendait pas compte de sa conduite; que, pendant leur séjour au Buisson, M. de Lamotte avait dû remarquer

DERUES.

(ce qui était vrai) qu'elle ne l'interrogeait jamais et se soumettait en tout à ses volontés; qu'il était parti sans lui apprendre où il allait. Elle convint que madame de Lamotte avait logé six semaines chez eux, qu'elle savait seulement que cette dame avait été à Versailles, mais que depuis elle n'avait été instruite de rien. Toutes les questions de M. de Lamotte, toutes ses instances, ses prières, ses menaces, ne purent obtenir d'autre réponse. Il courut chez le procureur rue du Paon, chez le maître de pension : même incertitude, même ignorance. Sa femme et son fils étaient partis pour Versailles; mais là se brisait encore le fil qui devait le guider dans ses recherches. Il alla dans cette ville, et personne ne put lui donner de renseignemens : le nom même de de Lamotte y était inconnu. Il revint à Paris, interrogea et fit interroger les habitans du quartier, le propriétaire de l'hôtel de France, où sa femme était descendue à son premier voyage; enfin, lassé de tant d'efforts inutiles, il implora le secours de la justice. Alors ses plaintes cessèrent : il lui fut recommandé de garder un silence prudent, et on attendit le retour de Derues.

Il avait parfaitement compris, après avoir tenté vainement d'endormir les craintes de M. de Lamotte, qu'il n'y avait plus un instant à perdre, que le prétendu acte sous seing privé du 12 février ne suffirait pas pour prouver l'existence de Françoise Perrier. Voici donc comment il avait employé le temps que l'infortuné mari avait passé dans des démarches stériles.

Le 12 mars, une femme, la figure enveloppée dans le capuchon de son mantelet, qu'on appelait à cette époque une *Thérèse*, s'était présentée dans l'étude de maître N***, notaire à Lyon. Elle avait déclaré se nommer Marie-Françoise Perrier, épouse du sieur de Saint-Faust de Lamotte, séparée quant aux biens d'avec lui. Elle avait fait dresser un acte de procuration autorisant son mari à toucher les arrérages de trente mille livres restantes sur le prix d'acquisition d'une terre du Buisson-Souef, située près de Villeneuve-le-Roi-lez-Sens. La procuration avait été rédigée et signée par la dame de Lamotte, par le notaire et un de ses confrères.

Cette femme, c'était Derues. Si l'on se rappelle qu'il n'était arrivé au Buisson que le **28** février et qu'il y était resté quelques jours, on aura peine à concevoir comment, à cette époque, un voyage aussi long que celui de Paris à Lyon avait pu être fait avec une telle rapidité. La peur lui donnait des ailes. Nous allons dire maintenant quel parti il prétendait en tirer, et quel roman, chef-d'œuvre d'astuce et de mensonge, il avait imaginé.

A son arrivée à Paris, il trouva une sommation de se rendre devant le lieutenant-général de police. Il s'y attendait, et comparut avec tranquillité, prêt à répondre à toutes les questions. M. de Lamotte était présent. Ce fut un interrogatoire en forme.

Le magistrat lui demanda d'abord pourquoi il avait quitté Paris.

— Monsieur, dit Derues, je n'ai rien à cacher, et aucune de mes actions ne craint le grand jour; mais, avant de donner une explication, je désire savoir dans quelle

DERUES.

position je suis ici. Ma qualité de bourgeois domicilié me donne le droit de parler ainsi. Veuillez donc m'apprendre pour quel motif j'ai été cité devant vous : est-ce pour un fait qui m'est personnel, ou simplement pour vous fournir des renseignemens sur quelque affaire dont je puis avoir eu connaissance?

— Vous savez qui est monsieur, et dès lors vous ne devez pas ignorer ce qu'on peut avoir à vous demander.

— Je l'ignore pourtant tout-à-fait.

— Répondez d'abord à ma première question. Pourquoi avez-vous quitté Paris? où avez-vous été?

— Je me suis absenté pour mes affaires.

— Quelles affaires?

— Je n'en dirai pas davantage.

— Prenez garde! des soupçons graves pèsent sur vous, et votre silence ne vous servira pas de justification.

Derues baissa la tête d'un air résigné.

— Malheureux! s'écria M. de Lamotte, qui ne voyait dans cette attitude embarrassée que l'aveu muet d'un crime, malheureux! qu'avez-vous fait de ma femme et de mon fils?

— Votre fils!... dit lentement Derues et en donnant à sa voix une inflexion singulière. Il baissa de nouveau les yeux.

Le magistrat chargé de l'interroger fut frappé et de l'expression de sa physionomie, et de cette moitié de réponse qui semblait cacher un mystère et détourner à dessein l'attention, en offrant un appât à la curiosité. Il aurait pu arrêter Derues au moment où il cherchait peut-être à s'engager dans une voie tortueuse, et le forcer à garder dans toutes ses paroles la précision et la netteté que M. de Lamotte donnait à sa demande ; mais il pensa que les questions de celui-ci, imprévues, pressantes, passionnées, déconcerteraient plus aisément une défense préparée qu'une froide et habile tactique. Il changea de plan, et réduisit pour le moment son rôle à l'observation. La partie était nouée entre deux adversaires également adroits.

— Je vous somme de dire ce qu'ils sont devenus, répéta M. de Lamotte. J'ai été à Versailles, où vous m'aviez affirmé qu'ils étaient.

— Je vous ai dit la vérité, monsieur.

— Personne ne les a vus, personne ne les connaît. Ici leur trace est perdue. Monsieur le magistrat, il faut que cet homme réponde, il faut qu'il dise ce que sont devenus ma femme et mon fils !

— J'excuse votre inquiétude, et je comprends votre douleur ; mais pourquoi vous adresser à moi ? pourquoi me supposer instruit de ce qui leur est arrivé ?

— Parce que c'est à vous que je les ai confiés.

— Comme ami, oui, j'en conviens. Oui, il est vrai qu'au mois de décembre dernier j'ai été prévenu par une lettre de vous de l'arrivée de votre femme et de votre fils : je les ai reçus chez moi, je leur ai rendu l'hospitalité que j'avais trouvée chez vous. Je les ai vus, votre fils souvent, votre femme tous les jours, jusqu'au moment où elle m'a quitté pour aller à Versailles : oui, j'ai conduit Édouard auprès de sa mère, qui traitait pour lui d'une

DERUES.

charge. Toutes ces choses, je vous les ai déjà dites, et je les répète parce qu'elles sont la vérité. Vous m'avez cru : pourquoi n'ajoutez-vous plus foi à mes paroles? qu'ont-elles d'étrange et d'inexplicable maintenant? Si votre femme et votre fils ont disparu, en suis-je responsable? M'avez-vous transmis votre autorité sur eux? Et aujourd'hui, monsieur, de quelle manière m'en demandez-vous compte? Est-ce à l'ami qui aurait pu vous plaindre, vous aider dans vos recherches, que vous vous adressez? Venez-vous me confier vos douleurs, réclamer de moi un avis, une consolation? Non, vous m'accusez : eh bien! moi, je refuse de parler, monsieur, parce qu'on n'accuse pas un honnête homme sans preuves, parce que des craintes réelles ou imaginaires ne suffisent pas pour jeter je ne sais quels odieux soupçons sur une réputation sans tache, parce que j'ai le droit de me montrer offensé. Monsieur, ajouta-t-il en se tournant vers le lieutenant-général, je crois que vous apprécierez ma modération, et que vous me permettrez de me retirer. Si on élève des charges contre moi, je serai toujours disposé à les combattre, à les réduire à leur juste valeur. Je ne quitte pas Paris, je n'ai plus d'affaires qui nécessitent ma présence ailleurs.

Il prononça ces derniers mots avec l'intention évidente qu'ils fussent remarqués. Elle n'échappa pas au magistrat, qui lui demanda :

— Que voulez-vous dire?

— Rien de plus que mes paroles, monsieur. Puis-je me retirer?

— Non, restez : vous feignez de ne pas comprendre.

— Ce que je ne comprends pas, c'est qu'on parle à mots couverts.

M. de Lamotte se leva en s'écriant :

— A mots couverts ! Et que faut-il de plus pour vous forcer à répondre? Ma femme et mon fils ont disparu. Il n'est pas vrai, comme vous me l'avez dit, qu'ils aient été à Versailles. Vous m'avez trompé chez moi, au Buisson-Souef, comme vous me trompez encore, comme vous cherchez à tromper la justice, en affirmant de nouveaux mensonges. Où sont-ils? qu'en avez-vous fait? J'ai toutes les craintes que peut concevoir un père et un époux; je prévois tous les malheurs, même les plus affreux, et je vous accuse en face de leur mort! Est-ce assez, monsieur? et direz-vous encore que je parle à mots couverts?

Derues se retourna vers le lieutenant de police.

— Cela suffit-il pour faire de moi un coupable, si je ne donne aucune explication satisfaisante?

— Oui, sans doute, et vous auriez dû le penser plus tôt.

— Ainsi, monsieur, dit-il à M. de Lamotte, vous persistez dans cette odieuse accusation?

— J'y persiste.

— Vous avez oublié notre amitié, rompu tous les liens entre nous : je ne suis à vos yeux qu'un misérable, un assassin? Mon silence vous est suspect, vous me perdez si je me tais?

— Oui.

— Il en est encore temps : réfléchissez, monsieur.

DERUES.

J'oublierai vos emportemens et vos insultes. Vos peines sont assez grandes, sans que j'y mêle mes reproches. Mais vous voulez que je parle? vous le voulez absolument?

— Je le veux.

— Eh bien ! qu'il en soit comme vous le désirez.

Il regarda M. de Lamotte avec un air qui semblait dire : Je vous plains. Puis il ajouta en poussant un soupir :

— Monsieur le lieutenant de police, je suis prêt maintenant à répondre : veuillez recommencer mon interrogatoire.

Derues était parvenu à se placer sur un terrain favorable. S'il eût débité tout d'abord l'étrange roman qu'il avait imaginé, l'invraisemblance de ce récit eût frappé les yeux les moins clairvoyans : on y eût senti à chaque phrase le besoin de se justifier à tout prix. Il n'en était plus de même du moment où il avait résisté, où il ne se défendait plus que comme contraint et forcé par les emportemens de M. de Lamotte. Ce refus de parler, dans la bouche d'un homme qui compromettait ainsi sa sûreté personnelle, avait une apparence de générosité, et devait infailliblement, en éveillant la curiosité, préparer l'esprit du magistrat à des révélations mystérieuses et bizarres! C'était ce que Derues voulait : il attendit, calme et tranquille, la première question.

Le lieutenant-général de police lui demanda une seconde fois :

— Pourquoi avez-vous quitté Paris?

CRIMES CÉLÈBRES.

— J'ai déjà eu l'honneur de vous répondre que des affaires graves avaient nécessité cette absence.

— Mais vous avez refusé de dire quelles sont ces affaires. Refusez-vous encore ?

— Maintenant, oui ; mais je m'expliquerai tout-à-l'heure.

— Où avez-vous été? d'où venez-vous?

— J'ai été à Lyon, et j'en arrive.

— Quel motif vous y a appelé?

— Je le dirai plus tard.

— Au mois de décembre dernier, madame de Lamotte est venue à Paris avec son fils?

— Oui.

— Tous deux ont logé chez vous?

— Je n'ai nul intérêt à le cacher.

— Cependant son intention d'abord, et celle de M. Lamotte, n'était pas qu'elle acceptât un appartement dans la maison que vous occupez?

— C'est vrai, monsieur. Nous avions des comptes importans à régler ensemble : madame de Lamotte craignait, elle me l'a dit depuis, qu'il ne s'élevât entre nous quelques contestations à propos d'argent : c'est là la raison qu'elle m'a donnée. Elle avait tort, comme l'événement l'a bien prouvé, puisque j'avais l'intention de payer, et que j'ai payé. Mais peut-être avait-elle un autre motif qu'elle ne voulait pas dire.

— C'était la défiance que lui inspirait cet homme, s'écria M. de Lamotte.

Derues le regarda en souriant tristement.

DERUES.

— Laissez, monsieur, dit le magistrat, laissez, et n'interrompez pas. Puis s'adressant à Derues :

— Un autre motif? que supposez-vous?

— Peut-être le désir d'être plus libre, de recevoir qui elle voulait.

— Comment?

— Ce n'est qu'une supposition de ma part, et je n'y insiste pas.

— Mais elle semblerait renfermer un doute injurieux pour la réputation de madame de Lamotte?

— Non, oh! non! répondit Derues après un instant de silence.

Cette espèce d'insinuation parut singulière à celui qui l'interrogeait. Il résolut de le pousser toujours pour le forcer à abandonner ces réticences perfides derrière lesquelles il se réfugiait; et, recommandant par un nouveau geste le silence à M. de Lamotte, il continua, ne s'apercevant pas qu'il cédait à la tactique habile de l'accusé, qui l'attirait peu à peu en reculant sans cesse, et que tout le temps qu'il lui laissait était un avantage.

— Enfin, dit le magistrat, quels qu'aient été les motifs de madame de Lamotte, elle est venue loger chez vous. Comment l'y avez-vous déterminée?

— Ma femme l'a accompagnée d'abord à l'hôtel de France, ensuite à d'autres hôtels : je n'avais fait auprès d'elle que les instances qu'un ami pouvait se permettre; je ne prétendais pas la retenir malgré elle. Lorsque je rentrai chez moi, je fus surpris de l'y voir avec son fils. Elle n'avait pas trouvé de chambre à louer dans les maisons garnies où elle s'était rendue, et alors elle avait accepté mon offre.

— Quel jour était-ce?

— Le 16 décembre dernier, un lundi.

— Quel jour a-t-elle quitté votre maison?

— Le 1ᵉʳ février.

— Le portier ne se rappelle pas l'avoir vue sortir ce jour-là?

— C'est possible. Madame de Lamotte allait et venait pour le besoin de ses affaires. On la connaissait, et on ne faisait pas plus attention à elle qu'à toute autre personne de la maison.

— Cet homme a affirmé savoir que dans les jours précédens elle avait été malade et obligée de garder la chambre?

— Oui, une indisposition qui n'a pas eu de suite, et si peu sérieuse qu'il n'a pas fallu appeler le médecin. Madame de Lamotte paraissait inquiète, préoccupée: je crois que cette disposition morale influait sur sa santé.

— L'avez-vous conduite à Versailles?

— Non, j'ai été l'y rejoindre plus tard.

— Quelle preuve pouvez-vous donner de son séjour dans cette ville?

— Aucune, si ce n'est une lettre que j'ai reçue d'elle.

— Vous avez dit à M. de Lamotte qu'elle y faisait des démarches actives pour faire entrer son fils au Manége ou dans les pages; et personne n'a vu cette dame, personne n'a entendu parler d'elle?

— Je l'ai dit, parce qu'elle me l'avait appris.

— Où logeait-elle?

DERUES.

— Je l'ignore.

— Quoi! elle vous écrivait, vous alliez la voir, et vous ignoriez sa demeure?

— Oui.

— Cela n'est pas possible.

— Il y a beaucoup d'autres choses qui paraîtraient impossibles si je les disais, et qui cependant sont vraies.

— Expliquez-vous?

— Je n'ai reçu qu'une lettre de madame de Lamotte, dans laquelle elle me parlait de ses projets relativement à Édouard, et me priait de lui envoyer son fils à un jour qu'elle me désigna: je fis part de ses intentions à Édouard. Ne pouvant l'aller voir à sa pension, je lui écrivis pour savoir de lui s'il lui plairait de quitter ses études et d'entrer chez les pages. Lorsque j'ai été dernièrement au Buisson-Souef, j'ai montré la réponse du jeune homme à M. de Lamotte; la voici, monsieur.

En même temps il remit une lettre au magistrat. Celui-ci la lut, et la donnant à M. de Lamotte:

— Avez-vous reconnu et reconnaissez-vous l'écriture de votre fils?

— Parfaitement, monsieur.

— Vous avez conduit le jeune Édouard à Versailles?

— Oui.

— Quel jour?

— Le 11 février, le Mardi-Gras. C'est la seule fois que j'ai été à Versailles. On a pu croire le contraire: j'aie pu laisser entendre que depuis son départ de chez moi j'avais vu souvent madame de Lamotte, que j'étais instruit de toutes ses actions, et que la même confiance et la même amitié régnaient toujours entre nous. Si je l'ai dit, j'ai fait un mensonge, j'ai agi contrairement aux habitudes de sincérité de toute ma vie.

Ce panégyrique sembla produire une mauvaise impression sur le magistrat. Derues s'en aperçut, et, pour en corriger l'effet fâcheux, il ajouta :

— On appréciera ma conduite lorsqu'on la connaîtra toute entière. J'avais mal compris le sens de la lettre de madame de Lamotte. Elle me priait de lui amener son fils : je crus qu'elle me saurait gré de l'accompagner, de ne pas lui laisser faire seul ce voyage, et je partis avec lui. Nous arrivâmes ensemble à Versailles vers le milieu de la journée, et en descendant de voiture je vis devant la grille du château madame de Lamotte : je remarquai, à mon grand étonnement, que ma présence lui déplaisait. Elle n'était pas seule...

Il s'arrêta, quoiqu'il fût évident qu'il touchait à peine au moment le plus intéressant de son récit.

— Continuez, dit le lieutenant de police : pourquoi gardez-vous le silence ?

— Ce que j'ai à dire est si pénible, non pour moi, qui ai besoin de me justifier, mais pour d'autres, que j'hésite encore.

— Parlez.

— Interrogez-moi, monsieur.

— Eh bien ! que s'est-il passé dans cette entrevue ?

Il sembla se recueillir un instant, et dit, comme un homme décidé enfin à ne plus rien cacher :

DERUES.

— Madame de Lamotte n'était pas seule: la personne qui l'accompagnait était un homme que je ne connaissais pas, que je n'avais vu ni au Buisson-Souef ni à Paris, et que je n'ai pas revu depuis ce jour. Je vous prie de me laisser tout raconter dans les plus grands détails. La figure de cet homme me frappa d'abord, à cause d'une ressemblance bien singulière ; il ne fit presque pas attention à moi dans le premier moment, et j'eus tout le loisir de l'examiner. Ses manières étaient celles d'un homme appartenant à une classe élevée de la société, et ses vêtemens annonçaient la richesse : en voyant Édouard, il dit à madame de Lamotte :

— C'est donc lui ? — Puis il l'embrassa tendrement. Cette action, ce mouvement de joie qu'il ne cherchait pas à dissimuler, me surprirent, et je regardai madame de Lamotte; ce fut alors qu'elle me dit assez sèchement :

— Je ne croyais pas vous voir, monsieur Derues. Je ne vous avais pas prié d'accompagner mon fils.

Édouard était aussi étonné que moi. L'étranger jeta de mon côté des regards pleins de mécontentement et de hauteur; mais, voyant que je ne détournais pas les yeux devant les siens, sa physionomie prit une expression plus douce, et madame de Lamotte me le présenta comme la personne qui s'intéressait si vivement à Édouard.

— C'est un tissu d'impostures, s'écria M. de Lamotte.

— Laissez-moi achever, monsieur, répondit Derues. Je comprends vos doutes, et vous n'êtes pas tenu de croire à mes paroles; mais moi, j'ai été mis en demeure par vous de dire la vérité, et je la dis. On mettra ensuite dans la balance les deux accusations, et l'on choisira entre elles. La réputation d'un homme d'honneur est chose aussi grave, aussi sacrée, aussi croyable, que la réputation d'une femme, et je n'ai jamais entendu dire que la vertu chez l'un fût plus fragile que chez l'autre.

M. de Lamotte, bouleversé par une pareille révélation, ne pouvait contenir son impatience et son indignation.

— Voilà donc, dit-il, ce qui m'explique une lettre anonyme que j'ai reçue, les soupçons injurieux pour l'honneur de ma femme qu'elle contenait : c'était pour donner de la vraisemblance à cet infâme récit : c'est une trame odieuse; et cette lettre c'est peut-être lui qui l'a écrite.

— Je n'en ai aucune connaissance, reprit Derues sans se troubler. L'explication que vous prétendez y trouver, moi, j'espère la rattacher maintenant à un fait dont j'allais parler. J'ignorais qu'un avis secret vous eût été donné : vous me l'apprenez, et je conçois parfaitement qu'une lettre semblable vous ait été écrite. Puisque vous étiez déjà prévenu, monsieur, ce serait une raison pour m'écouter plus patiemment et pour ne pas crier tout d'abord à l'imposture.

En parlant ainsi il bâtissait dans sa tête le mensonge que cette interruption avait rendu nécessaire; mais aucun mouvement de sa physionomie ne trahit sa pensée. Il avait un air de dignité naturel dans sa position. Voyant bien que, malgré sa perspicacité et son habitude de lire sur les visages les plus fourbes, le lieutenant-général de police n'avait encore éventé aucune de ses ruses, et qu'il se perdait dans les détours de ce long récit où il le promenait à son gré, il reprit avec confiance :

— Vous savez que depuis plus d'un an que j'avais fait la connaissance de M. de Lamotte, je pouvais croire son amitié aussi sincère que l'était la mienne. Comme ami, je ne devais pas accueillir froidement le soupçon qui me vint à l'esprit : je ne pus cacher ma surprise. Madame de Lamotte s'en aperçut, et elle devina à mes regards que je ne me contentais pas de l'explication qu'elle avait essayé de me faire adopter. Un signe d'intelligence presque imperceptible fut échangé entre elle et cet homme qui tenait toujours Édouard par la main. Le temps était froid mais beau; et elle proposa une promenade dans le parc. Je lui donnai le bras, et l'étranger marcha devant nous à quelque distance avec Édouard. Nous eûmes ensemble une conversation assez courte, et qui est restée gravée dans ma mémoire :

— Pourquoi êtes-vous venu? me demanda-t-elle.

Je ne répondis rien, mais je la regardai sévèrement et de manière à la troubler.

— Il fallait m'écrire, madame, lui dis-je enfin, que ma présence serait indiscrète.

Elle parut tout-à-fait déconcertée, et s'écria :

— Je suis perdue ! je vois bien que vous avez tout deviné, et vous instruirez mon mari. Je suis malheureuse, et une faute pèse éternellement sur la vie d'une femme ! Écoutez-moi, monsieur Derues, écoutez-moi, de grâce : cet homme, que vous voyez, je ne vous dirai pas qui il est, je ne vous dirai pas son nom... je l'ai aimé autrefois, j'ai dû devenir sa femme, et je n'aurais pas eu d'autre époux s'il n'avait été obligé de quitter la France.

M. de Lamotte tressaillit et devint pâle.

— Qu'avez-vous donc, monsieur? lui dit le lieutenant de police.

— Oh! le misérable abuse de tous les secrets qu'une longue intimité l'a mis à même de surprendre. Ne le croyez pas, monsieur, ne le croyez pas!

Derues reprit :

— Madame de Lamotte ajouta : Je l'ai revu il y a seize ans, toujours obligé de se cacher, toujours proscrit; et aujourd'hui qu'il a reparu sous un nom qui n'est pas le sien, il veut m'attacher à sa destinée; il a exigé que je fisse venir Édouard. Mais je lui échapperai. Pour donner un prétexte à mon séjour ici, j'ai imaginé cette fable de l'entrée prochaine de mon fils dans les pages. Ne me démentez pas et sauvez-moi; car, il y a quelque temps, j'ai été rencontrée par un des amis de M. de Lamotte, et je crains qu'il n'ait conçu quelques soupçons. Dites que vous m'avez vue plusieurs fois; dites, puisque vous êtes venu, que c'est vous qui m'avez amené Édouard. Je retournerai au Buisson le plus tôt qu'il me sera possible; mais allez-y, voyez mon mari, tranquillisez-le s'il a des craintes. Je me confie à vous, monsieur Derues, je vous remets mon honneur, ma réputation, ma vie! vous pouvez me perdre ou m'aider à me sauver. Je suis coupable, mais non corrompue; je pleure ma faute tous les jours, et je l'ai déjà expiée cruellement.

Cette exécrable calomnie n'avait pas été racontée sans

DERUES.

que M. de Lamotte l'eût interrompue de nouveau et à plusieurs reprises. Cependant il était obligé de convenir avec lui-même qu'il était vrai que la main de Marie Périer avait été promise autrefois à un homme qu'une mauvaise affaire avait forcé de s'exiler, et que depuis il avait cru mort. Cette révélation dans la bouche de Derues, si fortement intéressé à mentir, n'était pas suffisante pour le convaincre de son déshonneur, pour étouffer en lui les sentimens de père et d'époux ; mais ce n'était pas pour lui seulement que Derues parlait. Ce qui paraissait impossible à M. de Lamotte pouvait sembler moins invraisemblable à l'appréciation plus froide et moins passionnée du magistrat.

— J'ai eu tort, continua-t-il, de me laisser toucher par ses larmes, tort de croire à son repentir, et d'aller au Buisson tranquilliser son mari. Mais j'avais mis une condition à cette complaisance : madame de Lamotte m'avait promis de revenir bientôt à Paris, elle m'avait juré que jamais son fils ne saurait la vérité, et que le reste de son existence serait consacré à pleurer, à faire oublier sa faute par un dévouement sans bornes. Elle me pria de la quitter, et elle me dit qu'elle m'écrirait à Paris pour me prévenir de son retour. Voilà ce qui s'est passé, monsieur ; voilà pourquoi j'ai été au Buisson, pourquoi j'ai accrédité des mensonges. Je pouvais d'un mot détruire un bonheur de dix-sept années, je ne l'ai pas voulu. Je croyais au remords, j'y crois encore ; car, malgré toutes les apparences, aujourd'hui même je refusais de parler ; je faisais tous mes efforts pour prolonger une illusion dont la perte, je le sais, sera bien affreuse.

Il y eut un moment de silence. Cette fable, atrocement ingénieuse, avait été débitée d'un ton simple et pénétré, et avec un air de candeur bien fait pour en imposer, au moins pour jeter un grand doute dans l'esprit du lieutenant-général de police. Derues, avec sa fourberie ordinaire, avait conformé son langage à la qualité de celui qui l'écoutait. Toute grimace, toute démonstration de piété, toute citation des livres saints, dont il était si prodigue quand il s'adressait à des individus moins éclairés, auraient été suspectes. Il avait su s'en abstenir, et avait poussé l'art de tromper jusqu'à se dépouiller entièrement des apparences de l'hypocrisie. Il avait précisé toutes les circonstances sans affectation; et si cette accusation imprévue n'était nullement prouvée, elle reposait pourtant sur un fait possible, et dont l'invraisemblance ne choquait pas absolument. Le magistrat revint sur cette déclaration, et la lui fit répéter en détail, sans pouvoir le mettre en contradiction avec lui-même, sans lui faire éprouver le moindre embarras. Tout en l'interrogeant, il continuait à regarder Derues, et ce double examen, toujours stérile, ne faisait qu'accroître sa perplexité. Cependant il ne changea rien à la sévérité incrédule de son maintien, et à la fermeté impérative et menaçante de sa voix.

— Vous convenez, lui dit-il, que vous avez été à Lyon?

— Oui, monsieur.

— Vous avez dit au commencement de cet interro-

DERUES.

gatoire que vous expliqueriez plus tard le motif de ce voyage?

— Je suis prêt à le faire; car ce voyage se rattache aux faits que je vous ai exposés; il en est la conséquence.

— Parlez.

— Je vous demande encore la permission de ne rien passer sous silence. Je ne reçus pas de lettres de Versailles : je craignis que M. de Lamotte ne fût inquiet et qu'il ne vînt à Paris. Lié par la promesse que j'avais faite à sa femme d'écarter de lui tout soupçon, de combattre les craintes qu'il pourrait concevoir, et, l'avouerai-je? considérant en outre de quelle importance il était pour moi de le prévenir de nos conventions nouvelles et du paiement de cent mille livres.....

— Ce paiement est faux assurément, interrompit M. de Lamotte : il faudrait en fournir la preuve.

— Je la donnerai tout-à-l'heure, répondit Derues. Je me rendis donc au Buisson, comme je vous l'ai déjà dit. A mon retour, je trouvai chez moi une lettre de madame de Lamotte, une lettre timbrée de Paris, et arrivée le matin même. Je m'étonnai qu'étant dans la même ville, elle m'écrivît; j'ouvris la lettre, et ma surprise fut encore plus grande : je n'ai pas cette lettre sur moi, mais je m'en rappelle parfaitement le sens, sinon les expressions, et je la représenterai si on l'exige. Madame de Lamotte était à Lyon avec son fils et cette personne dont je ne puis dire le nom, et dont je ne parle qu'à regret devant monsieur. Elle avait confié ce message à quelqu'un qui partait pour Paris, et qui devait me le remettre; mais cet homme, nommé Marquis, me prévenait par un mot qu'étant obligé de repartir sur-le-champ, il n'avait que le temps de me l'envoyer par la petite poste. Voici à peu près ce que contenait cette lettre. Madame de Lamotte me disait qu'elle avait été obligée de suivre à Lyon cette personne. Elle me priait de lui écrire des nouvelles de son mari, de l'état de ses affaires; mais de son retour, pas un seul mot. L'inquiétude me prit en apprenant ce départ clandestin. Je n'avais entre les mains d'autres titres qu'un acte sous seing privé qui changeait nos premières conventions, moyennant un paiement de cent mille livres; ce n'était pas là une reconnaissance suffisante et en règle; je le savais par le refus qu'un homme de loi m'avait déjà fait de me remettre la procuration de M. de Lamotte. Je réfléchis aux embarras de toute nature que cette fuite, qui devait rester un mystère, pouvait me susciter, et, au lieu d'écrire, sans prévenir personne, je partis pour Lyon. J'étais sans renseignemens; j'ignorais si, comme à Versailles, madame de Lamotte avait changé de nom : le hasard fit que, le soir même de mon arrivée, je la rencontrai. Elle était seule. Elle recommença à se plaindre de son sort, me dit qu'elle était bien malheureuse; qu'elle avait été obligée de suivre à Lyon cette personne; que bientôt elle serait libre et reviendrait à Paris. Mais il y avait dans ses paroles un embarras qui me frappa. Je lui dis alors que je ne la quitterais pas que je n'eusse obtenu d'elle un acte qui prouvât nos derniers arrangemens. Elle refusa d'abord, prétendant que c'était inutile, puisqu'elle serait bientôt de retour; mais j'insistai avec chaleur : j'ajoutai que je m'étais déjà compromis pour elle en affirmant à M. de Lamotte qu'elle était à Versailles, qu'elle y traitait d'une charge pour son fils ; que, puisqu'elle avait été forcée de venir à Lyon, la même personne pouvait l'emmener ailleurs, qu'elle pouvait disparaître d'un jour à l'autre, quitter la France sans laisser de ses nouvelles, sans s'accuser par écrit de son propre déshonneur, et que, lorsque tous ces mensonges seraient découverts, moi j'en paraîtrais complice. Je dis encore que, comme malheureusement elle avait logé chez moi à Paris, comme elle m'avait fait retirer son fils de pension, c'est à moi qu'on demanderait compte, moi qu'on accuserait peut-être de cette double disparition. Enfin, je déclarai que, si de gré ou de force elle ne me donnait la preuve de son existence, je me rendais à l'instant même chez un magistrat. Cette fermeté parut la faire réfléchir. — Mon bon monsieur Derues, me dit-elle, je vous demande pardon de toutes les peines que je vous cause : je vous remettrai cet acte demain, il est trop tard pour aujourd'hui; demain, trouvez-vous à la place où je vous ai rencontré, vous me reverrez. — J'hésitai, j'en conviens, à la laisser partir. — Ah ! reprit-elle en me saisissant les mains, ne me soupçonnez pas de vouloir vous tromper ! je vous jure que je vous reverrai demain ici à quatre heures. C'est bien assez d'avoir fait mon malheur et celui de mon fils peut-être, sans vous entraîner dans ma triste destinée. Oui, vous avez raison, cet acte est important, nécessaire pour vous, et vous l'aurez. Mais évitez de vous montrer : si l'on vous voyait, je ne serais peut-être plus maîtresse d'agir comme je le dois. A demain, je vous le jure encore. Elle me quitta. Le lendemain, qui était le 12 mars, je fus exact au rendez-vous; un instant après moi madame de Lamotte y arriva. Elle me remit une procuration autorisant son mari à toucher les arrérages des trente mille livres restant du prix d'acquisition de la terre du Buisson-Souef. Je voulus de nouveau lui faire des reproches de sa conduite; elle m'écouta en silence, comme si mes paroles la touchaient vivement. Nous marchions à côté l'un de l'autre : elle me dit qu'elle avait affaire dans une maison, et me pria de l'attendre. J'attendis plus d'une heure; enfin, je m'aperçus que cette maison, comme beaucoup d'autres à Lyon, avait un passage qui communiquait dans une autre rue: je compris que madame de Lamotte s'était évadée par ce passage, et que je l'attendrais en vain. Ne sachant pas s'il me serait possible de la retrouver, et voyant bien d'ailleurs que toutes les remontrances seraient inutiles, je revins à Paris, décidé pourtant à ne rien dire encore, à cacher la vérité aussi long-temps que je le pourrais. J'espérais encore : je ne m'attendais pas que je serais sitôt obligé de me défendre, et je pensais que si je parlais, ce serait comme ami, et non comme accusé. Voilà, monsieur, l'explication de ma conduite. Je regrette que cette justification, si facile pour moi, soit en même temps si cruelle pour un autre. Vous êtes témoin des efforts que j'ai faits pour la différer.

M. de Lamotte avait entendu cette seconde partie du récit de Derues avec une indignation moins bruyante,

DERUES.

non qu'il en admît la vraisemblance; mais il restait atterré devant cette monstrueuse imposture, et comme épouvanté de cette profondeur d'hypocrisie. Son cœur se révoltait à l'idée de l'adultère dont on accusait sa femme; mais en même temps qu'il la repoussait avec énergie, en même temps qu'il y voyait la confirmation de ses pressentimens et de ses terreurs secrètes, son esprit se troublait à sonder cet abîme d'iniquités. Il était pâle, haletant, comme l'aurait dû être le coupable, et des larmes brûlantes sillonnaient ses joues. Il voulait parler, et la voix lui manquait; il voulait rejeter à la face de Derues les noms de traître et d'assassin, et il était obligé de subir en silence le regard plein d'une pitié douloureuse que celui-ci attachait sur lui.

Le magistrat, plus calme, plus maître de ses sens, mais cependant perdu dans ce faisceau de mensonges si habilement liés entre eux, crut devoir faire encore quelques questions.

— Comment, dit-il, vous êtes-vous procuré cette somme de cent mille livres que vous prétendez avoir payée à madame de Lamotte?

— J'ai été pendant plusieurs années dans les affaires, j'y ai gagné quelque fortune.

— Cependant vous avez reculé à plusieurs reprises devant l'obligation de faire ce paiement. M. de Lamotte même avait conçu des inquiétudes. C'est en grande partie pour cela que sa femme est venue à Paris.

— On peut éprouver des embarras momentanés, qui disparaissent ensuite.

— Vous avez, dites-vous, une procuration qui vous a été donnée à Lyon par madame de Lamotte pour la remettre à son mari?

— La voici, monsieur.

Le lieutenant de police l'examina quelque temps, et prit le nom du notaire dans l'étude duquel elle avait été passée.

— Vous pouvez vous retirer.

— Quoi! s'écria M. de Lamotte.

Derues s'arrêta : le magistrat lui fit signe qu'il pouvait sortir, en lui annonçant toutefois qu'il lui était défendu de s'éloigner de Paris.

— Mais, monsieur, dit M. de Lamotte quand ils furent seuls, cet homme est coupable. Ma femme ne m'a pas trompé. Elle! se jouer de ses devoirs d'épouse! mais c'est la vertu même! Ah! soyez-en sûr, ces affreuses calomnies n'ont été inventées que pour cacher un double crime peut-être : je me jette à vos genoux, j'implore votre justice!...

— Relevez-vous, monsieur. Ce n'est là que la première épreuve, et j'avoue qu'elle est à son avantage. L'imagination aurait peine à comprendre une fourberie pareille. Je l'ai examiné pendant tout le temps qu'il a parlé, et je n'ai surpris dans sa figure et dans son langage aucun trouble, aucune contradiction : il faudrait que cet homme fût le plus grand hypocrite qui ait jamais existé. Mais je ne négligerai rien : l'impunité dont on laisse un coupable se flatter endort souvent sa prudence, et j'en ai vu qui se trahissaient eux-mêmes quand ils croyaient n'avoir plus rien à craindre. Allez, monsieur, et comptez sur la justice des hommes comme sur la justice de Dieu.

Quelques jours s'écoulèrent, et Derues se flattait d'échapper à tout danger : toutes ses actions, toutes ses démarches étaient surveillées attentivement, mais de manière qu'il ne conçût aucun soupçon. Un commissaire de police nommé Mutel, qui avait, parmi ses confrères, une réputation d'activité et d'intelligence, fut chargé de recueillir des renseignemens et de flairer la piste. Tous ses limiers furent mis en campagne et battirent le pavé de Paris. On ne put rien découvrir qui se rapportât directement à madame de Lamotte et à son fils; mais le commissaire de police apprit bientôt que, dans la rue Saint-Victor, Derues avait fait trois faillites, qu'il avait été poursuivi par de nombreux créanciers, et plusieurs fois sur le point d'être emprisonné faute de pouvoir payer. Il sut aussi qu'en 1771 il avait été accusé publiquement d'avoir mis le feu à sa cave. Il fit son rapport sur ces diverses circonstances, et se transporta chez Derues. Cette perquisition n'amena aucun résultat. La femme de Derues répondit qu'elle n'avait connaissance de rien. Les gens de police se retirèrent après avoir vainement fouillé toute la maison. Derues n'était pas chez lui : lorsqu'il rentra, il trouva un ordre de comparaître de nouveau devant le lieutenant-général de police.

Son premier succès l'avait enhardi. Plein de confiance, il se présente devant le magistrat accompagné de son procureur : il se plaint hautement, prétendant que la perquisition, faite pendant son absence, est un attentat contre la qualité et le droit de bourgeois domicilié, et qu'on aurait dû attendre son retour. Justement indigné de la conduite de M. de Lamotte à son égard, il présente des conclusions tendantes à ce qu'il soit déclaré calomniateur, et demande contre lui des dommages-intérêts pour le tort qu'il a voulu faire souffrir à sa réputation. Mais cette fois son effronterie et son audace n'en imposent plus : le magistrat le surprend facilement en flagrant délit de mensonge. Il soutient qu'il a payé de ses deniers les cent mille livres, et on lui oppose ses banqueroutes successives, les poursuites de ses créanciers, et les condamnations obtenues contre lui comme débiteur insolvable. Alors il change de système : il dit qu'il a emprunté cet argent à un avocat nommé Duclos, auquel il a fait une obligation par devant notaire. Malgré toutes ses protestations, le lieutenant de police le fit constituer prisonnier au For-l'Évêque, avec ordre de le mettre au cachot et au secret.

On ne savait rien encore : des bruits vagues, des propos colportés de boutique en boutique circulaient dans le peuple, et commençaient à gagner les classes les plus élevées de la société. C'est une chose merveilleuse que l'infaillibilité de l'instinct qui s'éveille dans les masses : un grand crime est commis, qui doit dérouter d'abord l'accusation; aussitôt la conscience publique s'agite. Avant même qu'on ait pénétré dans les replis tortueux dont il s'enveloppe, alors que l'obscurité est encore profonde, immense, la voix du peuple, comme une ruche qui fermente, bourdonne autour de ce mystère : pendant que les ma-

DERUES.

gistrats hésitent, la curiosité s'y attache, elle ne le quitte plus : s'il se déplace, elle le suit, elle le signale, elle le devine dans l'ombre. C'est ce qui arriva à la nouvelle de l'arrestation de Derues. Sur des indices incomplets, sur des rapports inexacts, en l'absence d'une publicité réelle, on s'entretenait partout de cette affaire. Le roman qu'il avait inventé pour sa justification, et qui circulait aussi bien que les plaintes de M. de Lamotte, n'obtenait aucune créance. On adoptait au contraire avec avidité tous les bruits qui étaient dirigés contre lui. Il n'y avait aucune trace du crime; mais on pressentait un abominable forfait. N'avons-nous pas été témoins souvent de pareilles agitations? A peine les noms de Bastide, de Castaing, de Papavoine, avaient-ils été prononcés, qu'il n'y avait plus place dans les émotions populaires pour un autre sujet de curiosité: il fallait que celui-ci fût épuisé, que la lumière pénétrât dans les ténèbres, que la société fût vengée.

Du fond de son cachot Derues avait des craintes, mais sa présence d'esprit et sa dissimulation ne l'abandonnaient pas: c'étaient chaque jour de nouveaux sermens qu'il avait dit la vérité. Cependant sa dernière imposture devenait à charge contre lui: on découvrit que l'obligation de cent mille livres qu'il avait faite au sieur Duclos était simulée, et que Duclos l'avait annulée par une espèce de contre-lettre datée du même jour. Une autre circonstance, calculée pour assurer son salut, redoubla les soupçons. Le 8 avril, le procureur de M. de Lamotte reçut, comme de la part de sa femme, des billets à ordre pour la valeur de soixante-dix-huit mille livres. Il parut extraordinaire que ces billets, arrivés sous enveloppe timbrée de la petite poste, ne fussent accompagnés d'aucun avis. Des doutes s'élevèrent sur la femme de Derues, qui jusque là n'avait pas été inquiétée. On rechercha à quel bureau le paquet pouvait avoir été mis, et on le trouva aisément par l'indication de la lettre de l'alphabet. On s'y transporte, et on apprend que c'est une domestique, dont le buraliste donne le signalement, qui l'a apporté tel jour et l'a affranchi. Le signalement est celui de la servante de Derues. Cette fille, toute troublée, répond, après de longues hésitations, qu'elle n'a fait qu'obéir aux ordres de sa maîtresse. Sur cette déclaration, la femme de Derues est constituée prisonnière au For-l'Évêque, et son mari transféré au Grand-Châtelet. Pressée de questions, elle finit par avouer que c'était elle qui avait fait parvenir ces billets au procureur de M. de Lamotte, et que son mari les lui avait envoyés sous enveloppe, cachés dans le linge sale qu'elle lui échangeait pour du blanc.

C'étaient assurément de graves indices de culpabilité, et si Derues se fût montré aux regards de la multitude qui suivait avec une anxiété croissante toutes les phases de ce procès, mille bras se fussent chargés à l'instant même de la tâche du bourreau; mais de là à la preuve d'un meurtre la distance était énorme pour les magistrats. Derues conservait toute sa tranquillité, répétant toujours que madame de Lamotte et son fils étaient vivans, qu'ils reparaîtraient pour le justifier. Ni ruses ni menaces ne pouvaient l'amener à se démentir, et son

DERUES.

assurance ébranlait les convictions les plus robustes. Une perplexité nouvelle vint s'ajouter à tant d'incertitudes.

Un exprès était parti secrètement en poste pour Lyon : on attendait son retour pour une épreuve que l'on pensait devoir être décisive.

Un matin, Derues fut extrait de son cachot et amené dans une salle basse de la Conciergerie. Les questions qu'il adressa à ceux qui le conduisaient restèrent sans réponse. Ce silence affecté l'engagea à se tenir sur ses gardes, et il résolut, quoi qu'il pût arriver, de conserver son impassibilité. En arrivant, il trouva le commissaire de police Mutel et quelques autres personnes. Cette salle étant naturellement fort obscure, on l'avait éclairée avec plusieurs flambeaux, et on fit placer Derues de manière que la lumière de l'un d'eux frappât entièrement sur son visage. On lui ordonna de regarder d'un côté de la salle qu'on lui désigna. Au même instant une porte s'ouvrit et un homme entra. Derues le regarda d'un air indifférent, et, voyant que cet homme l'examinait, il le salua comme on salue un inconnu dont on ne s'explique pas la curiosité.

Il fut impossible de surprendre sur son visage la plus légère trace d'émotion : qui eût posé la main sur son cœur ne l'eût pas senti battre plus fort, et cependant cet homme pouvait le perdre !

Le commissaire de police Mutel s'approcha du nouveau venu, et lui dit à l'oreille :

— Le reconnaissez-vous ?

— Non.

— Veuillez sortir un instant, monsieur : nous vous prierons tout-à-l'heure de rentrer.

Ce personnage était le notaire de Lyon chez qui la procuration avait été rédigée et signée par Derues, sous des vêtemens de femme et sous le nom de Marie-Françoise Perrier, épouse du sieur de Lamotte.

On apporta des vêtemens, et on lui ordonna de s'habiller, ce qu'il fit de bonne grâce et en affectant une grande gaieté. Pendant qu'on l'aidait à se travestir, il riait, se caressait le menton et minaudait : il poussa l'effronterie jusqu'à demander qu'on lui donnât un miroir.

— Je veux voir si j'ai bonne façon ainsi, disait-il, et si je pourrais faire quelques conquêtes.

Le notaire rentra : on fit marcher Derues devant lui, on le fit asseoir près d'une table, signer, enfin répéter tout ce qu'on supposait qu'il avait pu dire et faire dans l'étude du notaire. Cette seconde confrontation n'amena pas plus que la première une reconnaissance. Le notaire hésita d'abord ; mais, comprenant toute la gravité de sa déposition, il ne voulut rien affirmer, et, en définitive, il déclara que ce n'était pas là la personne qui était venue chez lui.

— Je suis fâché, monsieur, lui dit Derues en se retirant, qu'on vous ait dérangé pour cette ridicule comédie. Ne vous en prenez pas à moi, et priez le ciel qu'il éclaire ceux qui ne craignent pas de m'accuser. Moi, qui suis sûr que mon innocence éclatera bientôt, je leur pardonne dès à présent.

Quoiqu'à cette époque la justice eût des procédés expéditifs et que la vie des accusés fût entourée de moins

DERUES.

de garanties que de nos jours, il était impossible de le condamner en l'absence de la preuve du crime. Il le savait, et attendait patiemment dans sa prison le moment où il triompherait de l'accusation capitale qui pesait sur lui. L'orage ne grondait plus sur sa tête, les épreuves les plus terribles étaient passées, les interrogatoires devenaient plus rares et n'avaient plus de surprises qu'il dût redouter. Les gémissemens de M. de Lamotte retentissaient au cœur des magistrats ; mais sa conviction ne suffisait pas pour fonder la leur : on le plaignait sans pouvoir le venger. Il commençait aussi à s'opérer dans certains esprits une réaction favorable au prévenu. Parmi les dupes qu'avait faites sa piété apparente, beaucoup qui s'étaient tues d'abord devant les charges qui semblaient devoir l'accabler revenaient à une opinion contraire. Les cagots, les dévotes, tout ce qui faisait métier de s'agenouiller dans les églises, de se signer en public et de tremper les doigts dans l'eau bénite, tout ce qui vivait de grimaces, d'*amens* et d'*alleluias*, criait à la persécution, au martyre : peu s'en fallut qu'il ne passât pour un saint destiné par Dieu à faire son salut dans un cachot. De là naissaient des querelles et des controverses, et ce procès avorté, cette accusation impuissante, continuaient à passionner toutes les imaginations.

Pour la plupart de ceux qui parlent d'un Être suprême, et qui le font intervenir dans les affaires humaines, la PROVIDENCE n'est qu'un mot sonore et solennel, une espèce de machine de théâtre, qui vient faire le dénouement, et qu'on glorifie avec quelques phrases banales sorties des lèvres et non du cœur. Il est vrai que cette cause mystérieuse et inconnue, DIEU ou HASARD, se montre souvent si mal à propos sourde et aveugle, qu'il est permis de douter qu'elle surveille pour les punir certains forfaits, quand elle en laisse triompher tant d'autres. Que de morts qui sont restées ensevelies dans la nuit de la tombe! que de crimes éclatans et avoués qui se sont endormis paisiblement dans une insolente et audacieuse prospérité! On sait les noms de beaucoup de criminels, mais le nombre des victimes oubliées ou perdues, qui pourrait le dire? L'histoire de l'humanité est double, et, comme le monde invisible, qui renferme plus de merveilles que le monde matériel exploré par la science, celle que racontent les livres n'est pas la plus curieuse et la plus étrange. Sans soulever plus long-temps de pareilles questions, sans protester ici contre les sophismes qui obscurcissent la conscience et lui cachent la présence d'un Dieu vengeur, et laissant le fait à l'appréciation de chacun, nous n'avons plus qu'à raconter le dernier épisode de ce long et épouvantable drame.

De tous les quartiers populeux de Paris où l'on faisait des commentaires sur l'affaire de Derues, aucun n'était plus agité que celui de la Grève, et de toutes les rues environnantes, aucune ne réunissait des groupes plus nombreux que la rue de la Mortellerie, non qu'un instinct secret poussât la foule sur le lieu même où le crime était enseveli; mais chaque jour l'attention était réveillée par un spectacle douloureux. On voyait passer un homme brisé par la douleur, se traînant à peine, pâle et les yeux

DERUES.

éteints dans les larmes : c'était M. de Lamotte, qui logeait, comme nous l'avons dit, rue de la Mortellerie, et qui semblait errer comme un spectre autour d'un tombeau. On se rangeait à son passage, on se découvrait devant lui ; chacun respectait cette grande infortune, et quand il avait disparu, les groupes se reformaient. C'étaient des conversations jusqu'au soir.

Le 17 avril, vers quatre heures de l'après-midi, une vingtaine de commères et d'ouvriers étaient rassemblés devant la porte d'une boutique. Une grosse femme, placée sur la dernière marche, comme un orateur dans une tribune, pérorait et racontait pour la centième fois ce qu'elle savait, ou plutôt ce qu'elle ne savait pas. Il y avait là des oreilles tendues, des bouches béantes : des frémissemens sourds parcouraient la réunion, tant la veuve Masson, qui s'était avisée, à soixante ans, d'avoir de l'éloquence, mettait de chaleur et d'indignation dans son récit. Tout-à-coup la foule devint silencieuse, les rangs s'ouvrirent : on avait aperçu M. de Lamotte. Un homme se risqua à lui dire :

— Y a-t-il quelque chose de nouveau?

Il secoua tristement la tête sans pouvoir répondre, et continua son chemin.

— C'est donc là M. de Lamotte? demanda une vieille femme sale et crasseuse, et dont le bonnet placé sur le coin de la tête laissait échapper des mèches de cheveux gris : ah! c'est là M. de Lamotte?

— Pardine! dit une voisine, est-ce que vous ne le connaissez pas encore? on le voit tous les jours.

— Ah! dam! excusez, je n'suis pas du quartier, et, sans vous offenser, la rue n'est pas assez belle pour qu'on s'y promène par curiosité. C'est pas parce que vous y demeurez, mais c'est un peu crotté.

— Avec ça que madame a l'habitude d'aller en carrosse!

— Ça vous irait pour le quart d'heure encore mieux qu'à moi, ma p'tite; ça vous dispenserait d'acheter des souliers pour ne pas vous blesser les pieds.

On commença à la rudoyer.

— Un instant! minute! dit-elle: j'ai voulu offenser personne. On n'est pas riche, c'est vrai, mais n'y a pas de déshonneur, et on n'a pas besoin de voler pour se régaler d'un verre de cassis. Eh! la grosse mère, t'as compris, n'est-ce pas? Une goutte à la mère Maniffret, et du soigné! Et si c'te belle princesse-là veut trinquer avec moi, pour nous raccommoder, qu'elle le dise, je paie.

L'exemple de la vieille colporteuse était contagieux, et au lieu de remplir deux petits verres seulement, la veuve Masson vida une bouteille.

— Ah! bon! v'là qui va bien, s'écria la mère Maniffret, et mon idée vous a porté bonheur.

— Ma foi, j'en ai grand besoin.

— Tiens, est-ce que vous vous plaignez aussi du commerce, vous?

— Ah! ne m'en parlez pas; c'est une misère!

— Il n'y a plus d'affaires. Quoi! on s'égosille toute une journée, on se tue l'organe pour gagner quatre sous.

DERUES.

J' sais pas ce que ça deviendra. Mais vous m'avez pourtant l'air d'avoir un entrepôt assez proprement achalandé.

— Ah! bah! qu'est-ce que c'est que ça, avec une maison sur les bras? C'est comme un sort : les anciens locataires déménagent, et les nouveaux ne reparaissent pas.

— Qu'est-ce qui vous arrive donc?

— J' crois qu' le diable s'en mêle. Il y avait au premier un brave homme, parti; au troisième un ménage honnête, tranquille, sauf que l' mari battait sa femme toutes les nuits, et qu'ils faisaient un train à ne pas dormir, parti aussi. J' mets des écriteaux, on les regarde seulement pas. Il y a quelques mois, c'était dans le milieu de décembre, le jour de la dernière exécution...

— Le 15, dit la colporteuse, j' l'ai crié; j' sais ça, moi : c'est ma profession.

— Eh bien! le quinze, soit, reprit la veuve Masson. Donc, que ce jour-là, j'ai loué une cave à un particulier, à un marchand de vins, qui m'a payé le premier terme d'avance, vu que j' le connaissais pas, et que je lui aurais pas prêté deux liards sur sa mine : un petit bout d'homme, grand comme ça, et qui avait des yeux tout ronds qui ne m' revenaient pas du tout. Enfin il a payé, n'y a rien à dire; mais v'là le second terme qui s'avance furieusement, et j'ai pas de nouvelles du locataire.

— Tiens! tiens! Est-ce que vous l'avez pas revu depuis?

— Si fait, une fois; non, deux fois. Voyons donc un

peu... Oui, trois fois, j'dis bien. Il est venu d'abord avec une charrette et un commissionnaire : il a fait descendre dans la cave une grande malle, une caisse où il disait qu'il y avait du vin en bouteilles... Non, il était venu auparavant avec un ouvrier, j'crois... Ma foi! j'sais plus si c'était avant ou après, mais c'est égal. Tant y a que c'était du vin en bouteilles. Enfin il a ramené un maçon; ils se sont même chamaillés ensemble, j' les ai entendus qui criaient. Il a emporté la clef, et j' l'ai plus revu, ni son vin non plus. J'ai une autre clef de la cave, j'y suis descendue : c'est peut-être les rats qui ont bu le vin et mangé la malle, mais il n'y en a pas plus que dessus ma main. J' suis pourtant bien sûre de ce que j'ai vu. Une grande caisse, énorme, toute neuve, et ficelée avec de grosses cordes tout autour.

— Quel jour que c'était? dit la colporteuse.

— Quel jour? pardine! c'était... Eh bien! je me rappelle plus...

— Ni moi... V'là mes idées qui s'embrouillent... Un p'tit verre, hein? pour m'éclaircir la mémoire.

L'expédient ne parut pas d'abord heureux, et la mémoire ne revenait pas. La foule, comme on peut le croire, était attentive. La colporteuse s'écria :

— Que j'suis bête!... j'vas trouver ça, pourvu que je l'aie encore.

Elle fouilla vivement dans la poche de son cotillon, et en tira plusieurs morceaux de papier roulé et crasseux. Pendant qu'elle les dépliait l'un après l'autre, elle disait :

— Une grande caisse, n'est-ce pas?

DERUES.

— Oui.
— Toute neuve?
— Toute neuve.
— Et ficelée?
— Je la vois encore.
— Moi aussi... pardine! C'est le jour où j'ai crié l'histoire de Leroi de Valines. C'est le 1ᵉʳ février.
— Oui, un samedi, le lendemain était un dimanche.
— C'est ça, c'est ça, samedi 1ᵉʳ février. Eh bien! j'connais la malle, moi! j'l'ai rencontré sur la place du Louvre votre marchand de vins, et qu'il n'était pas à la noce; un de ses créanciers voulait faire saisir la malle, le vin, toute la boutique. Un p'tit homme, n'est-ce pas? un avorton?...
— Oui.
— Des cheveux roux?
— Des cheveux roux.
— Et un air cafard?
— Oh!
— Et qui est hypocrite, que ça fait frémir! J'crois bien qu'il ne peut pas payer son terme! un gueux, mes enfans, un vrai gueux qui a mis le feu dans sa cave, et qui m'a accusée d'avoir voulu le voler, tandis que c'est lui qui m'avait escamoté, le scélérat, une pièce de vingt-quatre sous. C'est-y heureux que je me sois trouvée ici! Bon! bon! nous allons rire! Te v'là encore une jolie affaire sur le dos, et il faudra bien que tu dises où s'est envolé ton vin, ma pauvre commère Derues!
— Derues! crièrent en même temps vingt voix.

CRIMES CÉLÈBRES.

— Derues qui est en prison?
— L'homme à ce brave M. de Lamotte?
— Qui a tué sa femme?
— Qui a dévoré son fils?
— Un gredin, mes enfans, qui m'a accusée de l'avoir volé! un monstre parfait!
— Il n'y a qu'un petit malheur, dit la veuve Masson, c'est que c'est pas lui. Mon particulier s'appelle Ducoudray. V'là son nom sur mon registre.
— Saperlotte! ça n'y ressemble guère, reprit la colporteuse : ça me taquine un peu. Oh! c'est que je lui en veux à ce brigand-là, qui m'a accusée de l'avoir volé. J'lui ai prédit que j'vendrai un jour son papier... Si ça arrive, je régale la société.

En attendant l'exécution de cette promesse, on vida une seconde bouteille de cassis. Les têtes s'échauffèrent ; on jasa long-temps à tort et à travers, puis la foule se dispersa peu à peu. Le soir la rue de la Mortellerie était silencieuse comme à l'ordinaire. Seulement, quelques heures après cette scène, les habitans furent surpris de la voir occupée à ses deux extrémités par des hommes qu'ils ne connaissaient pas, et d'autres individus à figure sinistre la parcoururent toute la nuit, allant et venant comme s'ils faisaient patrouille. Le lendemain matin, une voiture escortée par la maréchaussée s'arrêta devant la porte de la veuve Masson. Un commissaire de police en descendit et entra dans une maison voisine, d'où il sortit un quart d'heure après, donnant le bras à M. de Lamotte. Le commissaire demanda à la veuve Masson la clef d'une

DERUES.

cave qui avait été louée, au mois de décembre dernier, à un nommé Ducoudray. Il s'y fit conduire avec M. de Lamotte et un de ses agens.

La voiture arrêtée devant la porte, la présence du commissaire de police Mutel, les propos de la veille, avaient mis en émoi toutes les imaginations. Mais cette agitation ne pouvait se manifester qu'à domicile : les habitans étaient aux arrêts et consignés militairement chez eux. C'était un curieux spectacle que celui de tous ces visages aux fenêtres, pleins d'anxiété, s'interrogeant l'un l'autre, dans l'attente de quelque événement étrange ; et l'ignorance où on laissait chacun, cet appareil mystérieux, cet ordre qui s'exécutait en silence, doublaient encore l'intérêt, et y ajoutaient une impression de terreur. Personne ne put voir d'abord ceux que la voiture avait amenés avec le commissaire de police; trois hommes y étaient restés, l'un sous la garde des deux autres. Quand le lourd équipage était entré dans la rue de la Mortellerie, il avait cherché à se pencher vers la glace fermée, et avait dit :

— Où sommes-nous ?

Et sur la réponse qu'on lui fit, il avait ajouté :

— Je ne connaissais pas cette rue, je n'y ai même jamais passé.

Après ces paroles, prononcées tranquillement, il avait fait cette autre question :

— Pourquoi me conduit-on ici ?

Voyant qu'on ne lui répondait pas, il reprit son air indifférent, et quand la voiture s'arrêta, quand il vit

M. de Lamotte entrer chez la veuve Masson, il ne manifesta aucune émotion.

Le commissaire reparut sur le seuil de la porte, et donna ordre de faire descendre Derues.

La veille, des agens de police, mêlés aux groupes, avaient entendu le récit de la colporteuse : l'histoire de Derues rencontré près du Louvre, faisant conduire une lourde malle. Dans la soirée le lieutenant de police avait été prévenu. C'était un indice, un trait de lumière, la vérité peut-être, qu'un mot faisait jaillir des ténèbres. Toutes les mesures avaient été prises pour que personne ne pût dès lors pénétrer dans la rue, ou en sortir, sans être suivi et surveillé. On croyait être sur la trace du crime ; mais le criminel pouvait avoir des complices exerçant aussi une sorte de contre-police, et qui, avertis en même temps, se hâteraient de faire disparaître la preuve du forfait, si elle existait.

Derues fut placé entre deux hommes qui le tenaient fortement chacun par un bras. Un troisième, qui tenait un flambeau, marcha devant. Le commissaire, suivi de plusieurs autres individus également porteurs de flambeaux et munis de pioches et de pelles, passa après eux. Ce fut dans cet ordre qu'on descendit l'escalier de la cave. Cette lugubre procession avait un aspect effrayant. Quiconque aurait vu passer sous ces voûtes humides, éclairées par une lumière vacillante et blafarde, ces visages sombres et mornes, cet homme pâle et résigné, aurait cru être le jouet d'une vision, et assister en rêve à quelque exécution ténébreuse. Tout était réel cependant, et au moment

DERUES.

où la clarté pénétra dans ce charnier obscur, il sembla qu'il s'illuminait tout-à-coup dans ses plus secrètes profondeurs, que le jour de la vérité perçait enfin ces ombres épaisses, et qu'une voix sortait de la terre et des murailles.

A la vue du meurtrier, M. de Lamotte s'écria :

— Malheureux! c'est ici que tu as tué ma femme et mon fils !

Derues le regarda avec calme, et lui dit :

— Je vous prie, monsieur, de ne pas ajouter l'insulte à l'infortune dont vous êtes cause. Si vous étiez à ma place et que je fusse à la vôtre, je sentirais quelque pitié et quelque respect pour un malheur aussi grand. Que me veut-on? Qu'ai-je affaire ici, et pourquoi m'y a-t-on amené?

Il ignorait ce qui s'était passé la veille, et ne trouvait en lui-même à accuser que l'ouvrier qui l'avait aidé à enterrer le cadavre. Il se sentait perdu; mais son audace ne l'abandonna pas.

— On vous a amené pour être confronté d'abord avec cette femme, dit le commissaire de police en amenant devant lui la veuve Masson.

— Je ne la connais pas.

— Je vous reconnais bien, moi. C'est vous qui avez loué cette cave sous le nom de Ducoudray.

Derues haussa les épaules et reprit avec un accent amer :

— Qu'on envoie un homme à la torture, s'il est coupable, je le conçois; mais que pour faire jusqu'au bout son métier d'accusateur, que pour trouver un criminel, on fasse venir de cent lieues de faux témoins que l'évidence confond, qu'on ameute la canaille, qu'on prête à un innocent des visages divers et des noms supposés, afin d'interpréter contre lui un mouvement de surprise, un geste d'indignation : voilà qui est inique et qui dépasse le droit que Dieu a donné aux hommes de se juger entre eux ! Je ne connais pas cette femme ; quoi qu'elle dise ou qu'elle fasse, je ne réponds plus.

Toute l'adresse, toutes les menaces du commissaire de police échouèrent devant cette résolution. La veuve Masson eut beau répéter et affirmer sur l'honneur qu'elle le reconnaissait, qu'il s'était présenté sous le nom de Ducoudray, qu'il avait fait descendre dans la cave une grande caisse contenant du vin en bouteilles, Derues, les bras croisés, resta impassible comme s'il eût été aveugle et sourd.

On avait frappé sur les murailles, examiné l'état des pierres, sondé le terrain à plusieurs endroits, et on n'avait découvert aucun indice. Fallait-il donc se retirer sans avoir rien découvert ? Déjà le commissaire de police avait fait signe à ses hommes, lorsque celui qui était demeuré d'abord avec M. de Lamotte, et qui, placé dans l'ombre, avait examiné attentivement la figure de Derues quand il était entré, s'avança et dit en désignant du doigt le caveau placé sous l'escalier :

— Fouillez ici. Ses yeux se sont portés d'abord et involontairement de ce côté : c'est le seul mouvement qu'il ait fait, je , ettais ! Il n'y a que moi qui pouvais le voir, et il ne me voyait pas. Il est bien fin, mais

DERUES.

on ne pense pas à tout, et du diable si je n'ai pas éventé le terrier !

— Misérable ! se dit Derues à lui-même, il y a donc une heure que tu me tiens sous ta griffe, et que tu t'amuses à prolonger mon agonie ! Oh ! j'aurais dû songer à cela, et j'ai trouvé mon maître. N'importe ! vous ne lirez rien sur mon visage, rien non plus sur les lambeaux de chair que vous allez déterrer : les vers et le poison ne vous ont sans doute laissé qu'un cadavre méconnaissable.

Un bâton ferré, enfoncé dans la terre, avait rencontré, à une distance de quatre pieds, un corps dur qui offrait de la résistance. Deux hommes se mirent à la besogne, et creusèrent avec activité. Tous les regards s'étaient attachés sur cette fosse qui allait toujours en augmentant à chaque pelletée de terre que les deux travailleurs rejetaient sur les bords. M. de Lamotte se sentait défaillir, et son émotion gagnait tous les assistans, à l'exception de Derues. Enfin, au milieu du silence, les bêches râclèrent sourdement sur un morceau de bois, et ce bruit fit frémir chacun. On aperçut la malle, on la tira de la fosse, on l'ouvrit, et l'on vit un cadavre de femme en chemise, coiffée de nuit avec un serre-tête rouge et blanc, le visage tourné contre terre. Le corps est retourné, et M. de Lamotte reconnaît sa femme, qui n'était pas encore défigurée.

Le sentiment d'horreur fut si profond, que personne ne put jeter un cri ou proférer une parole. Derues, préoccupé de rechercher les chances incertaines de salut qui pouvaient lui rester, n'avait pas remarqué que, sur l'ordre du commissaire de police, un des hommes était sorti de la cave avant qu'on eût commencé à creuser. Tout le monde avait reculé et s'était éloigné également du cadavre et du meurtrier, qui seul n'avait pas changé de place, et qui récitait des prières. La flamme des flambeaux déposés à terre jetait des reflets rougeâtres sur cette scène muette et terrible.

Il tressaillit et se retourna en entendant derrière lui un cri de terreur. Il vit sa femme qu'on venait d'amener. Le commissaire de police la saisit d'une main, et de l'autre, prenant un des flambeaux, la força à se pencher sur le corps.

— C'est madame de Lamotte! s'écria-t-il.

— Oui, oui, répondit-elle dans ce premier mouvement d'effroi, oui, je la reconnais!

Incapable de supporter plus long-temps cette vue, elle pâlit et tomba sans connaissance. Les deux prisonniers furent reconduits séparément. On eût dit que cette découverte avait à l'instant même transpiré au dehors : le peuple poursuivit de ses imprécations et des noms d'assassin et d'empoisonneur la voiture dans laquelle était remonté Derues. Pendant le trajet celui-ci garda le silence; seulement, avant de rentrer dans son cachot, il dit :

— Il faut que la tête m'ait tourné pour avoir voulu dérober à la connaissance du public la mort de madame de Lamotte et sa sépulture : c'est la seule faute que j'aie commise; mais je suis innocent du reste, et je me résigne en chrétien aux rigueurs de la Providence.

C'était le seul système de défense qui lui restait, et

DERUES.

auquel il s'attachait, sans autre espoir que d'en imposer à la justice par un redoublement d'hypocrisie et de pratiques pieuses. Mais tout cet échafaudage de mensonges, si laborieusement construit, était ébranlé dans sa base et devait s'écrouler pièce à pièce. Chaque instant apportait des révélations accablantes. Il convenait que madame de Lamotte était morte subitement chez lui, et que, craignant d'être soupçonné, il l'avait enterrée en secret. Mais les médecins appelés à faire l'ouverture du cadavre déclaraient qu'elle avait été empoisonnée avec du sublimé corrosif et de l'opium. Le prétendu paiement devenait un vol odieux, l'œuvre d'un faussaire! Puis une autre question, à laquelle il ne pouvait répondre, se dressait comme une ombre menaçante. On se faisait une arme contre lui de son propre aveu. Pourquoi avait-il conduit le jeune de Lamotte à Versailles, sachant qu'il ne devait pas y retrouver sa mère? Qu'était-il devenu? qu'en avait-il fait? Une fois sur la trace, la justice eut bientôt découvert le tonnelier chez lequel il avait logé le 23 avril. En vertu d'un arrêt du Parlement, on exhuma le cadavre enterré sous le nom de Beaupré : le tonnelier le reconnut à une chemise qu'il avait donnée pour l'ensevelir. Derues, confondu par l'évidence, avoua qu'en effet le jeune homme était mort d'une indigestion et des suites de la maladie vénérienne. Les médecins constatèrent encore la présence du sublimé-corrosif et de l'opium. A toutes ces preuves du crime, il opposait une feinte résignation ; il pleurait sans cesse Édouard, qu'il avait aimé comme son propre fils.

— Hélas! disait-il, je vois toutes les nuits ce pauvre enfant! mais ce qui adoucit mes douleurs, c'est qu'au moins il est mort avec les secours de la religion. Dieu me voit, ajoutait-il, et sait mon innocence : il éclairera les magistrats, et on réhabilitera mon honneur.

Le procès étant suffisamment instruit, Derues fut condamné, par sentence du Châtelet, du 30 avril, confirmée le 5 mai par le Parlement. Voici cet arrêt tel qu'il existe aux archives.

« Vu par la Cour le procès criminel fait par le prevôt de Paris, ou son lieutenant particulier au Châtelet, pour l'empêchement dudit lieutenant criminel audit Châtelet, à la requête du substitut du procureur-général du roy audit siége, demandeur et accusateur, contre François-Antoine Derues et Marie-Louise Nicolaïs, sa femme, défendeurs et accusés, prisonniers ez prisons de la Conciergerie du Palais, à Paris, et appelants de la sentence rendue sur ledit procès, le 30 avril 1777, par lequel ledit Antoine-François Derues a été déclaré duement atteint et convaincu d'avoir, dans le dessein de s'approprier, sans bourse délier, la terre du Buisson-Souef, appartenante aux sieur et dame de Saint-Faust de Lamotte, desquels il avoit achepté ladite terre par acte sous signature privée, du 22 décembre 1775, et en abusant indignement de l'hospitalité qu'il exerçoit, depuis le 16 décembre dernier, envers ladite dame de Lamotte, arrivée à Paris ledit jour en cette ville de Paris, pour terminer avec lui le marché conclu en décembre 1775, et descendue, à cet effet, avec son fils, chez lui Derues, et à sa sollicitation; empoi-

DERUES.

sonné de dessein prémédité ladite dame de Lamotte, soit dans une médecine par lui composée et préparée le 30 janvier dernier, et à elle administrée le lendemain, soit dans les tisanes et breuvages qu'il lui a seul administrés après ladite médecine, ledit jour 31 janvier dernier (ayant pris la précaution d'envoyer sa servante à la campagne pour deux ou trois jours, et d'écarter les étrangers de la chambre où étoit couchée ladite dame de Lamotte), duquel poison ladite dame de Lamotte est morte dans la nuit dudit jour 31 janvier dernier ; d'avoir tenu cette mort secrète, enfermé lui-même dans une malle le corps de ladite dame de Lamotte, et de l'avoir ainsi fait transporter clandestinement rue de la Mortellerie, dans une cave par lui louée à cet effet, sous le faux nom de Ducoudray, et dans laquelle il l'a enterrée lui-même ou fait enterrer; d'avoir fait accroire au fils de ladite dame de Lamotte (qu'il avoit logé chez lui avec sa mère lors de leur arrivée à Paris, jusqu'au 15 janvier dernier, et qui depuis avoit été placé dans une pension) que ladite dame de Lamotte étoit à Versailles et désiroit qu'il allât l'y joindre, et sur ce prétexte d'avoir conduit ledit sieur de Lamotte fils, le 12 février dernier (après lui avoir fait prendre du chocolat), audit lieu de Versailles, chez un tonnelier, dans une chambre garnie, et de l'avoir pareillement empoisonné de dessein prémédité, soit dans le chocolat pris par ledit sieur de Lamotte fils avant son départ, soit dans les breuvages et médicaments qu'il a lui-même préparés, mixtionnés et administrés audit sieur de Lamotte fils, pendant les 12,

13, 14 et 15 février dernier, qu'il l'a tenu malade dans ladite chambre garnie, sans vouloir appeler médecins ni chirurgiens, malgré les progrès de la maladie et les représentations à lui faites à ce sujet, se disant lui-même être médecin et chirurgien : duquel poison ledit sieur de Lamotte fils est décédé ledit jour 15 février dernier, neuf heures du soir, dans les bras dudit Derues, qui a affecté la douleur la plus profonde en répandant des larmes, a même exhorté ledit sieur de Lamotte à la mort, et récité les prières des agonisants ; après lequel décès il l'a lui-même enseveli en disant que le défunt l'en avoit prié, et donnant à entendre aux gens de la maison qu'il étoit mort du mal vénérien ; de l'avoir fait enterrer, le lendemain, dans le cimetière de la paroisse Saint-Louis, audit Versailles, et l'avoir fait inscrire sur les registres mortuaires de ladite paroisse sous la mention d'un faux lieu de naissance et du faux nom de Beaupré que lui Derues avoit pris lui-même en arrivant dans ladite chambre garnie, et avoit donné audit sieur de Lamotte fils, qu'il avoit annoncé comme son neveu, et, pour couvrir ces atrocités et parvenir à s'approprier ladite terre du Buisson-Souef, d'avoir diffamé ladite dame de Lamotte, mis en usage différentes manœuvres et pratiqué plusieurs faux ;

» 1° En souscrivant ou faisant souscrire des noms de ladite dame de Lamotte un acte fait double sous seing privé entre lui Derues et sa femme d'une part, et ladite dame de Lamotte, fondée de la procuration de son mari, d'autre part (ledit acte daté du 12 février, et écrit postérieurement au décès de ladite dame de Lamotte);

DERUES.

par lequel acte ladite dame de Lamotte paroît changer les conventions précédentes énoncées au premier écrit du 22 décembre 1775, et donner quittance audit Derues d'une somme de cent mille livres, à compte du prix de la terre du Buisson;

» 2° En souscrivant par devant notaire, le 9 du mois de février dernier, une obligation simulée au profit d'un tiers de cent mille livres, pour donner créance au prétendu paiement par lui fait;

» 3° En annonçant et publiant, en attestant même sous la religion du serment, lors de son interrogatoire subi devant le commissaire Mutel, qu'il avoit réellement compté en deniers à ladite dame de Lamotte lesdites cent mille livres, et qu'elle s'étoit évadée avec son fils et un quidam, nantie de cette somme;

» 4° En déposant chez un notaire l'acte sous seing privé portant la prétendue quittance de ladite somme de cent mille livres, et poursuivant en justice l'exécution de cet acte et sa mise en possession de ladite terre;

» 5° En souscrivant ou faisant souscrire par une autre personne, devant les notaires de la ville de Lyon, où il s'était à cet effet rendu, une procuration datée du lendemain 8, par laquelle la soi-disant femme de Lamotte paroît adopter la quittance de cent mille livres, et donne pouvoir au sieur de Lamotte, son mari, de recevoir les arrérages du surplus du prix de ladite terre, laquelle procuration il a produite comme une preuve de l'existence de ladite dame de Lamotte;

» 6° En faisant passer, sous le nom de ladite dame de

Lamotte, par voies interposées, à un procureur, le 8 avril 1777 (temps où il étoit détenu, et où il avoit été obligé d'abandonner la fable du paiement de ladite somme de cent mille livres en deniers comptants, et avoit substitué un paiement prétendu fait en billets), les billets par lui prétendus donnés en paiement à ladite dame de Lamotte;

» 7° Et enfin en soutenant toujours, jusqu'à la découverte du corps de ladite dame de Lamotte, que ladite dame existoit, qu'il l'avoit vue en la ville de Lyon, le tout ainsi qu'il est mentionné au procès.

» Pour réparation a été condamné, etc., etc., etc.

» Ses biens ont été déclarés acquis et confisqués au roy, ou à qui il appartiendroit, sur iceux préalablement pris la somme de 200 livres d'amende envers le roy, au cas que confiscation n'ait pas lieu au proffict de Sa Majesté; et celle de 600 livres pour faire prier Dieu pour le repos des ames de ladite dame de Lamotte et de son fils : et avant l'exécution ledit Antoine François Derues appliqué à la question ordinaire et extraordinaire pour apprendre par sa bouche la vérité d'aucuns faits résultants du procès et les noms de ses complices. Il a été sursis au jugement du procès à l'égard de ladite Marie-Louise Nicolaïs femme Derues, jusqu'à l'exécution de ladite sentence. Il a été dit aussi que l'acte mortuaire dudit de Lamotte fils, du 16 février dernier, seroit réformé sur le registre des actes mortuaires de l'église paroissiale de Saint-Louis de Versailles, et que ses vrais noms y seroient substitués, à l'effet de quoi ledit sieur de Lamotte père et tous au-

DERUES.

tres intéressés à se pourvoir par devant les juges qui en doivent connoître ; il a été dit en outre que ladite sentence seroit, à la diligence du substitut du procureur-général du roy au Châtelet, imprimée, publiée et affichée dans tous les lieux et carrefours accoutumés de la ville, prevôté et vicomté de Paris, et partout où besoin seroit.

» La requête de Pierre-Étienne de Saint-Faust de Lamotte, écuyer de la grande écurie du roy, sieur de Grange-Flandre, Buisson-Souef, Valperfond et autres lieux, veuf et donataire mutuel de Marie-Françoise Perrier, sa femme, suivant leur contrat de mariage passé devant Baron et son confrère, notaires à Paris, le 5 septembre 1762, tendante à être reçu partie intervenante au procès intenté contre Derues et ses complices, au sujet de l'assassinat et empoisonnement commis sur les personnes de la femme et du fils dudit sieur de Saint-Faust de Lamotte, sur la dénonciation à lui faite au substitut du procureur-général du roy au Châtelet, pendante actuellement en la cour, sur le rapport de la sentence définitive rendue sur ledit procès, le 30 avril dernier, faisant droit sur l'intervention, il fût ordonné que sur les biens les plus clairs qui seroient délaissés par les condamnés, il seroit pris avant les droits du fisc, et par distraction sur iceux la somme de 6,000 livres ou telle autre somme qu'il plairoit à la cour d'arbitrer; sur laquelle somme de 6,000 livres ledit de Saint-Faust de Lamotte consentoit être faite déduction de celle de 2,748 livres qu'il convenoit lui avoir été envoyée ou remise par ledit Derues et sa femme en différentes fois, laquelle première somme de 6,000 livres ou telle autre seroit employée par ledit sieur de Saint-Faust de Lamotte, qui y demeuroit autorisé, à fonder, dans l'église paroissiale de Saint-Nicolas de Villeneuve-le-Roy, paroisse de laquelle dépend la terre du Buisson-Souef, et dont est question au procès, un service annuel et perpétuel pour le repos des ames de la femme et du fils dudit sieur de Saint-Faust de Lamotte, dont il seroit passé acte en exécution de l'arrêt à intervenir, extrait duquel arrêt ou acte inscription seroit faite sur une pierre qui seroit appliquée pariétalement à l'endroit de ladite église de Saint-Nicolas de Villeneuve-le-Roy, dont il seroit convenu; l'acte de vente sous signature privée, passé entre la feue épouse dudit sieur de Saint-Faust de Lamotte, le nommé Derues et sa femme, le 22 décembre 1775, fût déclaré nul et de nul effet, comme n'ayant eu aucune exécution faute de paiement ou de réalisation du contrat devant notaire; le prétendu écrit du 12 février dernier, ainsy que tous les autres actes fabriqués par ledit Derues ou autres, énoncés audit procès, ensemble tous ceux qui pourroient être présentés à l'avenir, pareillement déclarés nuls et de nul effet.

» La cour dit qu'il a été bien jugé par les lieutenants particuliers du Châtelet de Paris contre le nommé Derues, par lui mal et sans griefs appelé :

» Ordonne que la sentence sortira son plein et entier effet à l'égard de Marie-Louise Nicolaïs, et la condamne en l'amende ordinaire de 12 livres. Surseoit à statuer sur la requête de Pierre-Étienne de Saint-Faust de Lamotte, du 2 may présent mois, jusque après le jugement

DERUES.

du sursis prononcé à l'égard de ladite Marie-Louise Nicolaïs.—Signé : DE GOURGUES, président. OUTREMONT, conseiller-rapporteur. »

L'assurance et la tranquillité de Derues ne s'étaient pas démenties un instant. Il pérora pendant plus de trois quarts d'heure devant le parlement, et son plaidoyer fut remarquable par la présence d'esprit, l'art avec lequel il sut faire valoir les circonstances qui pouvaient jeter quelque doute dans la conscience des magistrats et adoucir la rigueur de la première sentence. Convaincu sur tous les points, il protestait toujours qu'il était innocent de l'empoisonnement. Le remords, qui n'est trop souvent que la crainte du châtiment, n'avait pas trouvé accès dans son âme. L'attente du supplice ne l'effrayait pas. Aussi fort de volonté qu'il était faible de corps, il voulait mourir comme un martyr, dans la foi de sa religion, l'hypocrisie. Le Dieu qu'il glorifiait à sa dernière heure était le mensonge.

Le 6 mai, à sept heures du matin, on lui lut son arrêt, qu'il écouta avec calme.— Quand la lecture fut finie, il dit :

— Je ne m'attendais pas à un jugement aussi rigoureux.

Quelques heures après, les instrumens étaient préparés pour lui donner la question : on lui fit entendre que s'il voulait avouer ses crimes et le nom de ses complices, on lui ferait grâce de ce surcroît de châtiment ; il répondit :

— Je n'en dirai pas davantage. Je sais quel supplice affreux m'attend, je sais que je dois mourir dans ce jour; mais je n'ai rien à avouer.

Il se laissa lier les genoux et les jambes sans opposer de résistance, et souffrit la question avec courage. Cependant, dans un moment de douleur, il s'écria :

— Maudit argent! à quoi m'as-tu réduit?

On crut que la souffrance allait enfin triompher de sa résolution, et le magistrat qui présidait au supplice se pencha vers lui, et lui dit :

— Malheureux! avoue donc tes forfaits, puisque tu vas mourir.

Il reprit sa fermeté, et regardant le magistrat :

— Je le sais bien, monseigneur, je n'ai peut-être pas trois heures à vivre.

La faiblesse apparente de sa constitution fit craindre qu'il ne pût supporter les derniers coins : on donna ordre au questionneur d'arrêter. Après qu'on lui eut desserré les jambes et les genoux, on le mit sur un matelas et on lui donna un verre de vin, dont il ne but que quelques gouttes ; il se confessa ensuite. Quand l'heure du dîner fut venue, on lui apporta de la soupe et du bouilli qu'il mangea avec appétit. Il demanda au geôlier si on ne lui servirait plus rien, et il se fit apporter un plat d'entrée. On eût dit que ce dernier repas précédait, non sa mort, mais l'instant de sa délivrance. Enfin trois heures sonnèrent. C'était le moment marqué pour sa sortie de prison.

Paris, à cette heure, offrait, au rapport de personnes dignes de foi que nous avons consultées, un aspect étrange, et que ceux qui l'ont vu n'ont pu oublier. Cette grande fourmilière était troublée dans toutes ses profondeurs. Soit calcul, soit hasard, il y a avait le même jour une diversion puissante à l'attrait de cette exécution. Une grande fête avait lieu du côté de la plaine de Grenelle, en l'honneur d'un prince allemand. Toute la cour y assistait, et plus d'une grande dame regretta sans doute les émotions de l'autre fête, laissée au peuple et à la bourgeoisie. Le reste de la ville était désert, les maisons fermées, les rues muettes. Un étranger, transporté tout-à-coup dans cette solitude, aurait pu croire qu'un fléau destructeur l'avait, pendant la nuit, frappée de mort, et qu'il ne restait plus, comme témoignage de l'agitation et de la vie de la veille, qu'un labyrinthe de pierres sans habitans. Un ciel épais et sombre pesait sur la ville abandonnée : des éclairs labouraient les nuages immobiles : aux deux extrémités grondait par intervalle un bruit sourd, la voix du tonnerre dans le lointain, auquel répondait le canon de la fête royale. Les deux puissances du ciel et de la terre se partageaient la foule. Dieu d'un côté, dans sa majesté terrible, la royauté de l'autre dans ses pompes frivoles, le châtiment éternel et la grandeur périssable en regard. Comme les eaux d'un torrent qui laisse à sec le sol qu'il avait envahi, les flots de la multitude avaient quitté leur lit habituel. Partout où le cortége funèbre devait passer, se pressaient des milliers d'hommes et de femmes, un océan de têtes ondulait comme les épis d'un champ de blé. Les vieilles maisons louées à prix d'or tremblaient sous le poids des spectateurs avides, et tous les châssis des fenêtres avaient été enlevés afin de ne pas gêner les regards.

CRIMES CÉLÈBRES.

Derues, revêtu de la chemise des condamnés et portant devant et derrière lui un écriteau avec ces mots : EMPOISONNEUR DE DESSEIN PRÉMÉDITÉ, descendit d'un pas ferme les marches du grand escalier du Châtelet. Ce fut à ce moment, lorsqu'il vit le crucifix, qu'il s'écria : « O homme, je vais donc souffrir comme toi ! » Il monta dans le tombereau, et promena ses regards à droite et à gauche sur la foule. Pendant le trajet, il reconnut et salua plusieurs de ses anciens confrères, et adressa ses adieux à haute voix à son ancienne maîtresse d'apprentissage. Cette femme a rapporté que jamais elle ne lui avait vu un visage aussi gracieux. Arrivé devant la porte de Notre-Dame, où le greffier l'attendait, il descendit sans aide du tombereau, prit entre ses mains une torche de cire ardente du poids de deux livres, et là, à genoux, pieds et tête nus, une corde au cou, il fit amende honorable, et répéta les termes de l'arrêt de condamnation. Il remonta ensuite dans la charrette au milieu des vociférations et des invectives du peuple, auxquelles il paraissait insensible. Une seule voix, qui s'efforçait de dominer le tumulte, lui fit retourner la tête : c'était celle de la colporteuse qui criait sa condamnation, et qui s'interrompait de temps à autre pour lui dire :

— Eh bien! ma pauvre commère Derues, comment te trouves-tu dans cet équipage-là? Oui, oui, marmote des prières, lève les yeux au ciel : on ne croit plus à tes grimaces. Ah ! brigands ! qui a dit que j' t'avais volé! J' t'avais bien bien dit que j'vendrais un jour ton papier!

Puis, mêlant ses propres griefs à la liste des autres

DERUES.

forfaits, elle annonçait que le parlement l'avait condamné aussi bien pour l'avoir accusée de vol que pour avoir empoisonné madame de Lamotte et son fils.

Arrivé au pied de l'échafaud, il regarda autour de lui et entendit un frémissement d'impatience circuler dans les groupes. Il sourit ; et, comme s'il eût voulu se jouer une dernière fois des hommes, il demanda à monter à la Ville, ce qui lui fut accordé, dans l'espoir qu'il se déciderait enfin à faire des révélations ; mais il persista à se dire innocent de l'empoisonnement [1]. Il eut une entrevue avec sa femme, qui se trouva mal à son aspect, et demeura plus d'un quart d'heure sans pouvoir proférer une parole. Il lui prodigua les noms les plus tendres, et feignit une vive émotion de la voir dans ce misérable état. Quand on voulut la faire retirer, il demanda la permission de l'embrasser, et lui fit des adieux touchans. Ses dernières paroles ont été conservées.

— Ma bonne amie, lui dit-il, je te recommande mes chers enfans; élève-les dans la crainte de Dieu. Tu iras à Chartres, tu verras M. l'évêque, que j'ai eu l'honneur de saluer à mon dernier voyage, et qui a toujours été mon protecteur. Je me crois assez estimé de lui pour espérer qu'il voudra bien avoir pitié de toi et de nos enfans.

Il était alors sept heures du soir, et le peuple commençait à murmurer de ce long retard. Enfin le condamné reparut. Un témoin qui l'avait vu monter à la ville, et que le mouvement de la foule reporta au pied de l'échafaud, nous a dit qu'abandonné aux mains de l'exécuteur, il ôta lui-même ses habits. Il baisa dévotement l'instrument

CRIMES CÉLÈBRES.

du supplice, et à plusieurs reprises le crucifix; puis il s'étendit sur la croix de saint André [15], priant avec un sourire plein de résignation qu'on le fît souffrir le moins long-temps possible. Dès qu'il eut la tête couverte, l'exécuteur donna le signal. On croyait que quelques coups suffiraient pour achever cet être chétif; mais il avait la vie aussi dure que ces reptiles venimeux qu'il faut écraser et mettre en lambeaux pour les tuer. On fut obligé de lui donner le coup de grâce. L'exécuteur lui découvrit la tête, montra au confesseur qu'il avait les yeux fermés et que le cœur ne battait plus. On délia le cadavre de dessus la croix, et après lui avoir attaché les pieds et les mains, on le mit sur le bûcher.

Pendant qu'on le rompait, le peuple applaudit. Le lendemain il achetait des débris de ses os, et courait dans les bureaux de loterie, persuadé que ces précieuses reliques étaient un gage de bonheur pour ceux qui les possédaient!

En 1779, la femme de Derues fut condamnée à une détention perpétuelle, et enfermée à la Salpêtrière. A l'époque du massacre des prisons, elle périt une des premières victimes.

A. Arnould.

NOTES.

NOTES.

¹ On prononce et on écrit communément Desrues. C'est une erreur que nous devons rectifier. Le libraire Cailleau et d'Arnaud Baculard, tous deux auteurs d'une vie de ce grand criminel, ont écrit, le premier, *Desrues*, le second, *Derues*; l'orthographe fautive de Cailleau a été adoptée et consacrée en quelque sorte par l'article de la Biographie universelle; et reproduite encore par M. J.-P.-J. Champagnac, dans son Recueil de Causes célèbres anciennes et nouvelles, publié à Paris en 1834. Une pièce déposée aux Archives tranche la question et ne peut laisser subsister aucun doute à cet égard. Nous la citons plus bas.

² Nous n'ajoutons pas foi aux rapports qui prétendent que Derues était de la nature des hermaphrodites. Mais il est certain que ce n'est qu'à l'âge de vingt-deux ans et à la suite d'une opération que les caractères distinctifs de son sexe se déclarèrent chez lui. Un pareil phénomène ne peut-il pas servir à expliquer en partie cette profonde et incroyable perversité? N'y a-t-il pas là une question physiologique dont la science aurait dû s'emparer? En dehors des lois de l'organisation humaine, dépouillé des sentimens, des appétits, ou, si l'on veut, des affections plus ou moins développées chez tous les adultes, il ne fut sollicité que par ses mauvais penchans agissant sans contre-poids et sans distraction. De là, peut-être, cette absence totale d'hésitation et de repentir, cette hypocrisie que rien ne peut entamer, et qui ne s'est pas démentie alors même qu'elle ne trompait plus personne.

³ Cette femme n'est désignée dans les biographies et les recueils que par l'initiale L***. Ce nom de Legrand est donné par Cailleau et par Baculard au ferblantier de Chartres chez lequel Derues a été en apprentissage. Une personne de qui nous tenons quelques détails sur cet empoisonneur croit se rappeler que le nom de cette femme était aussi Legrand. Nous l'avons adopté, mais sans le garantir.

⁴ Cette coiffure de nuit, que Derues portait le jour de son supplice, garda le nom de bonnet à la Derues. Mais le nom du parrain

la fit tomber en discrédit. Presque tous les hommes l'abandonnèrent aussitôt. C'était un morceau de toile ou d'étoffe blanche ou de couleur, de la grandeur et de la forme d'un bonnet de coton, l'extrémité était découpée et ornée d'une mousseline ou d'une dentelle froncée sur le sommet de la tête au moyen d'une coulisse. Les vieillards et ceux qui n'avaient pas la coquetterie de l'oreiller, appliquaient sur cette coiffure une fontange.

[5] Luc. I, 38.

[6] Ps. CXVIII, 137.

[7] Ps. XVIII, 10.

[8] Il avait une autre sœur dans le même couvent, qui était professe depuis cinq ou six ans.

[9] Avant de quitter le commerce, il avait acheté une maison à Chaulnes qu'il meubla; il y fit même plusieurs voyages dans le temps de son établissement. Le propriétaire eut toutes les peines du monde à se faire payer.

Quelque temps après, il avait acheté une maison à Rueil. L'acte de vente se fit chez un notaire de la rue Saint-Martin. Lorsqu'il prit possession de cette maison, il fit entendre au vendeur qu'il y avait réservé une chambre pour lui, et il l'engagea vivement à venir l'habiter. Celui-ci ne put, heureusement pour lui, profiter de cette offre. Sa confiance lui eût, sans aucun doute, coûté la vie. Derues ne payant pas fut poursuivi. Il en coûta près de mille écus au propriétaire pour rentrer dans sa maison.

[10] Derues était fortement soupçonné d'avoir assassiné le sieur Despeignes-Duplessis. Il n'eut pas à s'expliquer catégoriquement sur ce meurtre, pour lequel il n'était pas mis en jugement. J'ai recueilli de la bouche de quelques personnes les bruits qui circulèrent à l'époque du procès, et qui trouvèrent peu de contradicteurs et d'incrédules quand l'attention se reporta sur sa vie antérieure.

Une nuit, trois hommes masqués avaient pénétré, disait-on, dans le château du sieur Despeignes, et l'avaient tué à coups de couteau. Après le meurtre, ces trois hommes avaient été rejoindre à un endroit convenu celui qui avait acheté leurs services. Ils reçurent de l'argent et soupèrent ensemble. On prétendait qu'ils avaient été empoisonnés, comme plus tard les deux commissionnaires que Derues employa à transporter chez le sieur Mouchy la malle qui renfermait le cadavre de madame de Lamotte.

[11] La maison habitée par Derues était située réellement où nous

DERUES.

disons : la distribution de l'appartement n'est pas imaginaire, comme on pourrait le supposer. Une de mes parentes qui dans, un âge avancé conserve intactes toutes ses facultés et une mémoire inébranlable, cherchait, quelques années après l'exécution de Derues, un appartement ; elle entra dans une maison de la rue Beaubourg : le portier lui fit voir l'entresol, et après lui avoir longuement énuméré tous les avantages de l'appartement, il ajouta, croyant remarquer qu'il lui convenait, et pour la déterminer par ce dernier trait : — C'est dans l'alcôve de cette chambre que Derues a empoisonné madame Lamotte. — Comment, s'écria madame ***, c'est l'appartement de Derues! — Oui, madame, et depuis trois ans il est encore à louer. — Est-ce que vous dites la même chose à tous ceux qui viennent le voir? — Oui, madame, ça a fait tant de bruit.

[12] Imitation de Jésus-Christ, livre III, chap. LVIII. 7.

[13] Ce furent en effet des rêves affreux, où il voyait sans cesse Derues armé de deux poignards, qui troublèrent tellement M. de Lamotte qu'il se décida à venir à Paris.

[14] Voici la pièce déposée aux Archives qui nous a permis de rétablir le nom véritable du condamné et qui contient quelques détails du procès.

« Procès-verbal d'exécution d'Antoine-François Derues, ou testament de mort.

» L'an 1777, le mardi 10 may, deux heures de relevée, nous, Charles-Simon Bachois de Villefort, conseiller du roy en ses conseils, lieutenant criminel au Châtelet de la ville, prévôté et vicomté de Paris, sommes transportés en l'une des salles de l'hôtel de ville pour faire mettre à exécution l'arrêt du parlement du 6 may présent mois, confirmatif de la sentence de la chambre criminelle du Châtelet du 30 avril dernier, lequel entre autres choses condamne ledit Antoine-François Derues à faire amende honorable au-devant de la principale porte de l'église de Paris, à être ensuite rompu et brûlé vif par l'exécuteur de la haute justice en place de Grève, et étant en ladite salle, assisté de Germain Morin, commis greffier de la chambre criminelle dudit Châtelet, lequel commis greffier s'est transporté au-devant de ladite église de Paris pour être présent à la prononciation de ladite amende honorable, et s'est ensuite rendu en ladite salle, sur ce qui nous a été dit que ledit Antoine-François Derues condamné avait des déclarations à nous faire, avons ordonné qu'il serait amené par-devant nous. En conséquence, a été amené par l'exécuteur de la haute justice en la

CRIMES CÉLÈBRES.

salle où nous sommes, ledit Antoine-François Derues, condamné, lequel après serment par lui fait de dire la vérité, nous a dit que pour l'acquit de sa conscience, il se croit obligé de nous déclarer qu'il proteste toujours n'avoir point participé à la mort de la dame de Lamotte et de son fils, que s'ils ont été empoisonnés ce n'est pas de son fait, et qu'il n'a autre chose à se reprocher que la soustraction du corps de la dame de Lamotte, qu'il a enterré dans la rue de la Mortellerie; que sa femme n'a eu aucune part à ce qui s'est passé à ce sujet : qu'après la mort du fils de Lamotte et de retour à Paris, il n'a rien déclaré à sa femme de ce qui s'était passé à Versailles ; il lui a seulement dit qu'il l'avait remis à sa mère, dont il faisait toujours croire l'existence. Observe qu'il a remis à sa femme la montre du sieur de Lamotte fils, ne sait quel jour il la lui a remise ; que cette montre avait été donnée par lui audit sieur de Lamotte fils pour arrhes du marché de la terre ; que lui condamné l'avait reprise après la mort du sieur de Lamotte fils, et qu'en la remettant à sa femme il en avait donné une autre à ce jeune homme, parce qu'il lui en avait demandé une autre unie, et a invité sa femme à la changer; sait que sa femme l'a changée avec un horloger, avec lequel elle avait tenu l'enfant d'un (ici il y a un mot illisible), ignore le nom de l'horloger; qu'elle a pris une montre d'or unie et une d'argent, et a donné en retour quelque argent; que la montre d'argent a été donnée par lui condamné au domestique du sieur de Lamotte pour le récompenser des services qu'il avait rendus pour l'acquisition de la terre, et que cela lui avait été promis depuis long-temps, etc., etc., etc. Proteste que sa femme ne savait en aucune manière ce que contenait la malle, qu'elle n'a été en aucune manière instruite de la mort de la dame de Lamotte et de son fils, qu'il a mis en usage cinquante finesses pour lui dissimuler le tout, et qu'elle est bien innocente; qu'il n'est coupable d'aucun crime dont il doit la dénonciation à l'injustice.

» Persiste aussi à soutenir que ce n'est pas lui qui a signé la procuration de Lyon, que c'est une femme qui l'a signée, etc.

» Qui est tout ce que ledit Antoine-François Derues condamné a dit avoir à nous déclarer.

» Lecture, a persisté et signé, et avant de signer a dit qu'il croit devoir nous faire une observation, qui est que sur les différentes questions à lui faites par sa femme sur ce qu'étaient devenus la dame de Lamotte et son fils, il lui a fermé la bouche plusieurs fois en lui disant : Je te prie, ma bonne amie, de ne me pas faire de questions sur ce point : je me suis arrangé avec eux, sois tranquille, j'ai fait pour le mieux, ne

DERUES.

m'interroge pas pour raison à moi connue ; qu'il lui a tenu ce langage pour éluder toutes questions, etc., etc.; proteste encore qu'elle n'a rien su de ce qu'étaient devenus le sieur de Lamotte fils et sa mère, et persiste à soutenir qu'il n'a contribué en rien à empoisonner la dame de Lamotte et son fils.

» Proteste qu'il n'est point coupable de l'assassinat du sieur Duplessis, non plus que de celui du sieur Petit (nom douteux), à Chartres, lesquels assassinats il a appris que quelques personnes lui attribuaient : qu'il est bien vrai qu'il a été rendre visite à Chartres, en 1775, audit sieur Petit, qui avait été anciennement son confesseur : qu'il l'a prié de le raccommoder avec la demoiselle Derues, sa cousine, demeurant à Chartres, qu'il n'a été question de rien autre chose entre eux, et qu'en général il n'a aucun assassinat à se reprocher.

» Qui est tout ce que ledit Antoine-François Derues condamné a dit avoir à nous déclarer. Lecture à lui faite de tout ce que dessus, a persisté et a signé. » — BACHOIS, DERUES, MORIN.

Les signatures, dans l'ordre où nous les rapportons, sont apposées au bas de trois pages. L'écriture de Derues est lourde et mauvaise comme traits, mais grosse et parfaitement lisible. La signature de la première page est tracée d'une main ferme ; la seconde est moins assurée, la troisième est évidemment tremblante. Le premier auteur comique de notre temps, M. Rosier, a fait dire dans sa pièce du *Procès criminel* à une vieille femme avide des émotions de cour d'assises : *Nous aurons des autographes!* En voilà un que nous recommandons aux belles dames qui envoyaient leur album à Lacenaire. Il serait très-facile de découper le nom de Derues au bas d'une des pages, et il figurerait sans déshonneur dans leur collection.

15 Le condamné recevait deux coups à chaque bras, l'un au-dessus du poignet, l'autre au-dessus de la saignée; un coup à chaque jambe et un à chaque cuisse. Le neuvième, appelé le coup de grâce, était frappé au creux de l'estomac. Le bois de la croix était creux au-dessous de chacune des parties du corps qui devait recevoir un coup : on appelait ces cavités des *porte-à-faux*.

MARTIN GUERRE.

MARTIN GUERRE.

On a coutume de s'étonner de la ressemblance frappante qui existe quelquefois entre deux personnes étrangères l'une à l'autre : c'est le contraire qui devrait surprendre. En effet, comment ne pas admirer cette puissance de création si infinie dans sa variété, qu'elle ne cesse de produire des combinaisons toujours diverses avec des élémens toujours les mêmes? Plus on réfléchit sur cette prodigieuse fécondité de formes, plus on en demeure stupéfait. D'abord, chaque peuple a son type distinct et bien caractérisé, qui le sépare des autres races d'hommes. Ainsi il y a le type anglais, le type espagnol, le type allemand ou slave, etc.; puis, dans ce peuple, il y a les familles, distinguées entre elles par des traits moins généraux, mais bien prononcés encore ; puis enfin les individus de chaque famille, que différencient des nuances plus ou moins tranchées. Quelle multitude de physionomies ! Quelle prodigieuse multiplicité d'empreintes dans les innombrables épreuves de la face humaine ! des mo-

CRIMES CÉLÈBRES.

dèles par millions, et point de copies. En présence de ce spectacle toujours nouveau, qu'est-ce donc qui doit nous inspirer plus d'étonnement, l'éternelle diversité des figures, ou la ressemblance fortuite de quelques individus? Est-il impossible que d'une extrémité du monde à l'autre, il se trouve, une fois par hasard, deux personnes dont les traits soient formés sur un moule semblable? Non sans doute; aussi, ce qui doit nous paraître plus surprenant, ce n'est pas que ces personnes existent en tel ou tel lieu de la terre, c'est qu'elles se rencontrent sur le même point, et qu'elles s'offrent ensemble à nos yeux, si peu habitués à de telles ressemblances. Beaucoup de fables ont été bâties sur ce fait, depuis Amphitryon jusqu'à nos jours; l'histoire en a aussi présenté quelques exemples, tels que ceux du faux Dmitri en Russie; de Perkins Warbeck en Angleterre, et de plusieurs autres imposteurs célèbres; mais l'aventure que nous offrons à nos lecteurs n'est pas la moins curieuse ni la moins étrange.

Le 10 août 1557, jour néfaste dans l'histoire de notre pays, le canon grondait encore, à six heures du soir, dans les plaines de Saint-Quentin; les troupes françaises venaient d'être détruites par les forces réunies de l'Angleterre et de l'Espagne, que commandait le fameux capitaine Emmanuel Philibert, duc de Savoie. L'infanterie entièrement écrasée, le connétable de Montmorency fait prisonnier avec plusieurs généraux, le duc d'Enghien blessé à mort, la fleur de la noblesse moissonnée, tels furent les tristes résultats d'une bataille qui plongea la France dans le deuil,

MARTIN GUERRE.

et qui aurait brisé la couronne de Henri II, si le duc de Guise n'eût pris l'année suivante une éclatante revanche.

Dans un petit village situé à un quart de lieue du champ de bataille, on entendait avec horreur les gémissemens des mourans et des blessés qu'on y avait transportés ; les habitans avaient cédé leurs maisons pour servir d'ambulances ; deux ou trois chirurgiens-barbiers parcouraient ces demeures, ordonnant un peu lestement des opérations qu'ils confiaient à leurs aides, et chassant de temps en temps quelques fuyards qui avaient trouvé moyen de se renfermer avec les blessés, sous prétexte de prodiguer leurs soins à des amis ou à des parens qui leur étaient bien chers. Déjà ils avaient expulsé un bon nombre de ces pauvres diables, quand ils ouvrirent la porte d'une petite chambre où gisait sur une natte grossière un soldat baigné dans son sang, qu'un autre soldat surveillait avec une extrême sollicitude.

— Qui es-tu ? dit l'un des chirurgiens au blessé, je ne te reconnais pas pour faire partie de nos bandes françaises.

— Hélas ! secourez-moi ! cria le patient, secourez-moi ! et que Dieu vous bénisse.

— D'après les couleurs de ce justaucorps, reprit l'autre chirurgien, je gagerais que ce maraud appartenait à quelque gentilhomme espagnol ; par quelle méprise l'a-t-on porté ici ?

— Par pitié ! murmurait le malheureux ; je souffre tant !

— Fi ! s'écria le dernier interlocuteur en le poussant du pied, crève comme un chien, misérable !

Cette action, à laquelle répondit un gémissement sourd, révolta l'autre praticien.

— Après tout, c'est un homme ; c'est un malade qui implore nos secours !... laissez-moi avec lui, René.

René sortit en murmurant, et celui qui restait se mit en devoir de visiter la blessure. C'était un horrible coup d'arquebuse qui avait traversé la jambe et brisé l'os ; l'amputation était indispensable.

Avant d'y procéder, le chirurgien se tourna vers l'autre soldat, qui s'était retiré dans l'angle le plus obscur de la petite chambre.

— Et toi, qui es-tu ?

Celui qu'on interrogeait s'avança et se montra au jour; il n'y avait pas besoin d'autre réponse. Il ressemblait si parfaitement à son compagnon, qu'on devait d'abord les reconnaître pour deux frères, et même pour deux frères jumeaux. Tous deux étaient d'une taille au-dessus de la moyenne ; ils avaient le teint olivâtre, le front élevé, les yeux noirs, le nez aquilin, le menton fourchu, la lèvre inférieure légèrement saillante, le dos un peu voûté, mais ce défaut n'avait rien de disgracieux ; l'ensemble de leurs personnes respirait la force, et n'était pas sans une mâle beauté. Jamais on ne vit une conformité si complète; l'âge aussi paraissait se rapporter; on n'aurait pas donné plus de trente-deux ans à l'un ni à l'autre; les seules différences que l'on pût remarquer entre eux, outre la pâleur répandue sur le visage de l'homme couché à terre, c'était d'abord la maigreur de celui-ci, contrastant avec l'embonpoint modéré de l'autre ;

MARTIN GUERRE.

puis une large cicatrice que le blessé avait au sourcil droit.

— Ayez soin de l'âme de votre frère, dit le chirurgien au soldat qui se tenait debout; car je le plains si elle est en même danger que son corps.

— N'y a-t-il donc aucun espoir? demanda le Sosie du blessé.

— La plaie est trop large et trop profonde, répondit l'homme de l'art, pour être cautérisée par l'huile bouillante, suivant l'ancienne méthode; *delenda est causa mali*, il faut extirper la cause du mal, comme dit maître Ambroise Paré; je dois plutôt *secare ferro*, c'est-à-dire lui couper la jambe. Dieu veuille qu'il survive à l'opération!

Tout en cherchant ses instrumens, il regardait en face le frère supposé de la victime, et il ajouta :

— Mais comment se fait-il que vous portiez tous deux le mousquet dans des rangs opposés, car je vois que vous êtes des nôtres, tandis que ce malheureux porte les couleurs espagnoles.

— Oh! ce serait une longue histoire à vous raconter, répondit l'autre en secouant la tête; moi, j'ai suivi naturellement la carrière qui m'était ouverte, et je me suis enrôlé volontairement sous les drapeaux de notre roi et seigneur Henri deuxième du nom; quant à celui que vous avez si bien reconnu pour mon frère, comme il est né en Biscaye, il s'est trouvé attaché à la maison du cardinal de Burgos, et par suite à celle du frère de ce cardinal, qui l'a forcé de le suivre à la guerre; c'est sur le champ de bataille que je l'ai rencontré, au moment où il venait de tomber; je l'ai dégagé d'un monceau de cadavres, et je l'ai moi-même apporté ici.

Pendant ce récit, la physionomie de ce personnage trahissait une secrète agitation ; mais le chirurgien n'y prit pas garde. Ne trouvant pas parmi ses outils ceux qui lui étaient nécessaires : C'est mon confrère, s'écria-t-il, qui les aura emportés !... il n'en fait jamais d'autres, par jalousie de ma renommée ; mais je le rejoindrai... De si bons instrumens ! qui fonctionnent tout seuls, et qui seraient capables de donner de l'habileté à un ignorant comme lui !... — Je serai ici dans une heure ou deux : du repos, du sommeil, aucune agitation, rien qui puisse enflammer la blessure ; et quand l'opération sera proprement faite, nous verrons... A la grâce du Seigneur !

Puis il se dirigea vers la porte, confiant le pauvre diable aux soins de son frère.

— Eh ! mon Dieu ! ajouta-t-il en hochant la tête, avec l'aide d'un miracle, il en réchappera peut-être.

A peine le chirurgien fut-il dehors, que le soldat valide examina curieusement le visage du blessé.

— Oui, murmura-t-il entre ses dents ; on me l'avait bien dit qu'il y avait dans l'armée ennemie un homme à qui je ressemblais trait pour trait... C'est que vraiment c'est à s'y méprendre... On dirait un miroir qui me renvoie ma propre figure... J'ai bien fait de le chercher dans les derniers rangs des troupes espagnoles ; et, grâce à ce compagnon qui l'a abattu si à propos d'un coup d'arquebuse, j'ai pu, en emportant son corps à l'écart, me soustraire aux périls de la mêlée.

MARTIN GUERRE.

Mais ce n'est pas tout, pensa-t-il en observant toujours la figure souffrante du malheureux amputé; ce n'est pas tout que d'être sorti de là! Je n'ai rien au monde, je ne possède rien; sans asile, sans ressource, gueux de naissance, aventurier de fortune, je me suis enrôlé, et j'ai mangé le prix de mon enrôlement; j'espérais le pillage, et nous voilà en pleine déroute! Que faire? Me jeter à l'eau la tête la première? Non certes; autant valait mourir de la poudre à canon. Mais ne puis-je tirer parti du hasard pour me créer une condition sortable, mettre à profit cette étrange ressemblance, et me servir de cet homme que le ciel a jeté dans ma route, et qui n'a plus que quelques instans à vivre?

Tout en faisant ces réflexions, il se pencha sur le corps du blessé en riant d'un rire sardonique; on eût dit Satan guettant au passage l'âme d'un damné qui ne peut lui échapper.

— Hélas! hélas! criait le patient; que Dieu ait pitié de moi! ma fin est proche, je le sens.

— Bah! camarade, chassons les idées noires... Une jambe vous fait souffrir... on vous l'enlèvera... ne pensons plus qu'à l'autre, et confions-nous à la Providence.

— J'ai soif... par grâce, une goutte d'eau!...

Une fièvre violente venait de se déclarer. Le garde-malade regarda autour de lui, et vit une cruche pleine d'eau, vers laquelle le moribond étendait une main défaillante. Une idée vraiment infernale traversa son esprit. Il versa de l'eau dans une gourde qu'il portait à sa ceinture, et l'approcha des lèvres du patient, puis il la retira.

CRIMES CÉLÈBRES.

— Oh ! j'ai soif... cette eau... par pitié... ah ! donne, donne...

— Mais à une condition : c'est que tu me raconteras toute ton histoire.

— Oui, mais donne...

L'autre lui laissa boire une gorgée ; puis le pressa de questions sur lui, sur sa famille, ses amis, sa fortune, et le força d'y répondre, en tenant suspendu devant ses yeux le breuvage qui devait apaiser le feu dévorant de ses entrailles.

Après cet interrogatoire, souvent entrecoupé, le malade retomba épuisé et presque sans connaissance.

Son compagnon n'étant pas encore satisfait, imagina de le ranimer en lui faisant avaler quelques gouttes d'eau-de-vie ; cette boisson excitante ranima la fièvre, et remonta le cerveau au degré d'exaltation nécessaire pour que de nouvelles réponses succédassent à de nouvelles questions. Les doses du spiritueux furent redoublées plusieurs fois, au risque d'abréger les jours du malheureux. Dans un état voisin du délire, il sentait sa tête embrasée d'un feu ardent ; ses souffrances cédaient à la violence d'une irritation fébrile qui le reportait en d'autres lieux, en d'autres temps, jusqu'aux jours de sa jeunesse, et jusqu'au pays où il avait vécu. Mais une sorte de réserve enchaînait encore sa langue : ses sentimens intimes, les détails secrets de sa vie passée n'étaient point encore venus sur ses lèvres ; et cependant une crise pouvait l'enlever d'un moment à l'autre. Le temps pressait : déjà le jour commençait à baisser, lorsque l'impitoyable inter-

MARTIN GUERRE.

rogateur eut l'idée de profiter de cette obscurité. Il réveilla par quelques paroles solennelles les idées religieuses du patient, frappa son imagination de terreur en lui parlant des peines de l'autre vie et des flammes de l'enfer; et, secondé par les transports où il l'avait jeté, il parut aux yeux du mourant comme un juge chrétien qui allait le livrer à la damnation éternelle, ou lui ouvrir les cieux. Enfin, pressé, torturé, écrasé par l'ascendant d'un homme dont la voix tonnait à son oreille comme celle d'un ministre de Dieu, le mourant lui livra tous ses aveux, tous!... et lui fit sa confession.

Quelques minutes après, le bourreau, car on pouvait l'appeler ainsi, se pencha sur la victime, ouvrit ses vêtemens, y prit quelques parchemins et quelques pièces d'argent; il fit ensuite un mouvement pour tirer sa dague, mais il se retint; puis repoussant dédaigneusement le corps, comme l'avait fait le premier chirurgien :

— Je pourrais te tuer, lui dit-il; mais ce serait un meurtre inutile; j'avancerais de quelques heures tout au plus ton dernier soupir et mes droits à ton héritage.

Et il ajouta d'une voix moqueuse:

— Adieu, frère!

Le moribond exhala un faible gémissement, et l'aventurier sortit de la chambre.

Quatre mois après cette scène, on voyait devant la porte d'une maison située à l'extrémité du village d'Artigues, près de Rieux, une femme assise qui jouait avec un enfant de neuf à dix ans. Jeune encore, elle avait le teint brun des femmes du Midi; sa belle chevelure noire retombait en larges boucles autour de sa tête ; le feu caché des passions se trahissait quelquefois par l'éclat de ses regards ; mais une nonchalance habituelle et une sorte de langueur semblaient recouvrir ce foyer presque éteint, et la maigreur de sa personne accusait quelque chagrin secret : on devinait une existence incomplète, un bonheur flétri, une âme douloureusement brisée.

Son costume était celui d'une bourgeoise riche ; elle portait une de ces longues robes à manches flottantes qui étaient de mode au seizième siècle. La maison devant laquelle elle se tenait assise lui appartenait, ainsi que le vaste champ qui joignait le jardin. En ce moment, elle partageait son attention entre les jeux de son fils et les ordres qu'elle donnait à une vieille servante, lorsque tout-à-coup un cri de l'enfant la fit tressaillir :

— Tiens, ma mère, disait-il, tiens, le voilà !

Elle suivit la direction de son doigt, et vit un jeune garçon qui passait à l'angle de la rue.

— Oui, poursuivit l'enfant, c'est lui qui hier, tandis que je jouais avec les autres garçons du village, m'a insulté par toutes sortes de mauvaises paroles !

— Et quels noms t'a-t-il donnés, mon fils ?

— Il y en a un que je n'ai pas compris, mais ce devait être une bien grosse injure ; car tous les autres m'ont tout-à-coup montré au doigt, et m'ont laissé là. Il m'a appelé, — il dit qu'il ne fait que répéter ce que lui a dit sa mère, — il m'a appelé méchant bâtard.

Le visage de la jeune femme devint pourpre d'indignation.

MARTIN GUERRE.

— Quoi! s'écria-t-elle, ils oseraient!... quelle indignité!

— Qu'est-ce que veut donc dire ce vilain mot-là, maman? demanda l'enfant troublé par cette colère. Appelle-t-on ainsi les pauvres enfans qui n'ont plus de père?

La mère serra son fils contre son sein.

— Oh! reprit-elle, c'est une infâme méchanceté! Ces gens-là n'ont jamais vu celui que je pleure ; il n'y a que six ans qu'ils sont établis dans le village, et voilà la huitième année révolue depuis le départ de ton père, mais leur calomnie est absurde : cette église là-bas a vu célébrer notre mariage; cette maison que j'ai reçue en dot s'est ouverte pour nous après la cérémonie, et mon pauvre Martin a laissé ici des parens, des amis, qui ne souffriront pas qu'on insulte à l'honneur de sa femme.....

— De sa veuve, interrompit une voix grave.

— Ah! mon oncle! s'écria la jeune femme en se retournant vers un vieillard qui sortait de la maison.

— Oui, Bertrande, reprit le nouveau venu, il faut t'habituer à cette idée. Mon neveu n'est plus de ce monde, j'en suis sûr; autrement il n'aurait pas été assez fou pour rester si long-temps sans donner de ses nouvelles. Parti brusquement à la suite d'une querelle de ménage, dont tu n'as jamais voulu m'apprendre la cause, il n'aurait pas gardé rancune pendant huit années ; ce n'était pas là son caractère. Où est-il allé? qu'a-t-il fait? Nous n'en savons rien, ni toi, ni moi, ni personne, mais à coup sûr il est mort, et repose en terre sainte bien loin de nous. Dieu veuille avoir son âme!

Bertrande fit un signe de croix, et pleura, la tête inclinée sur ses mains.

— Bonjour, Sanxi, dit l'oncle en tapant sur la joue de l'enfant, qui se détourna avec humeur.

L'aspect de cet homme n'avait en effet rien qui prévînt en sa faveur ; les enfans sentent d'instinct ces sortes de gens, faux, cauteleux, dont le regard louche dément à leur insu les paroles mielleuses.

— Bertrande, s'écria-t-il, ton fils, indocile comme le fut autrefois son père, répond mal à mes caresses.

— Pardon, répondit la mère, l'enfant est jeune, il ne sait pas encore ce qu'il doit à l'oncle de son père ; je l'instruirai mieux ; il apprendra bientôt avec reconnaissance les soins que vous prenez pour lui conserver sa petite fortune.

— Sans doute, sans doute, dit l'oncle en s'efforçant de sourire, je vous en rendrai bon compte ; car c'est avec vous seuls que j'aurai affaire dans l'avenir. Va, ma chère, ton mari est bien mort. Bah ! si tu m'en crois, voilà bien assez de regrets pour un mauvais sujet ; n'y songeons plus.

En achevant ces mots il s'éloigna, et laissa la jeune femme livrée aux plus tristes pensées.

Bertrande de Rolls, douée par la nature d'une sensibilité ardente, qu'une éducation sage avait contenue dans de justes bornes, atteignait à peine sa douzième année, lorsqu'elle épousa le jeune Martin Guerre, qui n'était guère plus âgé qu'elle. Ces sortes d'unions précoces étaient alors en usage, surtout dans les provinces du Midi. Ce qui les dé-

MARTIN GUERRE.

terminait le plus souvent, c'étaient des considérations d'intérêt et de famille, secondées par le développement hâtif de la puberté dans certains climats. Pourtant les jeunes époux vécurent long-temps comme frère et sœur. L'âme de Bertrande, dirigée de si bonne heure vers des idées d'amour légitime, s'attacha toute entière à l'être qu'on lui donnait pour compagnon de toute sa vie; elle lui rapporta toutes ses affections, toutes ses pensées; lui seul devint le but et le centre de son existence; et quand leur hymen fut sérieusement réalisé, la naissance d'un fils vint encore resserrer un lien fortifié d'avance par son ancienneté. Mais, bien des philosophes l'ont dit, le bonheur uniforme, qui attache de plus en plus les femmes, a souvent pour effet de détacher les hommes, et Martin Guerre l'éprouva. Vif, étourdi, impatient d'un joug qu'il avait porté de si bonne heure, curieux de voir le monde et de sentir sa liberté, il profita un jour d'un prétexte frivole, d'une légère dispute, où Bertrande confessa depuis avoir eu les premiers torts, pour quitter la maison et le village. On le chercha vainement, on l'attendit. Bertrande passa le premier mois à guetter son retour, mais inutilement; puis elle consacra ses jours à la prière. Le ciel resta sourd à ses vœux. Elle voulait partir aussi, courir à la recherche du fugitif; mais le monde est grand, et aucune trace ne pouvait la guider. Que de tourmens pour ce cœur si tendre, que de regrets pour cette âme altérée d'amour, que de nuits sans sommeil, que de veilles sans repos! Des années se passèrent, son fils grandit, et rien ne vint lui apprendre ce qu'était de-

CRIMES CÉLÈBRES.

venu celui qu'elle avait tant aimé. Elle parlait souvent de lui à son enfant, qui ne la comprenait pas ; elle cherchait à retrouver ses traits dans ceux du jeune Sanxi, et quoiqu'elle s'étudiât à concentrer toute son affection sur son fils, elle éprouvait qu'il y a des peines que l'amour maternel ne peut pas effacer, des larmes qu'il ne peut tarir ; et dévorée par l'ardeur même des sentimens qu'elle refoulait dans son cœur, la pauvre femme dépérissait lentement, entre les regrets du passé, les vains désirs du présent, et la perspective solitaire de l'avenir.

C'est en de pareilles circonstances qu'elle venait d'être offensée dans son honneur, froissée dans ses sentimens maternels, et l'oncle de son mari, qui aurait dû la défendre et la soutenir, n'avait pour elle que des paroles froides et désolantes !

Le vieux Pierre Guerre était avant tout un égoïste ; dans sa jeunesse, on l'avait accusé de pratiquer l'usure, et au fait, on ne savait trop par quels moyens il s'était enrichi ; car le petit commerce d'étoffes auquel il s'adonnait ne semblait pas lui procurer de grands bénéfices. Lors de la disparition de son neveu, il était naturel qu'on lui confiât le soin de faire valoir le patrimoine de la famille, et sur-le-champ il s'occupa d'en doubler les revenus, mais sans se croire obligé d'en rendre compte à Bertrande. Aussi, quand il se persuadait que Martin ne devait plus revenir, pouvait-on lui supposer le désir de prolonger une situation dont il tirait parti.

La nuit étendait peu à peu ses voiles ; c'était à ce moment où le crépuscule confond les objets lointains et

MARTIN GUERRE.

rend les formes indécises, On touchait alors à la fin de l'automne, cette saison mélancolique, qui réveille tant d'idées sombres, et le souvenir de tant d'espérances perdues. L'enfant était rentré dans la maison. Bertrande, toujours assise devant la porte et le front penché sur sa main, songeait tristement aux dernières paroles de son oncle, et revoyait en imagination le passé qu'elles lui avaient rappelé : les scènes de leur enfance, lorsque, mariés si jeunes l'un à l'autre, ils n'étaient encore que des compagnons de jeux, préludant par d'innocentes joies aux graves devoirs de la vie ; puis leur amour croissant peu à peu avec leurs années, jusqu'à ce que l'habitude du bonheur se fût changée, pour elle en passion, pour lui, au contraire, en indifférence ; elle croyait le voir encore tel qu'il était la veille de son départ, jeune et beau, portant fièrement la tête, revenant d'une chasse pénible et allant s'asseoir au berceau de son fils ; elle se rappelait aussi avec amertume les soupçons jaloux qu'elle avait formés, la colère avec laquelle elle les avait laissés éclater, l'offense qu'elle lui avait faite, et la disparition de son mari outragé, suivie de huit ans d'absence et de deuil. Elle pleurait sur son abandon, sur le désert où s'écoulait sa vie, ne voyant autour d'elle que des âmes froides ou des esprits cupides, et ne vivant que pour son enfant, pour celui qui lui retraçait au moins une image incomplète de l'époux qu'elle avait perdu. Perdu ! oui, perdu pour jamais, se disait-elle en soupirant et en levant les yeux vers ces campagnes qui l'avaient vu tant de fois, à cette même heure du jour, aux derniers feux du soleil couchant, revenir pour le re-

CRIMES CÉLÈBRES.

pas de famille. Bertrande parcourait d'un regard distrait les collines éloignées qui dessinaient leurs noires silhouettes sur le ciel enflammé de l'Occident ; puis elle ramena sa vue sur un petit bois d'oliviers planté à l'autre bord d'un ruisseau qui coulait au pied de sa demeure. Tout était calme ; l'approche de la nuit ramenait le silence avec l'obscurité : c'était là le spectacle que Bertrande avait tous les soirs, et quoiqu'elle eût peine à s'en détacher, elle se levait pour rentrer dans la maison, lorsqu'un mouvement qui se fit entre les arbres attira son attention : elle crut d'abord se tromper ; mais les branches craquèrent en s'écartant, et une forme humaine parut de l'autre côté du ruisseau. Bertrande eut peur : elle voulut crier ; mais l'excès même de l'émotion paralysa sa voix, comme il arrive dans un rêve effrayant. Il semblait en effet que ce fût un rêve, car malgré les ténèbres épaissies autour de cette figure indistincte, elle crut reconnaître des traits bien chers à son souvenir. Était-elle le jouet d'une hallucination ? ses rêveries ardentes l'avaient-elles exaltée à ce point ? Elle craignit d'être folle, et s'agenouilla pour prier Dieu. Mais l'illusion ne s'effaçait pas, et devant elle se tenait toujours cette ombre immobile, qui, les bras croisés, la contemplait... Alors elle crut à la sorcellerie, à quelque charme du démon ; et superstitieuse comme on l'était à cette époque, elle embrassa avec ardeur un crucifix qu'elle portait sur son sein, et tomba presque évanouie. D'un bond, le fantôme franchit le ruisseau, et parut à côté d'elle.

— Bertrande !... lui dit-il d'une voix émue. Elle leva

MARTIN GUERRE.

la tête, poussa un cri perçant, et se trouva dans les bras de son mari.

Le soir même, tout le village fut instruit de cet événement. Les habitans se pressaient devant la porte de Bertrande ; les amis, les parens de Martin, voulurent tous le revoir après ce retour miraculeux ; ceux qui ne l'avaient jamais connu ne furent pas les derniers à témoigner leur curiosité ; si bien qu'avant de se retirer auprès de sa femme, le héros de l'aventure fut obligé de se montrer publiquement dans une grange attenante à sa demeure. Ses quatre sœurs fendirent la foule et lui sautèrent au col en sanglotant ; l'oncle averti examina son neveu avec surprise d'abord, puis il tendit les bras. Tous le reconnurent, à commencer par la vieille servante Marguerite, qui était entrée au service des deux époux le jour même de leur mariage ; on observa seulement que l'âge plus mûr avait affermi ses traits, donné plus de caractère à sa physionomie et plus de développement à ses formes robustes. On remarqua aussi qu'il avait une cicatrice au sourcil droit, et qu'il boitait légèrement. C'étaient deux blessures qu'il avait reçues, dit-il, et dont il ne souffrait plus.

Martin Guerre paraissait impatient de se retirer près de sa femme et de son fils ; mais la foule assemblée exigeait un récit des événemens qui s'étaient passés pendant son exil volontaire ; il fut obligé de la satisfaire. L'envie de voir le monde l'avait, dit-il, saisi au milieu de son bonheur, il y avait huit ans environ ; il n'avait pu résister à cette humeur vagabonde, et un soir il était parti à l'improvisto. Un instinct bien naturel l'avait d'abord conduit dans son pays, en Biscaye, où il avait embrassé ceux de ses parens qu'il y avait laissés autrefois. Là il trouva le cardinal de Burgos, qui l'attacha à sa maison en lui promettant des profits, des horions à donner et à recevoir, et bon nombre d'aventures. Quelque temps après, il passa au service du frère de ce cardinal, qui, bien malgré lui, le força à le suivre à la guerre et à s'armer en partisan contre les Français; ce fut ainsi qu'il se trouva dans les rangs espagnols à la bataille de Saint-Quentin, et qu'il reçut un terrible coup de feu qui lui traversa la jambe; transporté dans une maison d'un village voisin, il tomba entre les mains d'un chirurgien qui voulait lui couper le membre blessé; mais par bonheur ce chirurgien, qui l'avait quitté un moment, ne revint plus, et le malade ayant trouvé une bonne vieille femme qui pansa sa blessure et qui le soigna nuit et jour, se rétablit heureusement en quelques semaines, puis retourna vers le village d'Artigues, heureux de retrouver sa maison, ses biens, surtout sa femme et son enfant, et bien résolu à ne plus les quitter.

En achevant cette histoire, il donna des poignées de main à ses voisins encore émerveillés de le voir au milieu d'eux. Il appela par leurs noms plusieurs paysans qu'il avait laissés fort jeunes, et qui, s'entendant nommer, s'avancèrent vers lui hommes faits et à peine reconnaissables, tout joyeux cependant de n'être pas oubliés. Il rendit à ses sœurs caresses pour caresses, demanda pardon à son oncle des chagrins qu'il lui avait causés dans sa jeunesse par sa mutinerie; il lui rappela en riant les

MARTIN GUERRE.

corrections qu'il avait reçues de lui, et se souvint aussi d'un moine de Saint-Augustin qui lui avait appris à lire, ainsi que d'un révérend père capucin dont la conduite déréglée avait fait scandale dans le pays. Bref, il parut, malgré son long voyage, avoir conservé une mémoire toute fraîche des lieux, des hommes et des choses. Les bonnes gens le comblèrent de félicitations; ce fut à qui le bénirait d'avoir eu la bonne pensée de revenir; ce fut à qui rendrait témoignage du chagrin de Bertrande et de sa vertu si parfaite. On s'attendrissait, on pleurait, et on vida plusieurs bouteilles de la cave de Martin Guerre. Enfin on se sépara, avec force exclamations sur les coups imprévus du sort, et chacun se retira chez soi, ému, surpris et satisfait, sauf peut-être le vieux Pierre Guerre, qu'un mot de son neveu avait frappé d'une manière fâcheuse pour ses intérêts, et qui rêva toute la nuit aux chances de perte que lui préparait ce retour.

Il était minuit quand les époux, restés seuls, furent libres de s'abandonner à leur tendresse. Bertrande avait peine à revenir de sa stupeur; elle ne pouvait en croire ses yeux ni ses oreilles; elle revoyait là, près d'elle, dans la chambre nuptiale, l'époux qu'elle avait perdu depuis huit années, celui qu'elle avait pleuré, celui que quelques heures auparavant elle avait cru mort!... Dans la révolution soudaine causée par tant de joie succédant à tant de chagrins, elle ne retrouvait plus assez d'énergie pour manifester au dehors ce qu'elle éprouvait; ses sentimens confus pouvaient difficilement se faire jour, et son cœur ne lui fournit pas d'expressions, tant son trouble lui était l'usage de la réflexion et de la parole. Lorsqu'elle commença pourtant à se calmer, lorsqu'elle vit plus clair dans son âme, elle s'étonna de ne point sentir auprès de son époux cet élan d'amour qui la veille encore allait le chercher si loin.. C'était bien lui, c'étaient bien ses traits, c'était bien l'homme qu'elle avait choisi, auquel elle avait donné volontairement sa main, son cœur, sa personne, et cependant il lui semblait, en le revoyant, qu'une barrière de froideur, de honte, de pudeur même, la séparait de lui. Le premier baiser qu'il lui donna ne la rendit pas heureuse ; elle rougit et fut attristée. Étrange effet d'une longue absence ! Elle ne pouvait définir quels changemens le temps avait apportés dans l'aspect de cet homme: sa physionomie avait pris un caractère plus rude ; les lignes du visage, l'enveloppe extérieure, la personne physique enfin, n'était qu'à peine altérée ; mais l'âme semblait avoir changé de nature ; les yeux n'avaient plus le même regard. Bertrande avait reconnu son époux, et cependant elle hésitait encore. Ainsi Pénélope, après le retour d'Ulysse, attendait qu'un gage certain confirmât le témoignage de ses yeux, et il fallut, pour se faire reconnaître, que le mari absent lui rappelât des secrets dont elle seule était instruite.

Lui cependant, comme s'il se fût rendu compte des sentimens de Bertrande, comme s'il eût deviné quelque secrète défiance, employa les expressions les plus tendres et les plus affectueuses, donnant à sa chère Bertrande tous les noms d'amitié qu'une habitude intime avait autrefois consacrés entre eux.

MARTIN GUERRE.

— Ma reine, lui dit-il, ma belle colombe, votre ressentiment ne s'effacera-t-il point à ma vue? est-il si vif que ma soumission ne puisse l'adoucir, et mon repentir ne trouvera-t-il pas grâce à tes yeux? Bertrande, Berthe, et, comme je t'appelais encore, Bertranilla!..

Elle voulut sourire, et s'arrêta étonnée; les noms étaient bien les mêmes, mais l'inflexion de la voix était changée.

Il pressa les mains de sa femme dans les siennes.

— Les jolies mains! reprit-il; ont-elles conservé mon anneau? Oui, le voilà, et à côté, l'autre bague, le saphir que je te donnai le jour de la naissance de notre Sanxi!

Bertrande ne répondit pas; mais elle prit doucement l'enfant, et le remit entre les bras de son père.

Martin prodigua les caresses à son fils, et lui parla du temps où il le portait tout petit et tout faible encore, l'élevant à la hauteur des fruits de son jardin, pour qu'il pût y atteindre et y mordre. Il se rappela qu'un jour des ronces sauvages avaient blessé cruellement le pauvre enfant à la jambe, et il s'assura, non sans attendrissement, que la marque y était encore.

Bertrande fut touchée de cette affection vive et de ces souvenirs; elle s'en voulut à elle-même de sa réserve, et se rapprochant du père de son enfant, elle laissa tomber sa main dans celles de Martin, tandis qu'il lui parlait ainsi avec douceur:

— Mon départ t'a laissée dans l'anxiété; je m'en repens aujourd'hui. Mais que veux-tu? j'étais jeune, j'étais fier, et tes reproches étaient si injustes!...

CRIMES CÉLÈBRES.

— Ah ! dit-elle, tu te rappelles encore la cause de notre querelle?

— Cette jeune Rose, notre voisine, à qui tu prétendis que je faisais la cour, parce qu'un soir tu me trouvas avec elle devant la fontaine du petit bois. Je t'expliquai que le hasard seul avait amené cette rencontre ; d'ailleurs, Rose n'était qu'une enfant ; mais tu ne voulus pas m'écouter, et dans ta colère...

— Ah ! pardon, pardon, mon ami ! interrompit-elle toute confuse...

— Dans ta colère aveugle, tu pris je ne sais quel objet qui se trouvait sous ta main, et tu me le lanças au visage. De là cette blessure, ajouta-t-il en souriant et en montrant son sourcil droit ; cette blessure dont je porte encore la cicatrice.

— O ciel ! s'écria Bertrande, pourras-tu jamais me pardonner?

— Tu le vois bien ! répondit Martin en l'embrassant.

Toute émue, elle releva les cheveux de son époux, et regarda la trace que la blessure avait laissée sur son front.

— Eh mais! dit-elle avec une surprise mêlée de crainte, cette cicatrice paraît encore toute fraîche...

— Ah ! reprit Martin avec un peu d'embarras, c'est que dernièrement elle s'était rouverte... Mais je n'y songe plus ; n'en parlons jamais, Bertrande ; je ne veux pas d'un souvenir qui pourrait te faire craindre d'être devenue moins chère à mes yeux.

Il l'attira sur ses genoux ; elle s'en défendit doucement.

MARTIN GUERRE.

— Renvoie ton fils, lui dit Martin : demain il aura des preuves de ma tendresse ; mais aujourd'hui, toi, Bertranille, toi d'abord...

L'enfant embrassa son père et sortit.

Bertrande revint se mettre à genoux près de son mari, et le regarda fixement avec un sourire mêlé d'inquiétude.

Cette attention extrême parut déplaire à Martin :

— Qu'avez-vous donc encore ? dit-il ; pourquoi m'examiner ainsi ?

— Je ne sais, mon ami ; mais pardonne, ah ! pardonne... le bonheur de te revoir était si imprévu ! il me semble que c'est un rêve, je ne puis m'y accoutumer si vite ; laisse-moi quelque temps pour me recueillir ; souffre que je passe cette nuit en prières ! C'est à Dieu que je dois d'abord offrir ma joie et ma reconnaissance.

— Non, interrompit l'époux en passant ses bras autour du beau cou de Bertrande et en caressant ses longs cheveux ; non, c'est à moi que sont dues tes premières pensées : après tant de fatigues, mon repos, c'est ta vue ; mon bonheur, après tant d'épreuves, c'est ton amour ! Voilà l'espoir qui soutenait mes forces, et j'ai hâte de m'assurer, moi aussi, que ce n'est point une illusion.

Et il voulut la relever.

— Oh ! murmura-t-elle, je t'en prie, laisse-moi.

— Quoi donc ! s'écria-t-il avec quelque colère, est-ce ainsi que vous m'aimez, Bertrande ? est-ce ainsi que vous me conservez votre foi ? Ne dois-je pas douter plutôt du témoignage de vos amis ? ne dois-je pas craindre que l'indifférence ou même quelque autre sentiment...?

— Oh! monsieur, vous me faites injure, dit la jeune femme en se relevant.

Il la saisit dans ses bras.

— Non, non, je ne croirai rien qui puisse t'offenser, ma belle reine, et j'ai confiance dans ta foi, comme jadis, tu le sais, lors de mon premier voyage, quand tu m'écrivais ces lettres si tendres, que j'ai toujours conservées depuis. Les voilà.

En disant ces mots, il tira quelques papiers sur lesquels Bertrande put reconnaître son écriture.

— Oui, poursuivit-il, je les ai lues et relues. Vois, tu me parlais alors de ton amour et des chagrins de l'absence... Maintenant pourquoi ce trouble et cette espèce d'effroi? Te voilà toute tremblante, comme ce jour où je te reçus des mains de ton père... C'était ici, dans cette chambre... Restée seule avec moi, tu me conjurais aussi de m'éloigner, de te laisser passer la nuit en prières... mais j'insistai, tu te le rappelles, je te pressai sur mon cœur, comme à présent.

— Oh! murmura-t-elle faiblement, de grâce...

Mais ses paroles furent étouffées par un baiser. Le souvenir du passé, le bonheur du présent reprirent tout leur empire, les craintes chimériques disparurent, et les rideaux retombèrent sur le lit nuptial.

Le lendemain fut un jour de fête pour tout le village d'Artigues. Martin alla rendre visite à tous ceux qu'il avait reçus la veille; ce furent des reconnaissances et des embrassades sans fin. Les jeunes gens se rappelaient qu'il les avait fait jouer étant petits; les vieillards, qu'ils avaient

MARTIN GUERRE.

assisté à ses fiançailles lorsqu'il n'avait que douze ans. Les femmes se souvenaient d'avoir porté envie à Bertrande; et, parmi elles, la plus jolie de toutes, la fille de maître Marcel l'apothicaire, Rose, qui avait excité tant de jalousie dans le cœur de la pauvre femme, Rose savait bien que cette jalousie n'était pas tout-à-fait injuste; car Martin lui avait adressé ses hommages, et elle ne le revit pas sans quelque trouble; car maintenant, mariée à un riche bourgeois, vieux, laid et jaloux, elle comparait, en soupirant, son triste sort à celui de son heureuse voisine. De leur côté, les sœurs de Martin le retinrent chez elles, et lui parlèrent des jeux de leur enfance, de leur père et de leur mère, morts tous deux en Biscaye. Martin essuya les larmes que leur arrachaient ces souvenirs du passé, et il ne fut plus question que de se réjouir. Des repas furent donnés et rendus; Martin réunit à sa table ses parens et ses anciens amis; la gaieté la plus franche y régna. On remarqua seulement que le héros de ces fêtes bachiques s'abstenait de boire du vin; on lui en fit des reproches : il répondit que, depuis les blessures qu'il avait reçues, le soin de sa santé lui défendait tout excès. Il fallut bien admettre cette excuse; et ce qui résulta des précautions prises par Martin, c'est qu'il conservait toute sa tête et tout son sang-froid, tandis que les autres s'abandonnaient aux folles inspirations de l'ivresse.

— Ah! s'écria l'un des convives, qui avait étudié dans des livres de médecine, Martin a raison de craindre les boissons spiritueuses : les blessures les mieux cicatrisées peuvent se rouvrir et s'enflammer par suite de l'intempérance;

CRIMES CÉLÈBRES.

quant aux gens qui ont des plaies récentes, le vin leur sert de poison mortel : on a vu sur le champ de bataille des blessés mourir en deux heures pour avoir avalé quelques gouttes d'eau-de-vie.

Martin Guerre pâlit, et entama une conversation avec la belle Rose, sa voisine. Bertrande s'en aperçut, mais elle ne témoigna aucune inquiétude : elle avait été trop punie de ses premiers soupçons pour se livrer encore à la jalousie ; d'ailleurs, son mari lui montrait tant d'amour, qu'elle devait être bien rassurée.

Les premiers temps passés, Martin Guerre songea à mettre ordre à ses affaires. Sa fortune était un peu compromise par sa longue absence : un voyage en Biscaye était nécessaire pour qu'il rentrât dans les biens qui devaient lui appartenir, et sur lesquels la justice avait déjà mis la main. Il lui fallut plusieurs mois pour obtenir, moyennant quelques sacrifices bien placés, que la chicane lui rendît les champs et la maison de son père. Quand il eut réussi, il revint à Artigues, et se disposa également à rentrer en possession des biens de sa femme, et ce fut à ce sujet qu'un matin, onze mois environ après son retour, il vint trouver son oncle Pierre.

Celui-ci s'attendait à cette visite ; il fut très-poli : il fit asseoir Martin, l'accabla de complimens, tout en le regardant avec attention pour sonder ses pensées, et il fronça le sourcil en découvrant que son neveu était venu avec une détermination bien arrêtée. Martin fut le premier à rompre le silence.

— Mon oncle, dit-il, je viens vous remercier du soin

MARTIN GUERRE.

que vous avez pris en mon absence des biens de ma pauvre femme; elle n'aurait jamais pu les faire valoir par elle-même. Vous en avez touché les revenus pour les conserver à la famille : c'était d'un bon parent ; je n'attendais pas moins de votre affection. Me voilà de retour, et libre de toute autre affaire ; maintenant comptons, s'il vous plaît.

L'autre toussa et raffermit sa voix avant de répondre ; puis il dit avec lenteur, en mesurant ses paroles :

— Tout est compté, mon cher neveu : grâce au ciel, je ne vous dois rien.

— Comment ! s'écria Martin stupéfait, ces revenus...

— Ces revenus ont été bien et dûment employés à l'entretien de votre femme et de votre enfant.

— Quoi ! mille livres pour cet usage ! et Bertrande vivait seule, si simple, si retirée ! Allons, ce n'est pas possible !

— Le surplus, reprit l'oncle avec impassibilité, le surplus a servi à payer les frais des semences et des récoltes.

— Quand le labeur des gens de campagne est à si bas prix !

— Voici ma note, dit Pierre.

— Et cette note est un mensonge ! s'écria le mari de Bertrande.

Pierre crut convenable de paraître offensé et de se mettre en colère ; l'autre, déjà exaspéré par cette mauvaise foi évidente, le prit sur un ton encore plus haut. Il parla de faire un procès ; Pierre menaça de chasser l'insolent qui venait le braver dans sa maison, et, joignant le geste à la parole, il le prit par le bras pour le faire sortir ; Martin, furieux, leva la main sur lui.

— Sur ton oncle, malheureux !

Martin s'arrêta ; mais en sortant il murmura quelques reproches mêlés d'injures, parmi lesquels Pierre distingua ces mots :

— Vous êtes un faussaire !

— Voilà un nom dont je me souviendrai ! s'écria le vieillard vindicatif en fermant sa porte avec violence.

Le procès fut intenté par Martin Guerre par devant le juge de Rieux ; quelque temps après il intervint une sentence qui, statuant sur les comptes présentés par Pierre, les déclara inexacts, et condamna l'administrateur infidèle à payer à son neveu quatre cents livres par chaque année. Le jour où cette somme fut arrachée à son coffre-fort, l'ancien usurier laissa échapper un cri de vengeance ; mais jusqu'à ce qu'il pût satisfaire sa haine, il fallut la dissimuler, et répondre par un sourire amical aux avances de rapprochement qui lui furent faites. Ce fut six mois après, et à l'occasion d'un événement heureux, que Martin remit le pied dans la maison de son oncle. Les cloches célébraient la naissance d'un enfant ; il y avait fête au logis de Bertrande ; tous les amis, réunis sur le seuil de la demeure de l'accouchée, n'attendaient plus que la présence du parrain pour mener le nouveau-né à l'église, et des cris de joie s'élevèrent de toutes parts, lorsque le vieux Pierre, conduit par Martin, s'avança, un bouquet au côté, et prit la main de Rose, sa jolie commère. Bertrande se réjouit de cette

MARTIN GUERRE.

réconciliation, et s'abandonna aux idées les plus riantes. Elle se trouvait si heureuse! elle était bien dédommagée de ses longs ennuis; ses regrets étaient apaisés, ses soupirs les plus ardens étaient exaucés; l'intervalle qui séparait son ancien bonheur de son bonheur présent s'effaçait à ses yeux, comme si la chaîne n'eût jamais été rompue. Elle aimait son mari, plus peut-être qu'elle ne l'avait jamais aimé : il se montrait plein d'affection pour elle, et elle se sentait pleine de reconnaissance. Enfin elle ne se souvenait de ses chagrins que pour mieux goûter par la comparaison la joie nouvelle que le ciel lui avait envoyée. Le passé pour elle était sans ombre, l'avenir sans nuage, et la naissance d'une fille, en resserrant encore le lien qui l'unissait à son époux, s'offrait à elle comme un nouveau gage de félicité. Pauvre femme! l'horizon, qui lui semblait si pur, allait s'assombrir de nouveau.

Le soir même de la cérémonie du baptême, une bande de musiciens et de jongleurs traversa fort à propos le village. Les gens de la fête leur firent quelques libéralités. Pierre en interrogea quelques-uns : le chef de la troupe était Espagnol. Pierre le fit aussitôt entrer chez lui ; on remarqua qu'il resta près d'une heure enfermé avec cet homme, qui s'éloigna ensuite muni d'une bourse assez bien garnie. Deux jours après, Pierre annonça à sa famille qu'une affaire de commerce l'appelait en Picardie auprès d'un de ses anciens associés, et il partit en effet pour s'y rendre, promettant d'être bientôt de retour.

Ce fut un jour terrible pour Bertrande que celui où elle revit cet homme. Elle était seule auprès du berceau de son plus jeune enfant, ne songeant qu'à épier l'instant du réveil, lorsque la porte s'ouvrit et que Pierre parut. Dès que Bertrande l'eut envisagé, elle recula par l'effet d'une crainte instinctive; car la physionomie du vieillard avait quelque chose à la fois de méchant et de joyeux : c'était l'expression de la haine satisfaite, c'était la rage unie au triomphe; son sourire faisait peur. Elle n'osa l'interroger d'abord, et lui fit signe de prendre un siége; mais il marcha droit à elle, et, levant la tête, il lui dit d'une voix forte :

— A genoux, madame! et demandez pardon à Dieu!

La jeune femme le regarda fixement.

— Pierre, êtes-vous insensé?

— Vous devez savoir si j'ai ma raison.

— Demander pardon, moi! et de quelle faute, au nom du ciel?

— Du crime dont vous êtes la complice.

— Un crime! expliquez-vous.

— Oui, reprit Pierre avec un ton d'ironie, une femme se croit innocente lorsqu'elle a dérobé le péché à tous les yeux; elle pense que la vérité n'éclatera jamais, et sa conscience s'endort dans l'oubli de ses fautes. En voici une qui croyait les siennes bien cachées; le hasard la favorisait : un mari absent, mort peut-être; puis un autre homme si semblable de taille, de visage et de manières, si bien dressé à son rôle, que tout le monde devait s'y méprendre! Qu'y a-t-il d'étrange à ce que cette femme

MARTIN GUERRE.

s'y laisse volontiers tromper aussi, faible, sensible, ennuyée du veuvage?...

Bertrande écoutait sans comprendre; elle voulut interrompre Pierre, il continua :

— Elle pouvait, sans rougir aux yeux du monde, accueillir cet étranger, lui accorder le nom de son mari, lui en donner les droits; elle pouvait se dire fidèle en étant coupable, paraître constante dans son changement même, et concilier à la fois, sous le voile du mystère, son honneur, ses devoirs et... son amour peut-être.

— Mais que voulez-vous dire? s'écria la jeune femme en joignant les mains avec anxiété.

— Que vous favorisez l'imposture d'un homme qui ne fut jamais votre mari.

Frappée d'une commotion violente, Bertrande chancela, et se retint au meuble le plus voisin; puis, reprenant des forces contre une attaque si étrange, elle s'avança vers le vieillard :

— Qui? lui, mon mari, votre neveu, un imposteur !

— Ne le saviez-vous pas?

— Moi !

A ce cri, qui partit de l'âme, Pierre vit bien qu'elle n'était pas instruite, et qu'il lui avait porté un coup imprévu; il reprit alors avec plus de calme :

— Quoi ! vous aussi, Bertrande, il vous aurait trompée?

— Ah! Pierre, vos paroles me font mourir! vous me torturez à plaisir! Plus d'obscurité! plus de mystères ! que supposez-vous? que savez-vous? dites-le ouvertement!

— Vous aurez du courage?

— J'en aurai, dit la pauvre femme toute tremblante.

— Dieu m'est témoin que j'aurais voulu vous cacher la vérité; mais il faut vous l'apprendre, ne fût-ce que pour sauver votre âme engagée dans un piége affreux... il en est temps encore, si vous suivez mes conseils. Écoutez-moi : l'homme avec qui vous vivez, celui qui a pris le nom de votre mari, ce prétendu Martin Guerre enfin, n'est qu'un fourbe, un faussaire...

— Qu'osez-vous dire?

— Ce que j'ai découvert. Oui, j'avais un soupçon vague, un pressentiment inquiet; malgré le prodige d'une ressemblance frappante, j'hésitais involontairement, j'avais peine à retrouver en lui le sang de ma sœur; et le jour où il osa lever la main sur moi... ah! ce jour-là, je le condamnai dans mon âme... Le hasard s'est chargé de me justifier. Un vagabond espagnol, un ancien partisan qui passa un soir dans ce village, s'était trouvé de sa personne à la bataille de Saint-Quentin; il y avait vu Martin Guerre grièvement blessé à la jambe d'un coup d'arquebuse. Après l'action, blessé lui-même, il s'était rendu dans un village voisin, et là il avait entendu le chirurgien déclarer à haute voix que le malheureux couché dans la chambre voisine devait subir l'amputation, et que probablement il n'y survivrait pas. La porte s'ouvrit, il vit le blessé, et reconnut Martin Guerre. Voilà ce que m'apprit l'Espagnol. Guidé par ces renseignemens, je prétextai une affaire, je me rendis dans le village qu'il m'avait indiqué, j'interrogeai ceux des habitans qui pou-

MARTIN GUERRE.

vaient conserver d'anciens souvenirs, et voici ce que j'appris :

— Eh bien? demanda Bertrande, pâle et haletante d'angoisse.

— Eh bien! la jambe du blessé avait été coupée.

— Ciel!

— Et suivant les pronostics du chirurgien, il était mort, disait-on, quelques heures après, car on ne l'avait jamais revu.

Sous le coup d'une telle révélation, Bertrande resta quelques instans anéantie; mais, repoussant bientôt ces terribles idées :

— Non, oh! non, s'écria-t-elle, c'est impossible; c'est une fable inventée pour le perdre, pour nous perdre tous.

— Quoi! vous ne me croyez pas?

— Non, jamais!

— Ah! dites plutôt que vous feignez de ne pas me croire : la vérité est entrée dans votre âme, mais vous voulez encore la repousser. Songez, vous dis-je, à votre salut éternel.

— Malheureux! taisez-vous... Non, Dieu n'aurait pas voulu m'éprouver ainsi! Quelle preuve, quel indice à l'appui de vos paroles?

— Les témoignages dont je vous ai parlé.

— Pas d'autres?

— Non, pas d'autres encore.

— Belles preuves, en effet! le récit d'un vagabond qui aura flatté votre haine pour tirer de vous quelque argent, les rumeurs d'un village, des souvenirs de dix années, et enfin votre parole, à vous que la vengeance seule fait agir, à vous qui avez juré de lui faire payer cher les mécomptes de votre cupidité et dont toutes les passions sont acharnées! Non, Pierre on, je ne vous crois pas, je ne vous croirai jamais!

— D'autres seront moins incrédules peut-être, et si j'accuse tout haut l'imposteur...

— Je vous démentirai.

Et s'avançant avec énergie, l'œil brillant d'une sainte colère :

— Sortez de cette maison, sortez! ajouta-t-elle, car l'imposteur... c'est vous!

— Ah! je saurai bien vous convaincre tous, et vous faire tout avouer! s'écria le vieillard furieux.

Il sortit; et Bertrande, accablée, se laissa tomber sur un siège.

Que se passait-il dans l'âme de cette pauvre femme? Toute la force qui l'avait soutenue contre Pierre l'abandonna dès qu'elle se trouva seule; malgré la résistance qu'elle opposait au soupçon, une lueur affreuse, celle du doute, pénétra dans son cœur, et remplaça ce pur flambeau de confiance qui l'avait guidée jusque alors; et ce doute, hélas! s'attaquait en même temps à son honneur et à son amour; car elle aimait de toute l'affection tendre d'une femme. De même que le poison une fois pris se glisse peu à peu et circule sourdement dans toutes les veines, corrompant le sang, et s'infiltrant dans les sources de la vie, jusqu'à ce qu'éclate enfin la désorganisation

MARTIN GUERRE.

totale du corps humain, ainsi le soupçon, cet autre poison mortel, étendait ses ravages dans cette âme qui l'avait reçu. Bertrande se rappela avec effroi la première impression qu'elle avait ressentie en revoyant Martin Guerre, ses répugnances secrètes et involontaires, son étonnement en ne trouvant point en elle de sympathie pour l'époux qu'elle avait si ardemment regretté. Elle se souvint aussi, comme si elle s'en apercevait pour la première fois, que Martin, autrefois étourdi, vif et emporté, paraissait maintenant réfléchi et maître de lui. Elle avait attribué ce changement de caractère au développement de l'âge ; mais elle frémissait à l'idée d'une autre cause. Quelques autres circonstances éparses se présentèrent encore à son esprit : c'étaient des oublis, des distractions de son mari dans des détails presque insignifians ; ainsi il lui était arrivé souvent de ne point répondre au nom de Martin, ou de se tromper de chemin en allant à un ermitage autrefois bien connu des deux époux, ou de ne pas savoir lui répondre quand elle lui adressait quelques mots en langue basque ; c'était de lui pourtant qu'elle avait appris le peu qu'elle en savait. En outre, il n'avait jamais, depuis son retour, voulu écrire devant elle : craignait-il qu'on ne remarquât quelque différence entre son écriture d'alors et celle d'autrefois ? Tous ces faits, auxquels elle avait prêté peu d'attention, acquirent de leur rapprochement une importance effrayante. Un trouble affreux s'empara de Bertrande. Devait-elle rester dans cette incertitude, ou chercher une lumière qui achèverait peut-être sa perte ? Et comment s'assurer de la vérité? en interrogeant le coupable? en surprenant sa confusion? en épiant sa pâleur? en lui arrachant un aveu? Mais depuis deux ans cet homme avait vécu avec elle, il était le père de son enfant ; elle ne pouvait l'avilir sans s'avilir elle-même ; l'explication une fois abordée, elle ne pouvait le punir sans se perdre elle-même, ni lui pardonner sans rougir. Lui reprocher son imposture pour se taire ensuite et lui garder le secret, c'était détruire à plaisir la paix de toute sa vie ; faire un éclat et appeler le châtiment sur la tête du faussaire, c'était attirer le déshonneur sur la sienne et sur celle de sa fille. La nuit la surprit dans ces affreuses perplexités ; trop faible pour y résister, elle sentit un frisson glacial s'emparer d'elle ; elle se mit au lit ; une fièvre violente se déclara, et pendant plusieurs jours elle fut entre la vie et la mort. Pendant cette maladie, Martin Guerre lui prodigua les soins les plus empressés. Elle en fut vivement touchée, ayant une de ces âmes ardentes qui ressentent le bienfait aussi fortement que l'injure. Quand elle fut un peu remise, et que la raison commença à lui revenir, elle se souvint confusément de tout ce qui s'était passé ; il lui sembla avoir fait un rêve, un rêve horrible. Elle s'informa si Pierre était venu la voir ; Pierre n'avait pas paru dans la maison. Cette conduite de son oncle ne pouvait s'expliquer que par la scène qui avait eu lieu ; alors elle se rappela tout : l'accusation portée par Pierre Guerre, ses propres observations qui l'avaient confirmée, enfin toutes ses douleurs, toutes ses angoisses. Elle s'informa des rumeurs du village, Pierre n'avait pas parlé.

MARTIN GUERRE.

Pourquoi? Avait-il reconnu que ses soupçons étaient injustes? ou plutôt, attendait-il d'autres preuves? Elle retomba elle-même dans sa cruelle incertitude; avant de croire au crime ou à l'innocence de Martin, elle résolut de l'observer encore.

Cependant, comment supposer que Dieu eût créé deux visages si semblables, deux êtres en tout si pareils, et qu'il les eût jetés ensemble dans le monde et sur la même route en quelque sorte, pour abuser et perdre une malheureuse femme? Une terrible idée lui vint, une idée qui devait se présenter la première dans ce siècle de superstition, c'est que l'ennemi du genre humain avait pu revêtir la forme humaine, et paraître sous les traits d'un mort pour gagner à l'enfer une âme de plus. Sa tête s'exalta sur cette idée; elle courut à l'église, paya des messes, et pria avec ferveur. Elle s'attendait d'un jour à l'autre à voir le démon sortir du corps qu'il avait animé; ses vœux, ses offrandes, ses prières furent inutiles. Mais le ciel lui envoya une inspiration qu'elle s'étonna de n'avoir pas eue plus tôt. Si c'est le tentateur, se dit-elle, qui a pris la forme de mon époux bien aimé, comme son pouvoir est sans bornes dans l'empire du mal, il en a revêtu la figure exacte, et aucune différence ne doit se manifester, si légère qu'elle puisse être; mais, au contraire, si ce n'est qu'un homme qui lui ressemble, Dieu les aura distingués par quelques marques.

Elle se souvenait alors, et si ce souvenir lui avait échappé, c'est qu'avant l'accusation de Pierre elle était demeurée sans défiance, et que depuis cette accusation

CRIMES CÉLÈBRES.

le désordre de ses idées et la maladie lui avaient presque ôté l'usage de sa raison, elle se souvint, disons-nous, que son mari avait derrière l'épaule gauche, presque à la naissance du cou, un de ces petits signes presque imperceptibles dont la marque ne s'efface jamais. Mais Martin portait les cheveux très-longs, il était difficile de vérifier l'existence de cet indice. Une nuit, pendant qu'il dormait, Bertrande coupa une mèche de ses cheveux à l'endroit où le signe devait être..... le signe n'y était pas !

Convaincue enfin de l'imposture, Bertrande eut un moment d'angoisses indicibles. Cet homme que pendant deux ans elle avait respecté et chéri, qu'elle avait reçu dans ses bras comme un époux vivement regretté, c'était un fourbe, un infâme !... elle était criminelle sans l'avoir su, sans l'avoir voulu !... Sa fille était née d'un commerce illégitime, et le ciel avait dû maudire cette union sacrilége... Pour comble de malheur, elle portait dans son sein un autre fruit de cette union. La malheureuse voulut mourir ; mais la religion et l'amour de ses enfans la retinrent. Agenouillée devant le berceau de son fils et de sa fille, elle demanda pardon au père de l'un pour le père de l'autre. Elle ne pouvait se décider à proclamer elle-même leur infamie.

— Oh ! dit-elle, toi qui n'es plus, et que j'ai aimé, tu sais si un sentiment coupable était jamais entré dans mon âme ! Quand je vis cet homme, je crus te revoir ; quand je fus heureuse, je crus te devoir mon bonheur ; c'était encore toi que j'aimais en lui ; et tu n'exiges pas

MARTIN GUERRE.

sans doute que par un éclat funeste j'attire la honte et le scandale sur mes enfans et sur leur mère!

Elle se releva plus calme; il lui sembla qu'une inspiration céleste venait de lui tracer son devoir. Se taire et souffrir, telle fut la vie qu'elle adopta, vie d'abnégation et de sacrifices, qu'elle offrit à Dieu comme une expiation de sa faute involontaire. Mais qui peut comprendre les bizarreries du cœur? Cet homme dont elle aurait dû avoir horreur, cet homme qui l'avait entraînée dans la complicité d'un crime, ce faussaire dévoilé qu'elle aurait dû ne voir qu'avec mépris... elle l'aimait!... Une longue habitude, l'autorité qu'il avait prise sur elle, l'amour qu'il lui avait témoigné, enfin mille sympathies dont le cœur seul a le secret, avaient exercé sur cette femme une telle influence, qu'au lieu de l'accuser et de le maudire, elle lui cherchait une excuse dans l'excès d'une passion à laquelle il avait obéi sans doute lorsqu'il usurpait le nom d'un autre. Enfin, elle craignait encore plus le châtiment pour lui que le scandale pour elle; et quoique bien résolue à ne plus lui céder des droits achetés par un crime, elle tremblait à l'idée de perdre son cœur. Voilà surtout ce qui la décida à renfermer sa découverte dans un silence éternel: un mot, un seul mot qui aurait laissé voir qu'elle était instruite, aurait élevé entre elle et lui une insurmontable barrière.

Cependant elle ne put tellement se contraindre que son chagrin ne parût au dehors. Elle versait en secret d'abondantes larmes dont ses yeux gardaient la trace; plusieurs fois Martin lui demanda la cause de sa tristesse : elle affectait de sourire en s'excusant ; mais ensuite elle redevenait sombre et pensive. Martin attribua cette humeur noire à des caprices ; il s'aperçut que Bertrande perdait sa fraîcheur, que ses joues se creusaient, et il crut voir dans ce déclin de sa beauté les ravages précoces du temps. L'ingrat devint alors moins empressé près d'elle, ses absences furent plus longues et plus fréquentes ; il laissa éclater son impatience, et son ennui de se voir observé ; car elle attachait sans cesse ses regards sur lui, et remarquait avec douleur ce changement et cette froideur. Ainsi, la pauvre femme qui avait tout sacrifié pour conserver au moins l'amour de cet homme voyait peu à peu cet amour lui échapper.

Un autre l'observait aussi : Pierre Guerre, qui depuis la tentative qu'il avait hasardée auprès de Bertrande, n'avait sans doute recueilli aucun indice nouveau, Pierre Guerre n'osait faire éclater ses soupçons sans les appuyer par une preuve positive ; aussi ne perdait-il aucune occasion d'examiner toutes les démarches de son prétendu neveu, espérant que le hasard l'amènerait sur la trace de quelque découverte. Il devinait d'ailleurs, à la mélancolie de Bertrande, que celle-ci avait acquis une certitude fatale et qu'elle était décidée à la dissimuler.

Martin était alors en marché pour vendre une partie de son héritage ; cette affaire nécessitait de fréquentes entrevues avec des gens de loi de la ville voisine ; deux fois par semaine il se rendait à Rieux, et, pour moins de fatigue, il partait à cheval vers les sept heures du soir, couchait à la ville, et ne revenait que le lendemain dans

MARTIN GUERRE.

l'après-midi. Ces habitudes avaient été remarquées par son ennemi ; celui-ci ne tarda pas à se convaincre qu'une partie des heures employées en apparence à ce voyage avait une autre destination.

Un soir, vers dix heures environ, par une nuit assez noire, la porte d'une maisonnette isolée, située à une demi-portée de fusil du village, s'ouvrit doucement, et laissa passer d'abord un homme enveloppé d'un grand manteau, puis une jeune femme qui le suivit assez loin dans la campagne. Arrivés à l'endroit où ils devaient se séparer, ils se donnèrent un tendre baiser d'adieu, et murmurèrent quelques mots d'amour ; l'amant délia son cheval, qui était attaché à un arbre, monta en selle, et s'élança au galop du côté de la ville. Quand on n'entendit plus rien, la jeune femme, toute pensive, retourna lentement vers sa demeure ; mais, comme elle approchait de la porte, tout-à-coup un personnage sortit de l'angle de la maison et lui barra le chemin : effrayée, elle veut crier, il lui prend le bras et lui ordonne de se taire.

— Rose, lui dit-il à voix basse, je sais tout : cet homme qui sort de chez toi est ton amant ; pour le recevoir sans danger, tu as endormi ton vieux mari au moyen d'une drogue dérobée à maître Marcel, ton père. Voilà un mois que cette intrigue est nouée ; deux fois par semaine, à sept heures, tu ouvres cette porte à ce cavalier, et ce n'est qu'à dix heures qu'il sort pour se rendre à la ville. Cet homme, je le connais, je suis son oncle.

Glacée de terreur, Rose se jeta à genoux et lui demanda grâce.

CRIMES CÉLÈBRES.

— Oui, reprit Pierre, tu as raison d'être épouvantée, car ton secret est entre mes mains, je puis le divulguer, et te perdre à tous les yeux.

— Vous ne ferez pas cela, dit la femme coupable en joignant les mains.

Il continua :

— Je puis avertir ton mari, lui apprendre que sa couche est souillée, lui dire quel est ce sommeil si lourd dont on profite pour le déshonorer.

— Il me tuerait!

— Je le sais; il est jaloux, il est Italien, il saurait se venger... comme moi.

— Mais je ne vous ai jamais fait de mal, cria-t-elle toute éplorée; grâce! grâce! épargnez-moi!

— A une condition.

— Laquelle?

— Viens avec moi.

Éperdue, égarée, Rose se laissa entraîner par lui.

Bertrande venait d'achever sa prière du soir, elle allait se mettre au lit, lorsque plusieurs coups frappés à sa porte la firent tout-à-coup tressaillir. Pensant que peut-être un de ses voisins avait besoin de secours, elle se hâta d'aller ouvrir : quelle fut sa surprise quand elle se trouva en présence d'une femme échevelée que Pierre tenait par le bras en s'écriant avec force :

— Voilà ton juge! C'est à Bertrande, c'est à elle qu'il faut tout avouer.

Bertrande ne reconnut pas d'abord cette femme, qui tomba à ses pieds, terrassée par la voix de Pierre.

MARTIN GUERRE.

— Dis la vérité ici, poursuivit-il, ou je vais la dire chez toi, à ton mari !

— Ah! madame, tuez-moi, dit la malheureuse femme en se cachant le visage; que je périsse par votre main plutôt que par la sienne!

Bertrande, stupéfaite, ne comprenait encore rien à cette scène; mais elle reconnut Rose.

— Qu'est-ce donc, madame? pourquoi êtes-vous chez moi, pâle, éplorée, à cette heure? et pourquoi Pierre vous a-t-il traînée ici?... Moi, votre juge, dit-il!... de quel crime êtes-vous donc coupable?

— Si Martin était là, il pourrait vous répondre, dit Pierre.

A ce mot, un éclair de jalousie traversa l'âme de Bertrande, tous ses anciens soupçons se réveillèrent.

— Comment? que dites-vous? mon mari...

— Est sorti tout-à-l'heure de chez cette femme; depuis un mois ils se voient en secret, ils vous trompent; je les ai vus, elle n'osera pas me démentir.

— Ah! madame! cria Rose toujours agenouillée.

Ce cri était un aveu. Bertrande devint pâle comme une morte.

— O ciel! murmura-t-elle, trompée, trahie par lui !

— Depuis un mois, répéta le vieillard.

— Oh! l'infâme! continua-t-elle avec une colère qui croissait à chaque mot; toute sa vie n'est donc que mensonge! il s'est joué de ma crédulité, et maintenant c'est de mon amour qu'il se joue! il ne me connaît donc pas? il croit donc pouvoir me braver, moi, moi de qui dépend son sort, son honneur, sa vie!

Puis, se tournant vers la coupable :

— Et toi, malheureuse ! par quel indigne artifice as-tu surpris son amour? par quel sortilége, par quel philtre empoisonneur dont ton digne père t'a donné le secret?

— Hélas ! madame, ma faiblesse est mon seul crime ! et c'est aussi ma seule excuse. Autrefois, quand j'étais jeune fille, je l'ai aimé, madame, et maintenant ces souvenirs m'ont perdue.

— Des souvenirs ! As-tu donc cru aussi aimer le même homme? es-tu donc la dupe de l'imposture? ou plutôt ne feins-tu pas de l'être pour te couvrir d'un lambeau d'excuse?

Rose à son tour ne la comprenait pas.

— Oui, poursuivit-elle en s'animant toujours, c'était peu pour le fourbe d'usurper les droits d'époux et de père : il fallait, pour mieux jouer son personnage, qu'il abusât aussi la maîtresse par sa ressemblance... Ah ! ah ! ah ! c'est plaisant, n'est-il pas vrai ? Vous aussi, Rose, vous avez cru revoir votre amant ! Je suis donc bien excusable, moi, sa femme, qui me suis crue fidèle à mon mari !

— Que signifie ce langage? demanda Rose épouvantée.

— Cela signifie que cet homme est un imposteur, et que je le démasquerai ! Oh ! vengeance ! vengeance !

Pierre s'avança :

— Bertrande, dit-il, tant que je vous ai crue heureuse, tant que j'ai pu craindre de troubler ce bonheur, je me suis tu ; j'ai renfermé ma juste colère, j'ai épargné

MARTIN GUERRE.

l'usurpateur du nom et des biens de mon neveu ; maintenant, puis-je parler?

— Oui, répondit-elle d'une voix sourde.

— Vous ne me démentirez pas?

Pour toute réponse, elle s'assit devant la table, et, d'une main tremblante, elle écrivit à la hâte quelques lignes, et remit le papier au vieillard. Il s'en saisit ; son œil étincelait de joie.

— Oui, vengeance contre lui! mais pour elle... pitié! que son humiliation soit son seul châtiment; en échange de ses aveux, j'ai promis le silence ; me l'accorderez-vous?

Bertrande fit un geste d'assentiment et de dédain.

— Allez sans crainte, dit Pierre à la femme coupable.

Celle-ci sortit, et Pierre quitta aussi la chambre.

Restée seule, Bertrande se sentit épuisée par tant d'émotions ; l'indignation fit place à l'abattement. Elle songea à ce qu'elle venait de faire, à l'éclat qu'elle allait attirer sur sa tête. En ce moment sa fille s'éveilla, lui tendit les bras en souriant et nomma son père. Son père ! c'était un grand coupable ! Mais était-ce à elle de le perdre, de provoquer l'action des lois, de le vouer à la mort après l'avoir pressé dans ses bras? à l'infamie, quand la honte devait s'étendre sur elle et sur l'enfant qui était né d'elle, et sur celui qu'elle sentait tressaillir dans ses flancs? Qu'il fût criminel devant Dieu, c'était à Dieu de le punir; qu'il fût criminel envers elle, c'était par son mépris qu'elle devait l'écraser ; mais appeler les hommes à laver cette offense, les initier à tous les mystères de sa vie, profaner le sanctuaire du lit conjugal, enfin, convier tout le monde à ce funeste scandale, c'est ce qu'elle avait fait, l'imprudente! Elle se repentit de sa folle précipitation, elle espéra en prévenir les suites; malgré la nuit et le mauvais temps, elle courut sur-le-champ au logis de Pierre, pour lui reprendre à tout prix sa dénonciation; Pierre n'y était pas, il avait fait seller un cheval et s'était rendu en toute hâte à la ville de Rieux. La plainte de Bertrande était entre les mains des magistrats.

Au point du jour, la maison où logeait Martin Guerre pendant son séjour à la ville fut cernée par des hallebardiers. Il se présenta devant eux avec assurance, et leur demanda ce qu'ils voulaient. Quand on lui eut appris le sujet de l'accusation, il pâlit légèrement, puis il se remit et se laissa conduire sans résistance devant le juge. Là on lui lut la requête de Bertrande qui le déclarait imposteur, disant que *faussement, témérairement, traîtreusement, il l'avait abusée en prenant le nom et en supposant la personne de Martin Guerre*; elle demandait qu'il fût condamné à demander pardon à Dieu, au roi, et à elle.

L'accusé écouta cette lecture avec calme, et fit bonne contenance; il témoigna seulement une profonde surprise au sujet de la démarche de sa femme, qui, après avoir vécu plus de deux années avec lui depuis son retour, songeait pour la première fois à lui contester le nom qu'elle lui avait si long-temps donné. Comme il ignorait à la fois et les soupçons que Bertrande avait conçus, et la certi-

MARTIN GUERRE.

tude qu'elle avait acquise, et enfin l'explosion de jalousie qui avait déterminé cette plainte, son étonnement fut naturel, et n'eut pas l'air d'une comédie jouée. Il rejeta le tout sur les instigations de Pierre Guerre, son oncle : ce vieillard, dit-il, guidé à la fois par la cupidité et la vengeance, lui voulait contester son nom et son état, pour le dépouiller de son bien, qui pouvait valoir seize à dix-huit mille livres; et pour atteindre ce but, le misérable n'avait pas craint de suborner Bertrande, et de lui prêter, au risque de la déshonorer, cette accusation calomnieuse, horrible et inouie dans la bouche d'une femme légitime.—Ah! ce n'est pas elle que j'accuse, s'écria-t-il; elle doit souffrir plus que moi, si réellement un doute semblable est entré dans son cœur; mais je déplore la facilité avec laquelle elle a ouvert l'oreille aux étranges calomnies de mon ennemi.

Tant d'assurance en imposa d'abord au juge. Reconduit en prison, l'accusé en sortit deux jours après pour subir un interrogatoire en règle.

Il commença par expliquer la cause de sa longue absence, amenée, dit-il, par une querelle de ménage, dont Bertrande s'était bien souvenue; il raconta ensuite la vie qu'il avait menée pendant ces huit années, d'abord vagabond, courant le pays par curiosité, par amour des voyages, puis franchissant les frontières, revoyant la Biscaye, son pays natal, entrant au service du cardinal de Burgos, de là enrôlé comme partisan dans les troupes du roi d'Espagne, blessé sur le champ de bataille de Saint-Quentin, ramassé, porté au prochain village, et guéri malgré la menace d'une amputation. C'est alors que, brûlant du désir de revoir sa femme, son enfant, ses parens, et sa seconde patrie, il était revenu à Artigues, où il avait eu le bonheur d'être reconnu sans hésitation par tout le monde, y compris ce même Pierre Guerre son oncle, qui maintenant avait la barbarie de le vouloir désavouer. En effet, n'avait-il pas été comblé de caresses par cet homme jusqu'au jour où il s'était avisé de lui demander compte de ses revenus? S'il eût consenti lâchement à sacrifier son bien et à frustrer ses enfans, on ne le ferait pas aujourd'hui passer pour un imposteur. — Mais, ajouta Martin, je résistai, et il s'ensuivit une dispute violente où la colère m'emporta peut-être trop loin; Pierre, en homme dissimulé et vindicatif, se tut et attendit. Il prit son temps et ses mesures pour ourdir la trame de cette accusation, espérant par là en venir mieux à ses fins, associer la justice à sa cupidité, et obtenir, par une condamnation surprise à la religion des magistrats, les dépouilles qu'il convoitait, et la satisfaction de ses injures. A ces explications, qui ne manquaient pas de vraisemblance, l'accusé joignit des protestations sur son innocence; il demanda hardiment que sa femme lui fût confrontée, assurant qu'elle ne pourrait soutenir en sa présence le personnage qu'on lui avait imposé, et que la vérité triompherait dans un cœur que n'animait pas l'aveugle passion de son persécuteur. Il demanda enfin à son tour que le juge rendît hommage à sa sincérité, et que, pour en faire foi, il condamnât ses calomniateurs aux mêmes peines qu'ils avaient invoquées contre lui; que Bertrande de Rolls, sa

MARTIN GUERRE.

femme, fût séquestrée dans une maison où elle serait à l'abri de la subornation, et qu'enfin il fût lui-même renvoyé absous avec dépens et dommages-intérêts.

Après ces déclarations, faites avec chaleur, et empreintes d'un ton de sincérité, il satisfit sans se troubler à tout ce que lui demanda le juge ; voici à peu près les questions et les réponses, telles qu'elles ont été conservées.

— Dans quelle partie de la Biscaye êtes-vous né?

— Au village d'Aymès, dans la province de Guipuscoa.

— Comment se nommaient votre père et votre mère?

— Antonio Guerre, et Maria Torcada.

— Sont-ils encore vivans?

— Mon père est mort le 15 juin 1530, et ma mère ne lui a survécu que trois ans et douze jours.

— Aviez-vous des frères ou des sœurs ?

— J'ai eu un frère qui n'a vécu que trois mois ; mes quatre sœurs, Inès, Dorothée, Mariette et Pedrina, sont venues avec moi s'établir à Artigues, elles y sont encore; outes m'ont reconnu.

— Quel jour vous êtes-vous marié ?

— Le 10 janvier 1539.

— Qui assistait à la cérémonie ?

— Mon beau-père, ma belle-mère, mon oncle, mes deux sœurs, maître Marcel, Rose sa fille, le voisin Claude Perrin, qui s'enivra au repas de noces, le poète Giraud, qui composa des vers en notre honneur.

— Quel fut le prêtre qui vous unit ?

— Le vieux curé Pascal Guérin, que je n'ai plus retrouvé à mon retour.

CRIMES CÉLÈBRES.

— Quelles circonstances particulières signalèrent le jour des noces?

— Catherine Boëre, notre voisine, vint sur le minuit nous apporter la collation, qu'on appelle *medianoche*; cette femme m'a reconnu, aussi bien que la vieille Marguerite, qui depuis ce jour-là a toujours habité la maison.

— Quel jour est né votre fils?

— Le 16 février 1548, neuf ans seulement après mon mariage; je n'avais que douze ans quand j'épousai Bertrande; et ce ne fut que plusieurs années après que je cessai d'être enfant.

— A quelle époque avez-vous quitté Artigues?

— Au mois d'août 1549. En sortant du village, je rencontrai Claude Perrin et le curé Pascal; je leur dis adieu. Je me dirigeai vers Beauvais; je passai par Orléans, Bourges, Limoges, Bordeaux, Toulouse. Voulez-vous les noms des personnes que j'y ai vues et à qui j'ai parlé? vous les aurez. Que puis-je dire de plus?

Jamais, en effet, on ne vit de déclaration plus conforme à la vérité. On ne pouvait retracer plus fidèlement toute la conduite de Martin Guerre, et il fallait bien que ce fût lui-même qui parlât ainsi de ses propres actions; car, ainsi que le remarque l'historien en faisant allusion à la fable d'Amphitryon, Mercure ne rappela pas mieux à Sosie tous ses faits, gestes et paroles, que le faux Martin Guerre ceux du véritable.

Suivant le désir de l'accusé, on séquestra Bertrande de Rolls, pour la mettre à l'abri des instigations de Pierre

MARTIN GUERRE.

Guerre. Cependant celui-ci ne perdit pas son temps, et pendant le mois qui fut employé à interroger toutes les personnes que Martin avait citées, cet adversaire actif, guidé par quelques vagues indices, entreprit un voyage dont il ne revint pas seul.

Tous les témoignages concordaient avec la déclaration de l'accusé; celui-ci l'apprit dans sa prison et s'en félicita, espérant sa délivrance prochaine. Un jour, en effet, on le conduisit en présence, du juge, qui lui déclara que sa déposition était confirmée par tous les témoins qu'il avait invoqués.

— N'en connaissez-vous pas d'autres? ajouta le magistrat; n'avez-vous pas d'autres parents que ceux que vous m'avez désignés?

— Pas d'autres, répondit l'accusé.

— Et celui-ci? dit le juge en ouvrant une porte.

Un homme âgé sortit, qui s'élança au cou de l'accusé en s'écriant : Mon neveu!

L'accusé frissonna de tous ses membres; mais ce fut l'affaire d'un instant; il se remit de cette première commotion, et, considérant avec sang-froid le nouveau venu, il lui demanda tranquillement :

— Qui êtes-vous?

— Eh quoi! dit cet homme, ne me reconnais-tu pas? Aurais-tu le courage de me renier, moi, ton oncle maternel, Carbon Barreau, l'ancien soldat; moi, qui t'ai fait jouer sur mes genoux quand tu étais jeune; moi, qui t'ai appris plus tard à porter le mousquet; moi, que tu as retrouvé pendant la guerre, dans une auberge de la Picardie, d'où tu t'es enfui secrètement ? Depuis ce temps-là je t'ai cherché partout, j'ai parlé de toi, j'ai dépeint ta figure, ta personne, jusqu'à ce qu'enfin un digne habitant de ce pays s'offrît à me conduire ici, où je ne m'attendais pas, pauvre enfant, à voir le fils de ma sœur emprisonné et garrotté comme un malfaiteur. Quel est donc son crime, monsieur le juge ?

— Vous le saurez, répondit le magistrat. Ainsi vous réclamez cet accusé comme votre neveu ? Vous affirmez qu'il se nomme...

— Arnauld du Thill, dit *Pansette*, à cause de son père, qui s'appelait Jacques Pansa ; Thérèse Barreau, ma sœur, fut sa mère : il est né au village de Sagias.

— Qu'avez-vous à répondre ? demanda le juge en se tournant vers l'accusé.

— Trois choses, répondit celui-ci avec une rare tranquillité : ou cet homme est fou, ou il est payé pour mentir, ou il se trompe.

L'autre resta muet d'étonnement.

Mais le premier mouvement du prétendu Martin Guerre n'avait point échappé au juge ; il avait été frappé également de l'accent de franchise de Carbon Barreau. Il se livra à de nouvelles recherches ; d'autres habitans de Sagias furent mandés à Rieux ; tous s'accordèrent à signaler dans l'accusé ce même Arnauld du Thill qu'ils avaient vu naître et grandir sous leurs yeux. Plusieurs d'entre eux déposèrent que dès son enfance il avait annoncé les plus mauvaises inclinations, que le mensonge et le larcin lui étaient familiers, qu'il ne craignait pas de

MARTIN GUERRE.

blasphémer le saint nom de Dieu pour en couvrir la fausseté de ses allégations hardies. De ces témoignages le juge conclut naturellement qu'Arnauld du Thil était capable de jouer le rôle d'un imposteur, et que l'impudence qu'il affectait était réellement dans son caractère. D'un autre côté, il observa que l'accusé, qui se prétendait né en Biscaye, savait à peine quelques mots de la langue basque, qu'il plaçait à tort et à travers dans son discours. Il entendit ensuite un autre témoin, qui vint déposer que le véritable Martin Guerre était exercé à la lutte et au jeu d'escrime, tandis que l'accusé, ayant voulu s'y essayer, n'y avait montré aucune habileté. Enfin, un cordonnier fut interrogé (et ce témoignage ne fut pas le moins accablant) : — Martin Guerre, déclara-t-il, se chaussait à douze points : quelle fut ma surprise quand la chaussure de l'accusé n'en porta plus que neuf ! — En présence de ces indices réunis, et même de ces preuves accumulées, le juge de Rieux, négligeant les autres témoignages, qui, selon lui, avaient été surpris à la crédulité publique par l'effet d'une ressemblance extraordinaire, s'arrêtant aussi à la plainte de Bertrande, quoiqu'elle ne l'eût pas confirmée, et qu'elle s'obstinât à garder le silence, rendit une sentence par laquelle Arnauld du Thill était déclaré *atteint et convaincu d'imposture, et comme tel condamné à perdre la tête; après quoi son corps serait déchiré en quatre quartiers, pour être exposés aux quatre coins de la ville.*

Ce jugement, dès qu'il fut connu, souleva dans la ville des impressions de diverses natures. Les ennemis du condamné exaltèrent la sagacité du juge; les esprits moins prévenus blâmèrent sa témérité; car le doute était permis entre tant de témoignages opposés. D'ailleurs la possession d'état, la situation des enfans n'imposait-elle pas une grande réserve? Et ne fallait-il pas des preuves plus claires que le jour pour annuler en un instant un passé de deux années, qu'aucune contestation n'avait jamais troublé?

Le condamné se rendit appelant de la sentence au parlement de Toulouse. Cette cour crut qu'il fallait peser cette affaire plus mûrement que ne l'avait fait le premier juge. Elle commença par ordonner la confrontation d'Arnauld du Thill avec Pierre et Bertrande de Rolls.

Qui nous dira ce qui se passe dans l'âme d'un accusé lorsque, condamné une première fois, il se voit soumis à une seconde épreuve? Les angoisses déjà subies se représentent de nouveau; l'espérance, atténuée par un premier échec, ressaisit pourtant toute sa puissance sur l'imagination, qui s'y cramponne, pour ainsi dire, avec anxiété. Il faut recommencer les efforts qui vous ont déjà épuisé; c'est une dernière lutte qui s'engage, une lutte d'autant plus acharnée, qu'on a moins de force pour la soutenir. Mais ici, cet athlète n'était pas de ceux qui se laissent aisément abattre; il recueillit toute son énergie, toute sa fermeté, pour sortir victorieux du nouveau combat qu'on allait lui livrer.

Les magistrats se rassemblèrent dans la grande chambre du parlement, et l'accusé fut introduit. Ce fut d'abord à Pierre qu'il eut affaire : il montra un front calme

MARTIN GUERRE.

en sa présence, il le laissa parler sans s'émouvoir ; puis, prenant le ton de l'indignation, il l'accabla de reproches, rappela sa cupidité, son avarice, ses sermens de vengeance, les séductions qu'il avait exercées sur l'esprit de Bertrande, les manœuvres secrètes employées par lui pour parvenir à ses fins, et l'acharnement inouï qu'il avait mis à recruter contre lui des témoins, des accusateurs et des calomniateurs. Il mit Pierre au défi de prouver qu'il n'était pas Martin Guerre son neveu, puisqu'il l'avait reconnu et embrassé devant tout le monde, et que ses soupçons si tardifs ne dataient que du jour de leur violente querelle. Enfin le langage de l'accusé eut tant de force et de véhémence, que Pierre se sentit troublé et ne sut que répondre. Cette entrevue tourna toute entière à l'avantage de l'accusé ; il domina son adversaire de toute la hauteur de l'innocence injustement attaquée, et celui-ci parut déconcerté comme un calomniateur.

Quand il se trouva en présence de Bertrande, ce fut une scène bien différente : la pauvre femme, pâle, abattue, amaigrie par tant de chagrins, s'avança devant le tribunal en chancelant, et parut près de s'évanouir. Elle essaya pourtant de rappeler sa force ; mais dès qu'elle aperçut l'accusé, elle baissa la vue et se couvrit le visage de ses deux mains. Il s'approcha d'elle, et, de l'accent le plus doux, il la conjura de ne pas persister dans une accusation qui devait le perdre, de ne point se venger ainsi des torts qu'il pouvait avoir envers elle, quoiqu'il n'eût à se reprocher aucune faute sérieuse.

Bertrande tressaillit, et murmura tout bas : Et Rose !

— Ah ! s'écria l'accusé, frappé de cette révélation.

Et prenant sur-le-champ son parti, il s'adressa aux juges :

— Messieurs, cette femme est jalouse ! déjà, quand je l'ai quittée, il y a dix ans, ses soupçons avaient éclaté : ce fut la cause de mon exil volontaire. Aujourd'hui elle m'accuse de relations coupables avec la même personne : je ne les nie ni ne les avoue ; mais j'affirme que c'est la jalousie, cette passion aveugle, qui, avec l'aide des suggestions de mon oncle, a guidé la main de Bertrande lorsqu'elle a signé ma dénonciation.

Bertrande ne répondit rien.

— Oseriez-vous, dit-il en se tournant vers elle, oseriez-vous jurer devant Dieu que ce n'est pas la jalousie qui vous a inspiré la pensée de me perdre ?

— Et vous, répliqua-t-elle, oseriez-vous jurer que je me trompais dans mes soupçons ?

— Vous le voyez, messieurs, s'écria l'accusé avec un air de triomphe ; la passion se fait jour jusque sous vos yeux. Que je sois coupable ou non de la faute qu'elle me reproche, ce n'est pas la question que vous avez à juger ; il en est une autre qui s'agite dans vos consciences : c'est de savoir si vous pouvez admettre le témoignage de cette femme, qui, après m'avoir publiquement reconnu, après m'avoir accueilli dans ma maison, après avoir vécu plus de deux ans en parfaite intelligence avec moi, a cru, dans un jour de colère et de vengeance, pouvoir démentir toutes ses paroles, toutes ses actions. Ah ! Bertrande, ajouta-t-il, s'il ne s'agissait que de ma vie, je crois que

MARTIN GUERRE.

je vous pardonnerais un égarement dont l'amour est à la fois la cause et l'excuse; mais vous êtes mère, songez-y; mon supplice retomberait sur ma pauvre fille, qui a eu le malheur de naître depuis que je vous ai revue, sur l'enfant que vous portez dans votre sein, et que vous condamnez par avance à maudire l'union qui lui a donné l'être. Songez-y, Bertrande, vous répondrez devant Dieu de ce que vous allez faire.

La pauvre femme tomba à genoux en sanglotant.

— Et maintenant, reprit-il avec solennité, je vous adjure, vous, Bertrande de Rolls, ma femme, de prêter serment ici, sur le Christ, que je suis un imposteur et un faussaire.

On apporta l'image du Christ sous les yeux de Bertrande : elle fit un mouvement pour la repousser, voulut parler, s'écria faiblement : Non, et tomba évanouie. On l'emporta hors de la salle.

Cette scène avait fortement ébranlé la conviction des magistrats. On ne pouvait supposer à un imposteur, quel qu'il fût, assez d'audace et de présence d'esprit pour se jouer ainsi de tout ce qu'il y a de plus sacré. On entama une nouvelle enquête, qui, au lieu d'éclairer les esprits, les replongea dans une obscurité toujours croissante. Sur trente témoins qui furent entendus, plus des trois quarts s'accordaient pour constater l'identité de Martin Guerre avec celui qui avait pris ce nom. Jamais perplexité plus grande ne fut causée par des apparences plus extraordinaires. Cette extrême ressemblance déjouait tous les raisonnemens : aux gens qui reconnaissaient Arnauld du

CRIMES CÉLÈBRES.

Thill, d'autres opposaient des assertions directement contraires. Il entendait à peine la langue basque, disait-on, quoiqu'il fût né en Biscaye? quoi d'étonnant à cela, puisqu'il avait quitté son pays à l'âge de trois ans? Il était malhabile à la lutte et à l'escrime ; mais, s'étant déshabitué de ces exercices, il pouvait les avoir oubliés. Le cordonnier qui le chaussait autrefois n'avait pas reconnu sa mesure ; mais cet homme pouvait s'être trompé jadis ou se tromper maintenant. L'accusé se défendait encore en retraçant les circonstances de sa première entrevue avec Bertrande, lorsqu'il l'avait retrouvée; les mille détails qu'il lui avait rappelés, et que lui seul pouvait savoir ; les lettres qu'il avait en sa possession, sans que personne pût expliquer ce fait s'il n'était pas Martin Guerre. Comment se serait-il trouvé blessé au sourcil gauche et à la jambe, comme l'absent avait dû l'être? Comment la vieille domestique de la maison, comment ses quatre sœurs, comment son oncle Pierre, comment tant d'autres auxquels il avait cité tant de faits connus de lui seul, comment tout le village enfin l'aurait-il reconnu ? Et cette liaison même que Bertrande avait cru deviner, et à propos de laquelle avait éclaté son emportement jaloux, cette liaison, si elle existait, ne serait-elle pas une nouvelle preuve à l'appui du dire de l'accusé, puisque la personne qui en était l'objet, aussi intéressée et aussi pénétrante comme maîtresse que l'autre comme épouse légitime, l'avait reconnu pour son ancien amant? N'était-ce pas là un faisceau de preuves d'où la lumière devait jaillir? Que l'on suppose un imposteur arrivant pour la première fois

MARTIN GUERRE.

dans un lieu où tous les habitans lui sont inconnus ; qu'il lui prenne la coupable fantaisie de représenter un homme qui y aura demeuré, qui y aura eu des liaisons de toutes sortes, qui aura joué son rôle dans mille scènes diverses, qui aura livré ses secrets, ses pensées à des parens, des amis, des gens indifférens, des gens de toute espèce ; qui aura une femme, c'est-à-dire une personne sous les yeux de laquelle il passe presque toute sa vie, une personne qui l'étudie continuellement, avec laquelle il multiplie ses conversations à l'infini sur tous les sujets et sur tous les tons imaginables : comment cet imposteur pourra-t-il soutenir un seul jour son personnage sans que sa mémoire soit en défaut ? De l'impossibilité physique et morale de jouer un pareil rôle, il fallait bien conclure que l'accusé, qui y avait persisté pendant plus de deux ans, était le véritable Martin Guerre.

Il n'y avait pas en effet d'autre raison qui pût rendre compte d'une pareille tentative suivie de succès, à moins qu'on n'articulât contre lui une accusation de magie. Il fut un instant question de le livrer à l'officialité ; mais il fallait réunir des preuves, et les magistrats hésitèrent. C'est un principe d'équité, devenu une maxime de droit, que dans l'incertitude le doute profite à l'accusé ; mais à l'époque dont nous parlons, ces vérités étaient loin d'être reconnues ; le crime se présumait plutôt que l'innocence, et la torture, instituée pour arracher des aveux à ceux que l'on ne pouvait convaincre autrement, ne pouvait s'expliquer que par la conviction des juges sur la culpabilité de leurs justiciables ; car il ne serait venu à l'idée de personne de faire subir des peines à un homme qui pouvait être innocent. Cependant, malgré ce préjugé, qui s'est conservé jusqu'à nous par quelques organes du ministère public habituellement disposés à voir un coupable dans un homme soupçonné, malgré ce préjugé, disons-nous, les juges de Martin Guerre n'osèrent ni le condamner eux-mêmes comme faussaire, ni faire intervenir l'église au procès. Dans ce conflit de témoignages opposés qui semblaient révéler la vérité pour l'obscurcir ensuite, dans ce chaos de raisonnemens et de conjectures qui ne faisaient briller les éclairs que pour les éteindre dans les ténèbres, l'intérêt de la famille prévalut. La bonne foi de Bertrande, l'avenir des enfans, parurent des motifs suffisans pour ne procéder qu'avec une extrême précaution ; et cette possession acquise ne devait être sacrifiée qu'à l'évidence : aussi le parlement ajourna-t-il la cause, toutes choses demeurant en état, en ordonnant un plus ample informé. Pendant ce délai, l'accusé, dont répondirent plusieurs de ses parens et amis, fut laissé libre dans l'enceinte du village d'Artigues, quoique ses démarches fussent continuellement surveillées.

Bertrande le revit donc auprès d'elle, dans l'intérieur de leur ménage, comme si aucun soupçon ne se fût jamais élevé sur la légitimité de leur union. Quelles pensées devaient occuper son âme pendant ces longs tête-à-tête ? Elle avait accusé cet homme d'imposture, et maintenant, malgré la conviction secrète qu'elle avait acquise, il fallait qu'elle affectât de ne conserver aucun soupçon,

MARTIN GUERRE.

qu'elle feignît de s'être abusée, qu'elle s'humiliât devant l'imposteur pour obtenir le pardon de sa folle démarche ; cette conduite était dictée par l'abjuration publique qu'elle avait faite de ses soupçons, en refusant de prêter serment. Elle devait désormais, pour soutenir son rôle et pour sauver l'honneur de ses enfans, traiter cet homme comme son mari, se montrer avec lui soumise et repentante, et lui témoigner une confiance entière ; c'était le seul moyen de le réhabiliter, et d'endormir la vigilance de la justice. Qui sait ce que souffrait la veuve de Martin Guerre dans cet effort continuel? c'était un secret entre elle et Dieu ; mais elle regardait sa fille, elle pensait au terme de sa délivrance, qui ne paraissait pas éloigné, et elle reprenait courage.

Un soir, à la tombée de la nuit, elle était assise auprès de lui dans la partie la plus reculée du jardin ; sa fille jouait sur ses genoux, tandis que l'aventurier, préoccupé par quelque sombre pensée, caressait par distraction la tête blonde du jeune Sanxi : tous deux se taisaient ; car au fond du cœur ils savaient bien ce qu'ils devaient penser l'un de l'autre, et ne pouvant plus prendre le ton de la familiarité, n'osant pas non plus affecter trop de réserve, ils passaient ensemble, lorsqu'ils étaient sans témoins, de longues heures mornes et muettes.

Tout-à-coup un grand bruit interrompit le silence de leur retraite : c'étaient les exclamations de plusieurs personnes, des cris de surprise mêlés à des accès de colère ; on entendit des pas précipités, la porte du jardin s'ouvrit avec fracas, et la vieille Marguerite parut à l'entrée, pâle, haletante, respirant à peine. Bertrande étonnée courut au devant d'elle; son mari la suivit; mais quand ils furent assez près pour l'interroger, elle ne put répondre que par des sons inarticulés, en leur montrant d'un air effrayé la cour de la maison : tous deux regardèrent dans cette direction, et virent un homme debout sur le seuil; ils s'approchèrent. Cet homme fit un pas pour se placer entre eux : il était de grande taille, brun; ses vêtemens étaient déchirés; il avait une jambe de bois; sa physionomie était sévère. Il attacha un regard sombre sur Bertrande : elle poussa un cri et tomba à la renverse... elle avait reconnu son mari!

Arnauld du Thill demeura comme pétrifié. Pendant que Marguerite, éperdue elle-même, tâchait de rappeler sa maîtresse à la vie, les voisins, attirés par le bruit, envahirent la maison, et s'arrêtèrent stupéfaits à la vue d'une ressemblance si frappante : c'étaient les mêmes traits, la même taille et le même air ; c'était en quelque sorte un seul être en deux personnes. Tous deux s'entre-regardèrent avec épouvante : il était impossible que, dans ce siècle superstitieux, l'idée de la sorcellerie et d'une intervention infernale ne vînt pas à l'esprit des assistans; ils se signèrent tous, s'imaginant à chaque instant voir le feu du ciel tomber sur l'un de ces deux hommes, ou la terre s'engloutir sous ses pas. Il n'en fut rien cependant, mais la justice, avertie, les fit saisir tous deux pour éclaircir ce mystère étrange.

L'homme à la jambe de bois, interrogé par les juges, raconta qu'il venait d'Espagne, où le soin de sa guérison

MARTIN GUERRE.

d'abord, puis le manque d'argent, l'avaient retenu jusque alors. Il avait fait le voyage à pied, presque en mendiant. Il donna à son départ d'Artigues les mêmes raisons que l'autre Martin Guerre avait déjà alléguées : une querelle de ménage au sujet d'un soupçon jaloux, l'envie de voir du pays, et une certaine humeur aventureuse. Il était revenu au lieu de sa naissance, en Biscaye ; de là il était passé au service du cardinal de Burgos ; puis le frère du cardinal l'avait emmené à la guerre, et il avait servi dans les troupes espagnoles; à la bataille de Saint-Quentin, un coup d'arquebuse lui avait fracassé la jambe. Jusque là son récit était entièrement conforme à celui que les juges avaient déjà entendu dans la bouche du premier accusé. Mais voici où ils différaient : Martin Guerre ajouta qu'ayant été transporté dans une chambre par un homme dont il avait à peine distingué les traits, il avait cru mourir, et qu'il s'était passé plusieurs heures dont il ne pouvait se rendre compte, sans doute à cause de la fièvre qui embrasait son cerveau en délire ; il sentit ensuite une effroyable douleur; et quand il revint à lui, on lui avait coupé la jambe blessée. Il resta long-temps entre la vie et la mort; mais il fut soigné par des paysans qui l'arrachèrent à un trépas presque certain ; sa convalescence fut longue. Il s'aperçut que, depuis le moment où il était tombé sur le champ de bataille jusqu'à celui où il se sentit revivre, les papiers qu'il portait sur lui avaient disparu; mais il ne pouvait accuser de cette soustraction les hôtes qui lui avaient prodigué des soins si généreux. Après son rétablissement, privé de toute ressource, il

CRIMES CÉLÈBRES.

avait attendu l'occasion de rentrer en France pour revoir sa femme et son fils ; il avait enduré toutes sortes de privations, bravé toutes sortes de fatigues, et enfin, exténué, mais joyeux de toucher au terme de ses maux, il était arrivé sans défiance jusqu'à sa maison ; et là, l'effroi de sa servante, quelques mots entrecoupés, lui avaient fait deviner un malheur ; l'aspect de sa femme et celui d'un homme si semblable à lui l'avaient frappé de stupeur ; on lui avait expliqué le reste, et maintenant il regrettait de n'avoir pas succombé au coup de feu qui l'avait atteint.

Tout ce récit portait un caractère de vérité ; mais quand l'autre prisonnier fut sommé de s'expliquer à ce sujet, il se renferma dans ses premières réponses, soutint leur exactitude, affirma de nouveau qu'il était le vrai Martin Guerre, et que le nouvel arrivé ne pouvait être que cet Arnauld du Thill, cet imposteur habile, qui, disait-on, lui ressemblait si fort, que les gens du village de Sagias avaient cru le reconnaître en lui.

La confrontation des deux Martin Guerre ne changea rien à ces prétentions : le premier montra la même assurance, le même maintien ferme et hardi ; le second, prenant Dieu et les hommes à témoin de sa sincérité, déplora son malheur dans les termes les plus pathétiques.

La perplexité des juges était grande ; la situation se compliquait de plus en plus ; la question revenait aussi ardue, aussi incertaine que jamais ; les apparences, les indices se combattaient mutuellement : on trouvait des probabilités en faveur de l'un, on éprouvait des sympa-

MARTIN GUERRE.

thies en faveur de l'autre; mais les preuves manquaient toujours.

L'un des membres du parlement, M. de Coras, proposa comme dernière épreuve, avant qu'on appliquât la torture, ce suprême moyen d'instruction des temps barbares, de placer Bertrande au milieu des deux rivaux, se fiant, en pareil cas, disait-il, à l'instinct divinatoire d'une femme pour discerner la vérité. En conséquence, les deux Martin Guerre furent amenés dans la chambre du parlement, et quelques instans après on introduisit Bertrande, pâle, faible, épuisée par ses souffrances et par sa grossesse avancée, et pouvant à peine se soutenir; son aspect inspirait la compassion, et tout le monde était attentif à ce qu'elle allait faire. Dès qu'elle eut jeté un regard sur les deux hommes, qui se tenaient chacun à l'une des extrémités de la salle, elle se détourna de celui qui était placé le plus près d'elle, et alla s'agenouiller en silence devant celui qui avait une jambe de bois; puis, joignant les mains comme si elle eût demandé grâce, elle sanglota amèrement. Cette action si simple toucha tous les assistans. Arnauld du Thill pâlit, et l'on crut que Martin Guerre, heureux d'être lavé du soupçon d'imposture par cette reconnaissance publique, allait relever sa femme et l'embrasser; mais il resta froid et sévère.

— Madame, lui dit-il d'un ton méprisant, cessez de pleurer; je ne dois point me laisser émouvoir par vos larmes : c'est en vain que vous chercheriez à excuser votre crédulité par l'exemple de mes sœurs et de mon oncle; une femme a plus de discernement pour reconnaître un mari, et ce que vous faites à présent en est la preuve; elle ne se trompe que parce qu'elle aime son erreur. Vous êtes la seule cause du désastre de ma maison, je ne l'imputerai jamais qu'à vous seule.

Foudroyée par ces paroles, la pauvre femme ne trouva pas la force d'y répondre, et fut emportée chez elle presque mourante.

La dignité du langage de ce mari outragé fut regardée comme une preuve de plus en sa faveur : on plaignit Bertrande, victime d'une imposture hardie; mais tout le monde convint que le vrai Martin Guerre devait parler ainsi. Après que l'épreuve tentée pour la femme eut été renouvelée auprès des sœurs et des autres parens, et que tous, à l'exemple de Bertrande, se furent sentis attirés vers celui qui avait reparu le dernier, la cour, en ayant mûrement délibéré, rendit l'arrêt suivant, que nous transcrivons textuellement :

« Vu le procès fait par le juge de Rieux à Arnauld du
» Thill, dit Pansette, soi disant Martin Guerre, prison-
» nier à la Conciergerie, appelant dudit juge, etc. ;

» Dit a été que la Cour a mis et met l'appellation
» dudit du Thill, et ce dont a été appelé, au néant ; et
» pour punition et réparation de l'imposture, fausseté,
» supposition de nom et de personne, adultère, rapt,
» sacrilége, plagiat, larcin et autres cas par ledit du
» Thill commis, résultant dudit procès, la Cour l'a con-
» damné et condamne à faire amende honorable au-de-
» vant de l'église du lieu d'Artigues, à genoux, en che-
» mise, tête et pieds nus, ayant la hart au col, et tenant

MARTIN GUERRE.

» en ses mains une torche de cire ardente, à demander
» pardon à Dieu, au roi et à la justice, auxdits Martin
» Guerre et Bertrande de Rolls, mariés ; et ce fait, sera
» ledit du Thill délivré ès mains de l'exécuteur de la
» haute justice, qui lui fera faire les tours par les rues
» et carrefours accoutumés dudit lieu d'Artigues, et, la
» hart au col, l'amènera au devant de la maison dudit
» Martin Guerre, pour, en une potence qui à cet effet
» y sera dressée, être pendu et étranglé, et après son
» corps brûlé ; et pour certaines causes et considéra-
» tions à ce mouvant la Cour, elle a adjugé et adjuge
» les biens dudit du Thill à sa fille procréée de ses œu-
» vres et de ladite de Rolls, sous prétexte de mariage
» par lui faussement prétendu, supposant le nom et per-
» sonne dudit Martin Guerre, et par ce moyen décevant
» ladite de Rolls, distraits les frais de justice ; et, en
» outre, a mis et met hors de procès lesdits Martin
» Guerre et Bertrande de Rolls, ensemble ledit Pierre
» Guerre, oncle dudit Martin, et a renvoyé et renvoie
» ledit Arnauld du Thill audit juge de Rieux, pour faire
» mettre le présent arrêt à exécution selon sa forme et
» teneur. Prononcé judiciairement le 12ᵉ jour de sep-
» tembre 1560. »

D'après cet arrêt, le gibet fut substitué à la décapi-
tation prononcée par le premier juge, vu que cette dernière peine était réservée aux criminels nobles, tandis
que le supplice de la potence était infligé à la bourgeoisie.

Lorsque son sort fut ainsi fixé, Arnauld du Thill perdit

toute son audace. Ramené à Artigues, il fut entendu dans sa prison par le juge de Rieux, et confessa fort au long son imposture. Il avoua que la première idée lui en était venue un jour qu'étant de retour du camp de Picardie, plusieurs des amis intimes de Martin Guerre l'avaient pris pour lui. Il s'était alors informé du genre de vie, des habitudes et des relations de cet homme; puis, ayant trouvé moyen de se glisser près de lui, il l'avait guetté pendant la bataille, il l'avait vu tomber; puis, l'ayant emporté, il avait, par les moyens que le lecteur a vus, excité au plus haut point son délire pour recueillir tous ses secrets. Après avoir ainsi expliqué son imposture par des causes naturelles qui écartaient l'accusation de magie et de sorcellerie, Arnauld du Thill, touché de repentir, implora la miséricorde de Dieu, et se prépara en chrétien à subir sa condamnation.

Le lendemain, pendant que tout le peuple, affluant des environs, et rassemblé devant la grande église d'Artigues, assistait à l'amende honorable du pénitent, qui, les pieds nus, en chemise, et tenant à la main une torche allumée, s'agenouillait sur le parvis du temple, une autre scène non moins douloureuse se passait dans la maison de Martin Guerre. Épuisée par tant de souffrances, qui avaient avancé le terme de sa grossesse, Bertrande était étendue sur son lit de douleur; elle demandait pardon à celui qu'elle avait innocemment trompé, et implorait de lui quelques prières pour le salut de son âme. Martin Guerre, assis près de son chevet, lui tendit la main et la bénit. Elle saisit cette main et y colla ses lèvres; elle ne pou-

MARTIN GUERRE.

vait plus articuler une parole. Tout-à-coup il se fit un grand bruit au dehors : c'était le condamné qui venait subir sa peine devant la maison de Martin Guerre. Quand on le hissa à la potence, il poussa un cri affreux ; un autre cri lui répondit dans l'intérieur de la maison. Le soir, on brûlait sur le bûcher le cadavre d'un homme, et l'on menait en terre sainte les corps d'une femme et d'un enfant.

N. Fournier.

ALI-PACHA.

Massacre des habitants de Kordha par Ali Loho

ALI-PACHA.

Le commencement de ce siècle a vu des tentatives audacieuses et d'étranges fortunes. Pendant que l'Occident subit et combat tour à tour un sous-lieutenant devenu empereur, qui, à son gré, fait des rois et défait des royaumes, le vieil Orient, semblable à ces momies qui n'ont plus de la vie que l'apparence, se disloque peu à peu, et se morcèle entre les mains des hardis aventuriers qui le tiraillent en tous sens. Sans parler des révoltes partielles qui ne produisent que des luttes momentanées et n'aboutissent qu'à des changemens de détail, comme celle de Djezzar-pacha, qui refuse de payer son tribut, parce qu'il se croit inattaquable dans sa citadelle de Saint-Jean-d'Acre, ou celle de Passevend-Oglou-pacha, qui se dresse sur les murs de Widdin, comme le défenseur du janissariat contre l'institution de la milice régulière que Sultan-Sélim décrète à Stamboul,—il y a des rébellions plus vastes qui attaquent la constitution de l'empire et en diminuent l'étendue, comme celles de Czerni-Georges, qui élève la Servie au rang des pays libres, de Méhémet-

CRIMES CÉLÈBRES.

Ali, qui se fait un royaume de son pachalik d'Égypte, et enfin de celui dont nous allons raconter l'histoire, d'Ali-Tébélen, pacha de Janina, dont la longue résistance précède et amène la régénération de la Grèce.

Sa volonté ne fut pour rien dans ce grand mouvement. Il le prévit, mais sans jamais chercher à l'aider, et sans qu'il lui fût alors possible de l'arrêter. Ce n'était point un de ces hommes qui mettent leur vie au service d'une cause quelconque, et jamais il ne fit rien que pour acquérir et augmenter une puissance dont il était à la fois l'instrument et le but. Il ne voyait que lui seul dans l'univers, n'aimait que lui, et ne travailla que pour lui. Il portait en lui le germe de toutes les passions, et consacra toute sa longue vie à les développer et à les satisfaire. Tout son caractère est là; et ses actions n'ont été que les conséquences de son caractère mis aux prises avec les circonstances. Peu d'hommes ont été plus d'accord avec eux-mêmes et plus en rapport avec le milieu dans lequel ils existaient; et, comme la personnalité d'un individu est d'autant plus frappante, qu'elle résume davantage les idées et les mœurs du temps et du pays où il a vécu, la figure d'Ali-pacha se trouve être, sinon l'une des plus éclatantes, du moins l'une des plus curieuses de l'histoire contemporaine.

Dès le milieu du dix-huitième siècle, la Turquie était déjà en proie à la gangrène politique dont elle cherche en vain à guérir aujourd'hui, et qui va au premier jour la tuer sous nos yeux. L'anarchie et le désordre régnaient d'un bout à l'autre de l'empire. La race des Osmanlis,

ALI-PACHA.

uniquement organisée pour la conquête, ne devait se trouver propre à rien le jour où la conquête lui manquerait. C'est ce qui arriva, en effet, quand Sobieski, sauvant la chrétienté sous les murs de Vienne, comme autrefois Karl Martel dans les plaines de Poitiers, eut marqué sa limite au flot musulman, et lui eut dit pour la dernière fois qu'il n'irait pas plus loin. Les orgueilleux descendans d'Ortogrul, qui ne se croyaient nés que pour le commandement, se voyant abandonnés de la victoire, se rejetèrent sur la tyrannie. En vain la raison leur criait que l'oppression ne pouvait pas demeurer longtemps aux mains qui avaient perdu la force, et que la paix imposait de nouveaux travaux à ceux qui ne pouvaient plus triompher dans la guerre, ils ne voulurent rien entendre ; et, aussi aveuglément soumis à la fatalité quand elle les condamna au repos qu'au temps où elle les poussait à l'invasion, ils s'accroupirent dans une incurie superbe, et se laissèrent peser de tout leur poids sur la couche inférieure des populations conquises. Comme des laboureurs ignorans, qui épuisent des champs fertiles par une exploitation forcée, ils ruinèrent rapidement leur vaste et riche empire par une oppression exorbitante. Inexorables vainqueurs et maîtres insatiables, d'une main ils frappaient les vaincus, de l'autre ils dépouillaient les esclaves. Rien n'était au-dessus de leur insolence, rien n'était au niveau de leur cupidité. Jamais d'assouvissement en haut, jamais de répit en bas. Seulement, à mesure que les exigences augmentaient d'un côté, les ressources diminuaient de l'autre. Bientôt les opprimés comprirent qu'il fallait échapper quand même à ces oppresseurs qu'ils ne pouvaient ni apaiser ni satisfaire. Chaque population prit l'issue qui convenait le mieux à sa position et à son caractère; les unes choisirent l'inertie, les autres la violence. Les habitans des bas pays, sans force et sans abri, se couchèrent comme des roseaux devant la tempête et trompèrent le choc qu'ils ne pouvaient soutenir. Les habitans des hautes terres se dressèrent comme des rochers devant le torrent, et lui firent digue de toutes leurs forces. Des deux côtés résistance, différente dans les procédés, semblable dans les résultats. Ici le travail avait cessé; là avait commencé la guerre. L'avidité des ravisseurs, se promenant en vain entre la plaine en friche et la montagne en armes, se trouva également impuissante en face du dénument et de la révolte, et la tyrannie n'eut guère plus pour domaine qu'un désert fermé par une muraille.

Pourtant il fallait bien donner à manger au magnifique sultan, successeur du prophète et distributeur des couronnes; et pour cela la Sublime-Porte avait besoin d'argent. Imitant, sans s'en douter, le sénat romain, le divan turc mit l'empire à l'encan. Tous les emplois furent vendus au plus offrant : pachas, beys, cadis, ministres de tout rang et commis de toute sorte, eurent à acheter leur charge au souverain et à la faire payer aux sujets. On déboursait dans la capitale, on se remboursait dans les provinces. Et, comme il n'y avait d'autre loi que le bon plaisir du maître, on n'avait d'autre garantie que son caprice. On devait donc aller vite en besogne, ou l'on

ALI-PACHA.

risquait de perdre son poste avant d'être rentré dans ses frais. Aussi, toute la science de l'administration consistait à piller le plus et le plus rapidement possible. Pour arriver à ce but, le délégué du pouvoir impérial déléguait à son tour, aux mêmes conditions, d'autres agens qui avaient à percevoir à la fois pour eux et pour lui ; de sorte qu'il n'y avait plus dans tout l'empire que trois classes d'hommes : ceux qui travaillaient à arracher beaucoup, ceux qui cherchaient à garder un peu, et ceux qui ne se mêlaient de rien, parce qu'ils n'avaient rien et n'espéraient rien.

L'Albanie était une des provinces les plus difficiles à exploiter. Les habitans en étaient assez pauvres, très-résolus, et, en outre, naturellement retranchés dans de rudes chaînes de montagnes. Les pachas avaient bien de la peine à y amasser de l'or, parce que chacun avait l'habitude d'y défendre énergiquement son pain. Mahométans ou chrétiens, les Albanais étaient tous soldats. Descendant, les uns des indomptables Scythes, les autres des vieux Macédoniens, jadis maîtres du monde, mélangés d'aventuriers normands qu'avait amenés le grand mouvement des croisades, ils sentaient couler dans leurs veines un vrai sang guerrier : aussi la guerre semblait leur élément. Tantôt en lutte les uns contre les autres, de canton à canton, de village à village, souvent même de maison à maison, tantôt en hostilité avec les gouverneurs de leurs sangiaks, parfois en révolte avec ceux-ci contre le sultan, ils ne se reposaient guère des combats que dans une paix armée. Chaque tribu avait son organisation militaire, chaque famille son manoir fortifié, chaque individu son fusil sur l'épaule. Quand on n'avait rien de mieux à faire, on cultivait son champ et l'on fauchait celui du voisin, dont on emportait, bien entendu, la moisson; ou bien on allait paître ses troupeaux, en guettant l'occasion de faire main basse sur ceux des limitrophes. C'était là l'état normal, la vie régulière de l'Épire, de la Thesprotie, de la Thessalie et de la haute Albanie. La basse, moins forte, était aussi moins active et moins hardie; et là, comme dans bien d'autres parties de la Turquie, l'homme de la plaine était souvent la victime de l'homme de la montagne. C'était dans la montagne que s'étaient conservés les souvenirs de Scander-Beg, et réfugiées les mœurs de l'antique Laconie : le brave soldat y était chanté sur la lyre, et l'habile voleur cité en exemple aux enfans par les pères de famille. Il y avait des fêtes qui n'étaient bien célébrées qu'avec le butin conquis sur l'étranger, et la meilleure pièce du repas était toujours un mouton dérobé. Chaque homme était estimé en raison de son adresse et de son courage, et l'on avait de belles chances pour se marier avantageusement quand on avait acquis la réputation de bon klepht ou bandit.

Les Albanais nommaient fièrement cette anarchie liberté, et veillaient avec un soin religieux au maintien d'un désordre légué par leurs aïeux, qui assurait toujours la première place au plus vaillant.

C'est au milieu de ces hommes que naquit Ali Tébélen, c'est au milieu de ces mœurs qu'il fut élevé. Il se vantait d'appartenir à la race des conquérans, et de descendre

ALI-PACHA.

d'une ancienne famille de l'Anadouli qui avait passé en Albanie avec les troupes de Bayezid-Ildérim. Mais il est positif, d'après les savantes recherches de M. de Pouqueville, qu'il est issu d'une souche indigène, et non, comme il le prétendait, asiatique. Ses ancêtres étaient des Schypétars chrétiens qui se firent mahométans, postérieurement à l'invasion turque. Sa généalogie ne remonte certainement que jusqu'à la fin du seizième siècle.

Mouktar Tébélen, son grand-père, périt dans l'expédition des Turcs contre Corfou, en 1716. Le maréchal Schullembourg, qui défendait l'île, ayant repoussé l'ennemi avec perte, prit Mouktar sur le mont Saint-Salvador, où il était préposé à la garde des signaux, et, avec une barbarie digne de ses adversaires, le fit pendre sans autre forme de procès. Il faut avouer que le souvenir de ce meurtre dut par la suite assez mal disposer Ali pour les chrétiens.

Mouktar laissait trois fils, dont deux, Salick et Méhémet, nés d'une épouse, et un né d'une esclave. Celui-ci était le plus jeune, et s'appelait Véli. Il était, du reste, devant la loi, aussi habile à succéder que les autres. La famille était une des plus riches de la ville de Tébélen, dont elle portait le nom : elle possédait six mille piastres de revenu, équivalant à vingt mille francs de notre monnaie. C'était une grande fortune dans un pays pauvre, où toutes les denrées étaient à vil prix. Mais les Tébélen, en leur qualité de beys, se trouvaient avoir, avec le rang, les besoins des grands tenanciers de l'Europe féodale. Ils étaient obligés à un grand train de chevaux, de serviteurs et d'hommes d'armes, et par conséquent à de grandes dépenses : aussi ne tardèrent-ils pas à trouver leur revenu insuffisant. Il y avait un moyen naturel de l'augmenter : c'était de diminuer le nombre des co-partageans. Les deux frères aînés, fils d'épouses, s'associèrent contre Véli, fils d'esclave, et le chassèrent de la maison paternelle. Celui-ci, forcé de s'expatrier, prit son parti en brave, et résolut de faire payer aux autres la faute de ses frères. Il se mit donc à courir, le fusil sur l'épaule et le yataghan à la ceinture, les grands et les petits chemins, s'embusquant, attaquant, rançonnant ou pillant tous ceux qui lui tombaient sous la main.

Au bout de quelques années de ce beau métier, il se trouvait possesseur de grandes richesses, et chef d'une bande aguerrie. Jugeant le moment de la vengeance venu, il se mit en marche pour Tébélen. Il y arrive inopinément, passe le fleuve Voïoussa, l'Aoüs des anciens, pénètre sans résistance dans les rues, et se présente devant la maison paternelle. Ses frères, prévenus à temps, s'y étaient barricadés. Il ouvre à l'instant le siége, qui ne pouvait pas être long, force les portes, et poursuit ses frères jusqu'à un pavillon, où ils vont chercher un dernier refuge. Il fait cerner ce pavillon, attend qu'ils s'y soient bien renfermés, et fait ensuite mettre le feu aux quatre coins. — Voyez, dit-il à ceux qui l'entourent, on ne saurait m'accuser de représailles : mes frères m'ont chassé de la maison paternelle, et moi, je fais en sorte qu'ils y demeurent toujours.

ALI-PACHA.

Quelques instans après, il était seul héritier de son père, et maître de Tébélen. Arrivé au but de ses vœux, il renonça aux aventures, et se fixa dans la ville, dont il devint le premier aga. Il avait déjà un fils d'une esclave qui ne tarda pas à lui en donner un second, et bientôt après une fille. Il ne craignait donc pas de manquer d'héritiers. Mais, se trouvant assez riche pour nourrir plusieurs femmes et élever d'autres enfans, il voulut augmenter son crédit en s'alliant à quelque grande famille du pays. Il rechercha, en conséquence, et obtint la main de Kamco, fille d'un bey de Conitza. Ce mariage l'attacha par les liens de la parenté aux principales familles de la province, et entre autres à Kourd-pacha, visir de Bérat, qui descendait de l'illustre race de Scander-Beg. En quelques années, Véli eut de sa nouvelle femme un fils nommé Ali, celui qui va nous occuper, et une fille nommée Chaïnitza.

Malgré ses projets de réforme, Véli ne pouvait entièrement renoncer à ses anciennes habitudes. Quoique sa fortune le mît complètement au-dessus des petits gains et des petites pertes, il ne s'en amusait pas moins à voler de temps en temps des moutons, des chèvres et le casuel, probablement pour s'entretenir la main. Cet innocent exercice de ses facultés ne fut pas du goût de ses voisins, et les démêlés et les combats recommencèrent de plus belle. Les chances ne furent pas toutes bonnes, et l'ancien klepth perdit dans la ville une partie de ce qu'il avait acquis dans la montagne. Les contrariétés aigrirent son humeur et altérèrent sa santé. En dépit de Mahomet, il chercha dans le vin des consolations, dont l'excès l'eut bientôt achevé. Il mourut en 1754.

Ali, qui avait alors treize ans, put se livrer en liberté à la fougue de son caractère. Car, dès l'enfance, il avait manifesté une pétulance et une activité rares, en cela bien différent des autres jeunes Turcs, altiers par nature, et composés par éducation. A peine sorti du harem, il passait son temps à courir les montagnes, errant à travers les forêts, bondissant au milieu des précipices, se roulant dans les neiges, aspirant le vent, défiant les tempêtes, exhalant par tous les pores son énergie inquiète. C'est peut-être au milieu de ces périls de tout genre qu'il apprit à tout braver en tout domptant ; peut-être est-ce en face de ces grandeurs de la nature qu'il sentit s'éveiller en lui ce besoin de grandeur personnelle que rien ne put assouvir. En vain son père chercha à calmer son humeur sauvage et à fixer son esprit vagabond : rien n'y fit. Obstiné autant qu'indocile, il rendit inutiles tous les efforts et toutes les précautions. L'enfermait-on, il brisait la porte ou sautait par la fenêtre ; si on le menaçait, il feignait de se rendre, vaincu par la crainte, et faisait toutes les promesses que l'on voulait, mais pour y manquer à la première occasion. Il avait un précepteur spécialement attaché à sa personne, et chargé de surveiller toutes ses démarches. A chaque instant il lui échappait par des ruses nouvelles, et, quand il se croyait sûr de l'impunité, il le maltraitait violemment. Ce ne fut que dans l'adolescence, après la mort de son père, qu'il commença à s'apprivoiser ; il consentit même à apprendre

ALI-PACHA.

à lire, pour plaire à sa mère, dont il était l'idole, et à qui en retour il avait donné toute son affection.

Si Kamco avait pour Ali une prédilection si vive, c'est parce qu'elle retrouvait en lui, non pas seulement son sang, mais aussi son caractère. Tant que son mari, qu'elle craignait, avait vécu, elle n'avait paru qu'une femme ordinaire; mais dès qu'il eut fermé les yeux, elle laissa éclater les passions véhémentes qui grondaient dans son sein. Ambitieuse, hardie, vindicative, elle cultiva avec amour les germes d'ambition, d'audace et de vengeance qui se développaient déjà puissamment dans le jeune Ali. — Mon fils, lui disait-elle sans cesse, celui qui ne défend pas son patrimoine mérite qu'on le lui ravisse. Rappelle-toi que le bien des autres n'est à eux que quand ils ont la force de le garder, et que, quand tu seras assez fort pour t'en emparer, il t'appartiendra. Le succès légitime tout, et tout est permis à celui qui a le pouvoir.

Aussi Ali, parvenu au faîte de sa grandeur, se plaisait-il à proclamer que c'était elle qui l'avait fait arriver où il était. — Je dois tout à ma mère, disait-il un jour au consul de France; car mon père ne m'avait laissé en mourant qu'une tanière et quelques champs. Mon imagination, enflammée par les conseils de celle qui m'a donné deux fois la vie, puisqu'elle m'a fait homme et visir, me révéla le secret de ma destinée. Dès lors je ne vis plus dans Tébélen que l'aire natale de laquelle je devais m'élancer pour fondre sur la proie que je dévorais en idée. Je ne rêvais que puissance, trésors, palais, enfin ce que le temps a réalisé et me promet; car le point où je suis arrivé n'est pas le terme de mes espérances.

Kamco ne s'en tint pas aux paroles : elle employa tous les moyens pour augmenter la fortune de son fils bien aimé, et lui créer une puissance. Son premier soin fut d'empoisonner les enfans que Véli avait eus de son esclave favorite, morte avant lui. Alors, tranquille sur l'intérieur de sa famille, elle porta tous ses efforts vers le dehors. Renonçant à toutes les habitudes de son sexe, elle quitta le voile et les fuseaux, et prit les armes, sous le prétexte de soutenir les droits de ses enfans. Elle réunit autour d'elle les anciens partisans de son mari, qu'elle s'attacha, les uns par des présens, les autres en se prostituant à eux; et elle parvint de proche en proche à engager dans sa cause tout ce que la Toscaria comptait d'hommes licencieux et entreprenans. Avec leur appui, elle se rendit toute-puissante à Tébélen, et fit subir à ceux de ses ennemis qui y demeuraient les plus rudes persécutions.

Mais les habitans de deux villes voisines, Kormorvo et Kardiki, craignant que cette terrible femme, aidée de son fils, qui était devenu homme, ne se servît de son influence pour attenter à leur indépendance, se liguèrent secrètement contre elle, se promettant de s'en débarrasser à la première occasion favorable. Ayant un jour appris qu'Ali était parti, à la tête de ses meilleurs soldats, pour une expédition lointaine, ils surprirent Tébélen à la faveur des ombres de la nuit, s'emparèrent de Kamco et de sa fille Chaïnitza, et les conduisirent prisonnières

ALI-PACHA.

à Kardiki. On voulut d'abord les faire mourir, et les chefs d'accusation ne manquaient pas pour légitimer leur supplice ; mais leur beauté les sauva : on aima mieux se venger d'elles par la volupté que par le meurtre. Renfermées tout le jour dans une prison, elles n'en sortaient qu'à la nuit, pour passer dans les bras de l'homme que le sort avait le matin désigné pour les posséder. Cela dura un mois, au bout duquel un Grec d'Argyro-Castron, G. Malicovo, touché de leur horrible sort, les racheta pour le prix de vingt mille piastres, et les ramena à Tébélen.

Ali venait d'y rentrer. Il vit venir à lui sa mère et sa sœur, pâles de fatigue, de honte et de rage. Elles lui racontèrent tout ce qui s'était passé, en poussant des cris et en versant des larmes, et Kamco ajouta en fixant sur lui des yeux égarés : — Mon fils ! mon fils ! mon âme ne jouira de la paix que lorsque Kormovro et Kardiki, anéantis par ton cimeterre, ne seront plus là pour témoigner de mon déshonneur. — Ali, dont ce spectacle et ce récit avaient éveillé les passions sanguinaires, promit une vengeance proportionnée à l'outrage, et travailla de toutes ses forces à se mettre en état de tenir parole. Digne fils de son père, il avait débuté dans la vie à la manière des anciens héros de la Grèce, en volant des moutons et des chèvres, et il avait, dès l'âge de quatorze ans, acquis une réputation aussi grande que jadis le divin fils de Jupiter et de Maïa. Devenu homme, il procéda plus en grand. Au moment où nous sommes arrivés, il s'était déjà mis depuis long-temps en mesure de piller à force ouverte.

CRIMES CÉLÈBRES.

Ses rapines, jointes aux économies de sa mère, qui, depuis son retour de Kardiki, s'était complètement retirée de la vie publique et consacrée aux soins du ménage, lui permirent bientôt de former un parti assez considérable pour fournir une entreprise contre Kormorvo, l'une des deux villes qu'il avait juré de détruire. Il alla donc l'attaquer à la tête de ses bandes ; mais il trouva une vive résistance, perdit une partie de son monde, et finit par prendre la fuite avec le reste. Il ne s'arrêta qu'à Tébélen : là il fut rudement reçu par Kamco, dont sa défaite avait trompé le ressentiment. — Va, lui dit-elle, lâche ! va filer avec les femmes du harem ; la quenouille te convient mieux que le cimeterre ! — Le jeune homme ne répondit rien ; mais, profondément blessé de ces reproches, il alla cacher son humiliation dans le sein de sa vieille amie, la montagne. C'est alors que la croyance populaire, toujours avide de merveilleux pour ses héros, veut qu'il ait trouvé dans les ruines d'une église un trésor avec lequel il releva sa faction. Mais il a lui-même démenti ce conte, et c'est par ses moyens ordinaires, la guerre et le pillage, qu'il parvint au bout de quelque temps à rétablir sa fortune. Il prit parmi ses anciens compagnons de vagabondage trente palikares d'élite, et entra, comme leur boulou-bachi, ou chef de peloton, au service du pacha de Nègrepont. Mais il s'ennuya bientôt de la vie presque régulière qu'il était obligé d'y mener, et il passa en Thessalie, où il se mit, encore à l'exemple de son père Véli, à guerroyer sur les grands chemins. Il remonta de là dans la chaîne du Pinde, y pilla grand

ALI-PACHA.

nombre de villages, et revint à Tébélen, plus riche et par conséquent plus considéré que jamais.

Il profita de sa fortune et de son influence pour monter une guérilla formidable, et recommença ses excursions déprédatrices. Kourd-pacha se vit bientôt obligé, par les réclamations unanimes de la province, de sévir contre le jeune tyran des routes. Il envoya contre lui un corps d'armée qui le battit et l'emmena prisonnier avec sa troupe à Bérat, capitale de la moyenne Albanie et résidence du gouverneur. Le pays se flatta d'être cette fois délivré de son fléau. En effet, la troupe entière des bandits fut condamnée à mort; mais Ali n'était pas homme à céder si facilement sa vie. Pendant que l'on pendait ses compagnons, il se jeta aux pieds du pacha et lui demanda grâce au nom de leur parenté, s'excusant sur sa jeunesse et promettant de s'amender pour toujours. Le pacha, voyant à ses pieds un bel adolescent, à la chevelure blonde, aux yeux bleus, à la voix persuasive, au langage éloquent, et dans les veines duquel coulait le même sang que dans les siennes, fut ému de pitié et pardonna. Ali en fut quitte pour une douce captivité dans le palais de son puissant parent, qui le combla de bienfaits, et fit tous ses efforts pour le ramener dans la voie de la probité. Il parut céder à cette bonne influence, et regretter amèrement ses erreurs passées. Au bout de quelques années, croyant à sa conversion, et touché des prières de Kamco, qui ne cessait de lui redemander son cher fils, le généreux pacha lui rendit la liberté, en le prévenant seulement qu'il n'aurait plus de grâce à espérer s'il s'avisait encore de troubler la paix publique. Ali, regardant la menace comme sérieuse, ne se hasarda pas à la braver, et fit tout, au contraire, pour s'attirer la bienveillance de celui dont il n'osait affronter la colère. Non seulement il tint la promesse qu'il avait faite de vivre tranquillement, mais encore il fit, par sa bonne conduite, oublier en peu de temps tous ses mauvais antécédens, obligeant tout le monde autour de lui, et se créant, à force de services, grand nombre de relations et d'amitiés.

Il eut bientôt pris de la sorte un rang distingué et honorable parmi les beys du pays; et, se trouvant en âge d'être marié, il parvint à obtenir la fille de Capelan-le-Tigre, pacha de Delvino, qui résidait à Argyro-Castron. Cette union, doublement heureuse, lui donnait, avec l'une des femmes les plus accomplies de l'Épire, une haute position et une grande influence.

Il semblait que ce mariage devait arracher pour jamais Ali à ses habitudes turbulentes d'autrefois et à ses aventureuses tentatives. Mais cette famille où il venait d'entrer lui présentait de rudes contrastes et d'aussi grands élémens de mal que de bien. Si Éminch, sa femme, était le modèle de toutes les vertus, son beau-père Capelan était un résumé de tous les vices : égoïste, ambitieux, turbulent, féroce, confiant dans son courage, et encore enhardi par son éloignement de la capitale, le pacha de Delvino se faisait un jeu de violer tout droit et une gloire de braver toute autorité.

Ali ressemblait naturellement trop à cet homme pour ne pas le connaître bien vite. Il se remit bientôt à son

ALI-PACHA.

niveau, et se fit son complice, en attendant l'occasion de se faire son ennemi et son successeur. Cette occasion ne tarda pas à se présenter.

Capelan, en donnant sa fille à Tébélen, avait pour but de se faire par lui un parti parmi les beys du pays, afin d'arriver à l'indépendance, chimère de tous les visirs. Le rusé jeune homme feignit d'entrer dans les vues de son beau-père, et le poussa de toutes ses forces dans la voie de la rébellion.

Un aventurier, nommé Stephano Piccolo, mis en avant par la Russie, venait de lever en Albanie l'étendard de la Croix et d'appeler aux armes tous les chrétiens des monts Acrocérauniens. Le divan envoya ordre à tous les pachas du nord de marcher à l'instant contre les insurgés, et d'étouffer l'insurrection dans le sang.

Au lieu de se rendre aux ordres du divan et de s'unir à Kourd-pacha, qui l'avait appelé à son aide, Capelan, cédant aux instigations de son gendre, se mit à entraver par tous les moyens les mouvemens des troupes impériales; et, sans faire ouvertement cause commune avec les révoltés, il les assista puissamment dans leur résistance. Cependant ils furent vaincus et dispersés; et leur chef, Stephano Piccolo, alla chercher un refuge dans les antres perdus du Monténégro.

Une fois la lutte terminée, Capelan fut, comme l'avait prévu Ali, sommé de venir rendre compte de sa conduite devant le Rouméli-Valicy, grand juge de la Turquie d'Europe. Non seulement les plus grandes charges s'élevaient contre lui, mais encore celui qui lui avait conseillé sa

CRIMES CÉLÈBRES.

désobéissance en avait envoyé lui-même les preuves au divan. L'issue du procès ne pouvait être douteuse; aussi le pacha, qui ne soupçonnait pourtant pas la trahison de son gendre, résolut-il de ne pas sortir de son gouvernement. Ce n'était pas le compte d'Ali, qui voulait hériter à la fois des richesses et du poste de son beau-père. Il lui fit donc les remontrances en apparence les plus sages sur l'inutilité et le danger d'une pareille résistance. Refuser de se justifier, c'était s'avouer coupable, et attirer sur sa tête un orage que rien ne pourrait conjurer, tandis qu'en se rendant aux ordres du Rouméli-Valicy il serait facile de se faire absoudre. Pour donner plus de force à ses perfides conseils, Ali fit en même temps agir l'innocente Émineh, qu'il avait facilement effrayée sur le sort de son père. Vaincu par les argumens de son gendre et les larmes de sa fille, le malheureux pacha consentit à se rendre à Monastir, où il était cité. Il y fut aussitôt arrêté et décapité.

La machination d'Ali avait réussi; mais son ambition et son avidité furent également trompées. Ali, bey d'Argyro-Castron, qui s'était de tout temps montré dévoué au sultan, fut nommé, à la place de Capelan, pacha de Delvino. Il mit sous le séquestre, comme appartenant au sultan, tous les biens du condamné, et priva ainsi Ali Tébélen de tous les fruits de son crime.

Il n'en fallait pas tant à celui-ci pour allumer sa haine. Il jura de tirer bonne vengeance de la spoliation dont il se prétendait victime. Mais, pour accomplir de pareils projets, les circonstances n'étaient pas favorables. Le meurtre

ALI-PACHA.

de Capelan, dans lequel le meurtrier n'avait d'abord vu qu'un crime, devint par ses résultats une faute. Les nombreux ennemis de Tébélen, qui s'étaient cachés sous l'administration du dernier pacha, dont ils avaient à redouter les poursuites, ne tardèrent pas à se montrer sous celle du nouveau, dont tout leur faisait espérer l'appui. Ali vit le danger, chercha et trouva bien vite les moyens d'y obvier. Il commença par faire de son plus puissant adversaire son allié le plus intime. Il travailla et réussit à unir Ali d'Argyro-Castron, qui n'avait pas encore d'épouse, à Chaïnitza, sa sœur de père et de mère. Ce mariage lui rendit la position qu'il avait sous le gouvernement de Capelan-le-Tigre. Mais ce n'était pas assez. Il fallait se mettre au-dessus des vicissitudes déjà éprouvées, et se créer une base de puissance que ne pût pas renverser le souffle des événemens contraires. Ali eut bientôt formé son plan. C'est lui-même qui a raconté au consul de France ces circonstances de sa vie.

« Les années s'écoulaient, dit-il, et n'amenaient aucun grand changement dans ma position. J'étais un partisan fameux, à la vérité, et puissamment allié, mais ne possédant en fin de compte ni titre ni emploi. Je compris alors qu'il était nécessaire de m'établir solidement dans le lieu de ma naissance. J'y avais des amis, disposés à suivre et à servir ma fortune, dont il fallait mettre à profit le dévouement, et des adversaires redoutables, acharnés à ma perte, qu'il fallait accabler, si je ne voulais être accablé par eux. Je cherchai le moyen de les exterminer en masse, et je finis par concevoir le plan par lequel j'aurais dû commencer ma carrière. J'aurais ainsi gagné bien du temps et je me serais épargné bien des travaux.

» J'avais coutume d'aller chaque jour, après une partie de chasse, me reposer, pour faire la méridienne, à l'ombre d'un bois voisin. Un mien affidé suggéra à mes ennemis l'idée de m'y guetter pour m'assassiner. Je donnai moi-même le plan de la conspiration, qui fut adopté. Le jour convenu, je devançai mes adversaires au lieu du rendez-vous, et je fis attacher sous la feuillée une chèvre garrottée et muselée que l'on couvrit de ma cape, puis je regagnai mon sérail par des chemins détournés. Peu de temps après mon départ, les conjurés arrivèrent et firent feu sur la chèvre. Ils couraient de son côté pour bien s'assurer de ma mort; mais ils furent arrêtés court par un piquet de mes gens, qui sortit brusquement d'un taillis voisin où je l'avais aposté, et obligés de reprendre aussitôt le chemin de Tébélen. Ils y rentrèrent pleins d'une folle joie, en criant : « Ali-bey n'est plus, nous en sommes délivrés ! » Cette nouvelle ayant pénétré jusqu'au fond de mon harem, j'entendis les cris de ma mère et de ma femme qui se mêlaient aux vociférations de mes ennemis. Je laissai le scandale grandir et monter à son comble, et tous les sentimens bienveillans ou hostiles se manifester à l'aise. Mais quand les uns se furent bien réjouis et les autres bien affligés, quand mes prétendus meurtriers, après avoir bien fait tapage de leur victoire, eurent à la fois noyé dans le vin leur prudence et leur courage, alors, fort de mon droit, j'apparus. Ce fut le tour de mes amis de triompher, celui de mes adversaires de trembler. Je me mis à la besogne

ALI-PACHA.

à la tête de ma bande, et, avant le retour du soleil, j'avais exterminé jusqu'au dernier tous mes ennemis. Je distribuai leurs terres, leurs maisons et leurs richesses à mes créatures ; et, de ce moment, je pus dire que la ville de Tébélen était à moi. »

Un autre se serait peut-être contenté d'un pareil résultat. Mais Ali ne considérait pas la suzeraineté d'un canton comme un but, mais seulement comme un moyen; et il ne s'était pas emparé de Tébélen pour en faire un domaine, mais une base d'opérations.

Il s'était allié à Ali d'Argyro-Castron pour pouvoir se défaire de ses ennemis : une fois débarrassé d'eux, il se retourna contre lui. Il n'avait oublié ni ses projets de vengeance ni ses plans d'ambition. Toujours aussi prudent dans l'exécution qu'audacieux dans l'entreprise, il n'eut garde d'attaquer de front un homme plus puissant que lui, et demanda à la ruse ce que ne pouvait lui donner la violence. Le caractère loyal et confiant de son beau-frère promettait à sa perfidie un facile succès. Il commença ses tentatives par sa sœur Chaïnitza, et lui proposa à plusieurs reprises d'empoisonner son mari. Celle-ci, pleine d'affection pour le pacha, qui la traitait avec la plus grande douceur et l'avait déjà rendue mère de deux enfans, repoussa avec horreur les propositions de son frère, et finit par le menacer de tout divulguer, s'il persistait dans son criminel dessein. Ali, craignant qu'elle n'exécutât sa menace, lui demanda pardon de ses mauvaises pensées, feignit un profond repentir, et se mit à parler de son beau-frère avec les plus grands égards.

La comédie fut si bien jouée, que Chaïnitza, qui connaissait cependant bien son frère, en fut la dupe. Quand il la vit bien rassurée, sachant qu'il n'avait plus rien à craindre non plus qu'à espérer de ce côté, il se tourna d'un autre.

Le pacha avait un frère nommé Soliman, qui pour le caractère se rapprochait assez de Tébélen. Celui-ci, après l'avoir quelque temps étudié en silence, reconnut en lui l'homme dont il avait besoin ; il l'engagea à tuer le pacha, et lui offrit, s'il y consentait, sa succession toute entière et la main de Chaïnitza, ne se réservant à lui-même que le sangiak, auquel il aspirait depuis longtemps. Ces propositions furent acceptées par Soliman, et le marché du fratricide fut conclu. Les deux associés, seuls maîtres de leur secret, dont l'horreur même garantissait à l'un la fidélité de l'autre, et perpétuellement admis dans l'intimité de l'homme dont ils voulaient faire leur victime, ne pouvaient manquer de réussir.

Un jour qu'ils étaient tous deux reçus par le pacha en audience particulière, Soliman, profitant d'un moment où il n'était pas observé, tira un pistolet de sa ceinture, et brûla la cervelle à son frère. Chaïnitza accourt au bruit, et voit son mari étendu mort entre son frère et son beau-frère. Elle veut appeler ; mais on l'arrête, et on la menace de mort si elle fait un pas ou pousse un cri de plus. Et, comme elle reste immobile de douleur et d'épouvante, Ali fait signe à Soliman, qui la couvre de sa pelisse, et la proclame son épouse. Ali déclare le mariage conclu, et s'éloigne pour le laisser s'accomplir.

ALI-PACHA.

Ainsi furent célébrées ces terribles noces, au sein même du crime, à côté du cadavre encore palpitant de celui qui était un instant auparavant le mari de la fiancée et le frère du fiancé.

Les assassins publièrent la mort du pacha, en l'attribuant, comme cela se pratique en Turquie, à une apoplexie foudroyante. Mais la vérité ne tarda pas à se dégager des voiles menteurs dont on l'avait entourée. Les suppositions dépassèrent même la réalité, et l'opinion générale fit Chaïnitza complice du crime dont elle n'avait été que témoin. Il est vrai que les apparences justifièrent jusqu'à un certain point ces soupçons. La jeune femme s'était vite consolée dans les bras de son second époux de la perte du premier, et le fils qu'elle avait eu de celui-ci mourut bientôt de mort subite, comme pour laisser Soliman légitime et paisible héritier de tous les biens de son frère. Quant à la fille, comme elle n'avait aucun droit et ne pouvait nuire à personne, elle vécut, et fut mariée dans la suite à un bey de Cleïsoura, qui devait aussi un jour figurer tragiquement dans l'histoire de la famille Tébélen.

Pour Ali, il fut encore une fois frustré du fruit de ses sanglantes manœuvres. Malgré toutes ses intrigues, ce ne fut pas lui, mais un bey d'une des premières familles de la Zapourie, qui reçut l'investiture du sangiak de Delvino. Mais, loin de se décourager, il reprit avec une nouvelle ardeur et une confiance plus grande l'œuvre tant de fois commencée, tant de fois interrompue, de son élévation. Il profita de son influence toujours croissante pour se lier avec le nouveau pacha, et s'insinua tellement dans sa confiance, qu'il fut reçu dans son sérail, et traité par lui comme s'il eût été son fils. Là il se mit au fait de tous les détails du pachalik et de toutes les affaires du pacha, se mettant en mesure de bien gouverner l'un quand il aurait perdu l'autre.

Le sangiak de Delvino confinait aux possessions vénitiennes par le district de Buthrotum. Sélim, meilleur voisin et plus habile politique que ses voisins, s'appliqua à renouer et ensuite à entretenir avec les provéditeurs de la magnifique république des relations d'amitié et de commerce. Cette sage conduite, également profitable pour les deux provinces limitrophes, au lieu d'attirer sur le pacha les éloges et les faveurs qu'elle méritait, le rendit bientôt suspect à une cour dont la seule idée politique était la haine du nom chrétien, dont le seul moyen de gouvernement était la terreur. Ali comprit tout d'abord la faute qu'avait faite le pacha, et le parti qu'il en pourrait lui-même tirer. L'occasion qu'il attendait ne tarda pas à se présenter. Sélim, par suite de ses arrangemens commerciaux avec les Vénitiens, leur vendit, pour un certain nombre d'années, la coupe d'une forêt située près du lac Pelode. Ali en profita aussitôt pour dénoncer le pacha comme coupable d'avoir aliéné le territoire de la Sublime-Porte, et de vouloir peu à peu livrer aux infidèles toute la province de Delvino. Couvrant toujours ses desseins ambitieux du voile de la religion et du dévouement, il se plaignait, dans son rapport délateur, d'être obligé, par son devoir de loyal sujet et de fidèle musul-

ALI-PACHA.

man, d'accuser un homme qui avait été son bienfaiteur ; et il se donnait ainsi à la fois les bénéfices du crime et les honneurs de la vertu.

Sous le gouvernement ombrageux des Turcs, un homme investi d'un pouvoir quelconque est presque aussitôt condamné qu'accusé ; et, s'il n'est assez puissant pour se faire craindre, il est perdu sans ressource. Ali reçut à Téhélen, où il s'était retiré pour y ourdir à l'aise ses perfides trames, l'ordre de se défaire du pacha. A la réception du firman de mort, il bondit de joie, et courut à Delvino pour y saisir la proie qu'on lui abandonnait.

Le noble Sélim, ne se doutant pas que son obligé de la veille, après être devenu son accusateur, se préparait à devenir son bourreau, le reçut avec plus de tendresse que jamais, et le logea, comme de coutume, dans son palais. A l'ombre de ce toit hospitalier, Ali prépara habilement la consommation du crime qui devait à jamais le tirer de son obscurité. Il allait tous les matins faire sa cour au pacha, dont il redoubla la confiance ; puis, un jour, il prétexta une maladie, se plaignit de ne pouvoir aller rendre ses devoirs à l'homme qui l'avait habitué à le considérer comme son père, et le fit prier de vouloir bien passer un instant dans son appartement. L'invitation ayant été acceptée, il cacha des assassins dans une de ces armoires sans rayons, si communes en Orient, où l'on place le jour les matelas qu'on étale la nuit sur le parquet pour coucher les esclaves. A l'heure convenue, le vieillard arriva. Ali se leva d'un air douloureux de son sofa, pour aller au devant de lui, baisa le bas de sa robe, et, après l'avoir fait asseoir à sa place, lui offrit lui-même la pipe et le café, qui furent acceptés. Mais, au lieu de mettre la tasse dans la main déjà tendue pour la recevoir, il la laissa tomber sur le parquet, où elle se brisa en mille morceaux. C'était le signal. Les assassins sortirent de leur réduit et se jetèrent sur Sélim, qui tomba, comme César, en disant : « C'est toi, mon fils, qui m'arraches la vie ! »

Au tumulte qui suivit l'assassinat, les gardes de Sélim, étant accourus, trouvèrent Ali debout, couvert de sang, entouré des assassins, tenant à la main le firman déployé, et criant d'une voix menaçante : « J'ai tué le traître Sélim par ordre de notre glorieux sultan; voici son commandement impérial. » A ces mots, à la vue du diplôme fatal, tout le monde s'incline, glacé de terreur. Ali, après avoir fait trancher la tête de Sélim, dont il se saisit comme d'un trophée, ordonne que le cadi, les beys et les archontes grecs aient à se réunir au palais, afin de dresser le procès-verbal de l'exécution de la sentence. On se rassemble en tremblant; on entonne le chant sacré du Fatahat, et le meurtre est déclaré légal, au nom du Dieu clément et miséricordieux, souverain des mondes.

Quand on eut apposé les scellés sur les meubles de la victime, le meurtrier quitta le sérail, emmenant avec lui, comme otage, Moustapha, fils de Sélim, qui devait être plus malheureux encore que son père.

Peu de jours après, le divan décerna à Ali Tébélen, afin de récompenser son zèle pour l'état et la religion, le sangiak de Thessalie, avec le titre de dervendgi-pacha,

ALI-PACHA.

ou grand prévôt des routes. Cette dernière dignité lui était accordée à condition qu'il lèverait un corps de quatre mille hommes pour débarrasser la vallée du Pénée d'une multitude de chefs chrétiens qui y commandaient avec plus d'autorité que les officiers du grand seigneur. Le nouveau pacha en profita pour organiser une nombreuse bande d'Albanais déterminés à tout, et entièrement dévoués à sa personne. Revêtu de deux hautes dignités, et appuyé de ces forces imposantes, il se rendit à Tricala, chef-lieu de son gouvernement, où il ne tarda pas à acquérir une influence considérable.

Le premier acte de son autorité avait été de faire une guerre à outrance aux partis d'Armatolis, ou gens d'armes chrétiens, qui infestaient la plaine. Il fit main basse sur ceux qu'il put atteindre, et força les autres à rentrer dans leurs montagnes, où, affaiblis et divisés, ils ne formèrent plus guère que des corps de réserve à sa disposition. Il envoya, en même temps, quelques têtes à Constantinople, pour amuser le sultan et la populace, et de l'argent aux ministres, afin de les mettre dans ses intérêts : « Car, disait-il, l'eau dort, mais l'envie ne dort jamais. » Ces plans étaient sages, et tandis que son crédit augmentait à la cour, la terreur de son nom devint telle dans sa province, que l'ordre reparut depuis les défilés de la Perrébie du Pinde jusqu'au fond du Tempé et auprès des Thermopyles.

Ces faits de justice prévôtale, grossis par l'exagération orientale, justifièrent les idées que l'on s'était faites de la capacité d'Ali-pacha. Impatient de la célébrité, il prenait soin de propager lui-même sa renommée, racontant ses prouesses à tout venant, faisant des largesses aux officiers du sultan qui arrivaient dans son gouvernement, montrant aux voyageurs les cours de son palais toutes bordées de têtes coupées. Mais ce qui contribuait surtout à consolider sa puissance, c'étaient les trésors qu'il amassait sans cesse par tous les moyens. Jamais il ne frappait pour le plaisir de frapper, et les nombreuses victimes de ses proscriptions ne périssaient que pour l'enrichir. Ses arrêts de mort tombaient toujours sur les beys et les personnes opulentes dont il voulait la dépouille. La hache n'était pour lui qu'un instrument de fortune, et le bourreau qu'un percepteur.

FIN DU SEPTIÈME VOLUME.

TABLE.

                                                        Page.

NISIDA (deuxième partie)............................... 1
DERUES.. 47
MARTIN GUERRE.. 233
ALI-PACHA (première partie)........................... 303

FIN DE LA TABLE.

www.ingramcontent.com/pod-product-compliance
Lightning Source LLC
Chambersburg PA
CBHW070856170426
43202CB00012B/2097